PESQUISA QUALITATIVA EM ADMINISTRAÇÃO

PESQUISA QUALITATIVA EM ADMINISTRAÇÃO

Marcelo Milano Falcão Vieira
Deborah Moraes Zouain

Organizadores

2ª Edição

FGV
EDITORA

ISBN 85-225-0472-5

Copyright © 2004 Marcelo Milano Falcão Vieira e Deborah Moraes Zouain

Direitos desta edição reservados à
EDITORA FGV
Rua Jornalista Orlando Dantas, 37
22231-010 — Rio de Janeiro, RJ — Brasil
Tels.: 0800-021-7777 — 21-3799-4427
Fax: 21-3799-4430
e-mail: editora@fgv.br — pedidoseditora@fgv.br
web site: www.fgv.br/editora

Impresso no Brasil / *Printed in Brazil*

Todos os direitos reservados. A reprodução não autorizada desta publicação, no todo ou em parte, constitui violação do copyright (Lei nº 9.610/98).

Os conceitos emitidos neste livro são de inteira responsabilidade dos autores.

1ª edição — 2004
2ª edição — 2006
1ª reimpressão — 2007
2ª reimpressão — 2009
3ª reimpressão — 2012

Revisão de originais: Eni Valentim Torres

Editoração eletrônica: Cristiana Ribas

Revisão: Marco Antonio Corrêa e Mauro Pinto de Faria

Capa: Alvaro Magalhães

    Ficha catalográfica elaborada pela Biblioteca
    Mario Henrique Simonsen/FGV

Pesquisa qualitativa em administração / Organizadores: Marcelo Milano Falcão Vieira, Deborah Moraes Zouain. — Rio de Janeiro : Editora FGV, 2006.
224p.

Inclui bibliografia.

1. Pesquisa — Metodologia. 2. Administração — Pesquisa. I. Vieira, Marcelo Milano Falcão. II. Zouain, Deborah Moraes. III. Fundação Getulio Vargas.

CDD — 001.42

Sumário

Apresentação   7
Marcelo Milano Falcão Vieira e Deborah Moraes Zouain

PARTE I — Introdução à pesquisa qualitativa em administração: questões teóricas e epistemológicas

Capítulo 1 — **Por uma boa pesquisa (qualitativa) em administração**   13
    Marcelo Milano Falcão Vieira

Capítulo 2 — **Além da dicotomia objetividade-subjetividade**   29
    Alketa Peci

Capítulo 3 — **A atualidade da epistemologia weberiana: uma aplicação dos seus tipos ideais**   51
    Sérgio Alves

Capítulo 4 — **Leituras enamoradas de Marx, Bourdieu e Deleuze: indicações para o primado das relações nos estudos organizacionais**   71
    Maria Ceci Misoczky

Capítulo 5 — **Programa para aplicação às pesquisas em ciências da gestão de um método de caráter fenomenológico**   97
    Hermano Roberto Thiry-Cherques

PARTE II — Aplicações da pesquisa qualitativa em administração

Capítulo 6 — **Geração de modelos teóricos a partir de estudos de casos múltiplos: da teoria à prática**   123
   Luiz Antonio Joia

Capítulo 7 — **Grupo focal: método e análise simbólica da organização e da sociedade**   151
   Marco Aurélio Ruediger e Vicente Riccio

Capítulo 8 — **A utilização da construção de desenhos como técnica de coleta de dados**   173
   Sylvia Constant Vergara

Capítulo 9 — **Uma introdução ao uso de métodos qualitativos de pesquisa em comportamento do consumidor**   185
   Eduardo A. T. Ayrosa e João Felipe Rammelt Sauerbronn

Capítulo 10 — **Pesquisa empírica sobre aprendizagem tecnológica e inovação industrial: alguns aspectos práticos de desenho e implementação**   201
   Paulo N. Figueiredo

Apresentação

A disciplina *metodologia de pesquisa* ou outras com títulos similares constam nos currículos de cursos de graduação, mestrado e doutorado em administração e áreas afins como disciplina obrigatória, sinalizando sua importância para a formação do corpo discente. Na realidade, é o primeiro momento em que o aluno tem contato com o verdadeiro significado da criação científica de um texto. Neste sentido, a comunidade docente da Escola Brasileira de Administração Pública e de Empresas da Fundação Getulio Vargas — Ebape/FGV tem dedicado grande atenção ao ensino da referida disciplina e resolveu externar para a comunidade acadêmica da área suas principais idéias. No presente livro, 12 representantes do corpo docente da Ebape apresentam suas contribuições para o aperfeiçoamento da estrutura curricular da referida disciplina, focalizando uma temática específica: a pesquisa qualitativa. Seguindo a tradição de manter relações estreitas de intercâmbio com outros programas de pós-graduação da área, a escola decidiu pelo convite a dois professores pertencentes aos quadros do Programa de Pós-Graduação em Administração da Escola de Administração da Universidade Federal do Rio Grande do Sul (PPGA/EA/UFRGS) e do Programa de Pós-Graduação em Administração da Universidade Federal de Pernambuco (Propad/UFPE), que vêm atuando de modo brilhante na área de ensino de pesquisa.

O livro está dividido em duas partes. Na primeira, composta por cinco capítulos, os autores abordam questões teóricas e epistemológicas que compreendem a pesquisa qualitativa em administração; e na segunda, também com cinco capítulos, diferentes aplicações da pesquisa qualitativa em administração são exemplificadas e discutidas.

No capítulo 1 Marcelo Milano Falcão Vieira afirma que a preocupação com a pesquisa como área de ensino e investigação científica introduz uma série de novas preocupações e debates. Segundo ele, um dos mais constantes diz respeito à dicotomia entre pesquisa qualitativa e pesquisa quantitativa. O autor divide sua narrativa em duas partes. Na primeira, argumenta que a dicotomia entre pesquisa qualitativa e pesquisa quantitativa é na verdade uma falsa dicotomia e na segunda detém-se na descrição de algumas características essenciais para uma boa pesquisa qualitativa, características essas geralmente criticadas por pesquisadores que assumem uma posição dogmática em favor da pesquisa quantitativa, criando e sustentando, assim, uma falsa dicotomia.

No segundo capítulo, escrito por Alketa Peci, a autora apresenta uma reflexão acerca da dicotomia objetividade-subjetividade e seu papel no campo de estudos organizacionais. Resume inicialmente a controvérsia no âmbito da filosofia e ciências sociológicas e apresenta algumas posições constantes na literatura acerca da dicotomia objetividade-subjetividade. A seguir, a autora analisa as contribuições de pragmatismo americano, de Foucault e de Latour, argumentando que estes autores operam, implícita ou explicitamente, a partir da premissa de rejeição da dicotomia objetividade-subjetividade. Defendendo a rejeição desta dicotomia, Alketa Peci discorre acerca das possibilidades que se abrem para o estudo das organizações. A superação das fronteiras disciplinares e a abertura em termos de alternativas metodológicas apresentam-se como as principais vantagens decorrentes desta nova premissa.

Sérgio Alves assina o terceiro capítulo do livro, onde retoma a discussão sobre o conceito de tipo ideal e de sua importância para os estudos na área de administração, em geral, e de organizacionais, em particular. O autor divide seu texto em duas partes. Na primeira discute os tipos de ação social e as formas de dominação legítimas sob a perspectiva weberiana e na segunda apresenta uma aplicação da abordagem dos tipos ideais a partir de uma breve descrição do modelo multidimensional de Alves (2002), cuja configuração básica é a organização empresarial do tipo equiparativo-adaptadora que tem como componentes estruturais a liderança com traços carismáticos mitigados, o patriarcado renovador e a burocracia flexível.

O quarto capítulo é escrito por Maria Ceci Misoczky. A autora produziu um denso e criativo ensaio onde caracteriza, de modo crítico, a tradição da pesquisa em estudos organizacionais para então, em oposição, apontar três abordagens com potencial para apoiar o desenvolvimento de estudos críticos. Essas abordagens, de bases epistemológicas e metodológicas diferentes compartilham a ênfase nas relações e a preocupação com a emancipação. São elas o materialismo dialético de Marx, a teoria na prática de Bourdieu, e a alegria da prática de Deleuze.

No quinto capítulo, Hermano Roberto Thiry-Cherques apresenta o que chama de um programa para aplicação do método fenomenológico às pesquisas em ciências humanas e sociais, com destaque para a pesquisa em ciências da gestão. O autor resume a linha metodológica criada por Edmund Husserl a qual agrega as diversas contribuições, tanto filosóficas como não-filosóficas, desde o começo do século XX até os dias de hoje. Como resultado, Hermano Thiry-Cherques apresenta e discute um interessante e útil roteiro passo-a-passo para orientação de pesquisas.

A segunda parte do livro inicia com o capítulo seis, de Luiz Antonio Joia. Nele o autor afirma que o uso da metodologia de estudos de casos na área de ciências sociais aplicadas já é largamente disseminado. O autor afirma, entretanto, que os estudos de caso caracterizam-se pela sua dificuldade em generalizar. Isso os torna, muitas vezes, presas fáceis de avaliadores de trabalhos científicos. Por outro lado, cada vez mais os gestores são obrigados a tomar decisões vitais, dispondo de poucas informações e num espaço de tempo cada vez menor. O conceito de heurística, portanto, passa a ser usado de forma crescente em pesquisas qualitativas, de modo a poder encontrar-se não necessariamente a melhor solução, mas uma solução adequada. Em seu capítulo Luiz Antonio Joia indica como os estudos de casos múltiplos podem ser usados para geração de modelos heurísticos úteis aos gestores atuais. Para tal, a partir da teoria de estudos de casos e de heurística, o autor desenvolve uma metodologia para geração de modelos heurísticos de tomada de decisão e resolução de problemas, aplicando-a a casos reais.

No sétimo capítulo, Marco Aurélio Ruediger e Vicente Riccio discutem a utilização dos grupos focais como instrumento de análise qualitativa de alto poder analítico. O grupo focal caracteriza-se pela possibilidade de intervenção em tempo real no curso da análise, e de confrontar as percepções de participantes, em suas similitudes e contradições a respeito de um tema, ou grupo de temas relacionados ao objeto de pesquisa. Por meio dessa técnica é possível enfatizar não apenas as percepções individuais, mas também aquelas oriundas das interações do coletivo, expressas nas estruturas discursivas e na defesa ou crítica de temas e aspectos relevantes da pesquisa.

Sylvia Constant Vergara assina o oitavo capítulo. Nele, a autora apresenta, no contexto da pesquisa dita qualitativa, de campo e da coleta de dados visuais, a técnica de construção de desenhos. Parte das seguintes justificativas: (a) tal técnica é pouco utilizada se comparada a outras como entrevistas, questionários, observação; (b) tem mais chance de revelar a subjetividade das pessoas, cuja expressão é bastante limitada pelo uso de palavras orais ou escritas; (c) debruçar-se sobre a subjetividade, sempre presente nas interações humanas, pode facilitar a compreensão dos fenômenos organizacionais.

No nono capítulo Eduardo Ayrosa e João Felipe Rammelt Sauerbronn objetivam oferecer uma orientação genérica inicial a quem deseja usar pesquisa qualitativa em marketing. Primeiramente, discutem o papel da pesquisa como forma de produzir conhecimento. Em seguida, apresentam alguns exemplos de como métodos qualitativos têm sido usados na pesquisa acadêmica em comportamento do consumidor. Ao final os autores discutem brevemente a disputa entre abordagens de natureza dita objetiva e as interpretativas no âmbito da geração do conhecimento científico em sua área específica. Afirmam que é mais seguro admitir que a abordagem interpretativo-indutiva não é pior nem melhor que a hipotético-dedutiva, ou mesmo que abordagens qualitativas não são nem melhores nem piores que quantitativas. São apenas diferentes, aproximando-se, dessa forma, do argumento apresentado no primeiro capítulo do livro.

Paulo Figueiredo, no décimo e último capítulo desta coletânea, relata alguns dos aspectos que dizem respeito ao desenho e à implementação de pesquisa empírica sobre aprendizagem tecnológica e inovação industrial no contexto de economias emergentes. Mais especificamente, o autor descreve maneiras de combinar certos elementos de desenho e métodos de pesquisa empírica, isto é, questões, estratégias, fontes e tipos de informação, e procedimentos de análise, voltados para a obtenção de evidências empíricas e explicações sobre a realidade da inovação industrial no contexto de uma economia emergente — ou de industrialização recente — como a do Brasil. Paulo Figueiredo afirma, ao final do capítulo, que cada novo projeto de pesquisa traz novos desafios e que cabe ao pesquisador aprimorar as suas habilidades para enfrentá-los de maneira a obter novas evidências que permitam gerar explicações originais, substanciadas e convincentes sobre relacionamento entre as variáveis que está a examinar. Chama atenção, ainda, para o fato de que é importante que os pesquisadores estejam prontos para aprender a partir da experiência com os projetos de pesquisa e aproveitar os inesquecíveis momentos que a implementação da pesquisa empírica oferece.

Gostaríamos de agradecer aos autores dos diversos capítulos que compõem esta obra por terem nos oferecido uma reflexão qualificada sobre as principais questões que circunscrevem seus esforços atuais de investigação. Somos gratos também a Leonardo Vasconcelos Cavalier Darbilly pelo apoio operacional e à Editora FGV pelo competente trabalho de edição do livro. Por fim, queremos expressar nosso agradecimento à Escola Brasileira de Administração Pública e de Empresas da Fundação Getulio Vargas pelo ambiente acadêmico de alto nível que proporcionou o nascimento desta obra.

Marcelo Milano Falcão Vieira
Deborah Moraes Zouain

PARTE I

Introdução à pesquisa qualitativa em administração: questões teóricas e epistemológicas

Capítulo I

Por uma boa pesquisa (qualitativa) em administração

Marcelo Milano Falcão Vieira

Introdução

A preocupação com a qualidade das pesquisas científicas na área de administração no Brasil não é nova. Nos primeiros encontros da Associação Nacional de Programas de Pós-Graduação em Administração (Anpad), há aproximadamente 27 anos, havia uma área temática específica sobre pesquisa em administração. Não obstante, nos últimos 15 anos, esteve relegada a segundo plano como área prioritária de discussão acadêmico-científica, ficando sua produção limitada fundamentalmente a livros-textos e manuais sobre como elaborar um projeto de pesquisa. No ano de 2001, a área ganha novamente um espaço específico nos encontros anuais da Anpad (área temática "Ensino e pesquisa em administração") e a preocupação com o tema passa a ser uma constante nos programas de pós-graduação e nos cursos de graduação no país, com a oferta cada vez maior de um número de disciplinas diferentes sobre o tema.

A retomada da preocupação com a pesquisa como área de ensino e investigação científica introduz uma série de novos questionamentos e debates. Um dos mais constantes diz respeito à dicotomia entre pesquisa qualitativa e pesquisa quantitativa, sustentado inicialmente em uma forte crítica à falta de rigor científico dos estudos conduzidos por bases qualitativas de investigação. Muitas críticas feitas aos estudos que utilizam métodos qualitativos eram, e ainda são, procedentes. Entretanto, as deficiências de tais estudos decorrem, em sua maioria, não de limitações específicas dos métodos, mas sim de seu uso inadequado. Cientificidade, rigor e confiabilidade, por exemplo, são também características fundamentais de uma pesquisa qualitativa, como argumentarei ao longo deste capítulo.

Para fazer jus ao título que escolhi para este texto sem, entretanto, escrever apenas uma espécie de manual ou roteiro sobre elaboração de uma pesquisa qualitativa, divido minha narrativa daqui para frente em duas partes.

Na primeira, procedo uma breve descrição comentada de um texto de Joanne Martin intitulado *Breaking up the mono-method monopolies in organizational analysis* (Martin, 1990), fundamental para ilustrar e sustentar meus dois principais argumentos:

- a dicotomia entre pesquisa qualitativa e pesquisa quantitativa que é, na verdade, uma falsa dicotomia;
- como decorrência, as pesquisas predominantemente qualitativas são tão rigorosas cientificamente quanto as pesquisas predominantemente quantitativas.

Em seu texto, Martin (1990) defende o ponto de vista de que a utilização de diferentes métodos para a análise dos mesmos fenômenos acaba por contribuir para o avanço do conhecimento no campo dos estudos organizacionais, posição que compartilho, salientando a mesma necessidade para os estudos em administração de forma geral.

Na segunda parte, detenho-me na descrição de algumas características essenciais para uma boa pesquisa qualitativa, características essas geralmente criticadas por pesquisadores que assumem uma posição dogmática em favor da pesquisa quantitativa, criando e sustentando, assim, uma falsa dicotomia.

A falsa dicotomia entre pesquisa qualitativa e pesquisa quantitativa: quebrando os monopólios monometodológicos

A necessidade de quebrar o que Martin (1990) chama de monopólios monometodológicos decorre do evidente aumento da complexidade no campo dos estudos organizacionais e do fenômeno administrativo como fato social. Tal complexidade foi sentida também no âmbito das teorias, levando vários estudiosos a argumentar em favor das "conversações" (Reed, 1998; Fachin e Rodrigues, 1998) entre teorias com origens epistemológicas complementares e até mesmo distintas. Dada a complexidade da vida organizacional, assume-se que uma metanarrativa não é capaz de compreendê-la na sua totalidade. Da mesma forma, argumento que a utilização de múltiplos métodos de pesquisa e investigação na análise dos fenômenos administrativos e organizacionais pode abrir novos horizontes para sua compreensão.

Os monométodos poderiam, então, ser considerados as metanarrativas no campo da metodologia. Eles podem ser descritos fundamentalmente por meio de dois tipos: o método qualitativo e o método quantitativo. O primeiro é definido de acordo com o axioma de crenças do investigador. Atribui importância fundamental à descrição detalhada dos fenômenos e dos elementos que o envolvem, aos depoimentos dos atores sociais envolvidos, aos discursos, aos significados e aos contextos. O segundo normalmente se refere aos métodos que são usados para expressar informações numericamente (quantidades ou contagens).

Saliento que é por vezes difícil classificar um método como qualitativo ou quantitativo, uma vez que informações qualitativas podem ser contadas e informações quantitativas podem ser interpretadas. Aliás, se não forem, pouco valor costumam ter.

As duas posições monometododógicas mais freqüentes, segundo Martin (1990), são:

- monométodo simples — afirma que um método é melhor do que o(s) outro(s);
- monométodo complexo — afirma que um método é melhor do que o(s) outro(s) para tratar de uma específica questão teórica.

A posição (ou enfoque) monométodo simples afirma que o método qualitativo é melhor que o quantitativo ou vice-versa. É assim denominada porque seus defensores acreditam que uma das duas abordagens é capaz de abranger um amplo espectro de questões de pesquisa. Apresenta uma versão qualitativa e outra quantitativa:

- a versão qualitativa garante a riqueza dos dados, permite ver um fenômeno na sua totalidade, bem como facilita a exploração de contradições e paradoxos; seus defensores mais enfáticos argumentam que a realidade é socialmente construída, o que é verdade, mas afirmam que, por ser assim, não pode ser aprendida e expressa por meio de estudos do tipo levantamento e, muito menos, por meio de experimentos, que são, geralmente, desenhos quantitativos de pesquisa;
- a versão quantitativa garante a objetividade, a possibilidade de relações causais e a possibilidade de generalização.

Já a posição (ou enfoque) monométodo complexo entende que os métodos qualitativos ou quantitativos são melhores para abordar tipos particulares de problemas teóricos, tais como:

- no campo qualitativo, tende-se a utilizar as técnicas de pesquisa para a análise de fenômenos vinculados à cultura organizacional;
- na versão quantitativa, tende-se a utilizar as técnicas de investigação para a análise da estrutura organizacional, impacto de novas tecnologias nas organizações, tamanho e demais variáveis clássicas que têm sua origem nos estudos dos precursores da teoria da contingência.

A tendência de se argumentar em favor de um tipo de método para cada tipo de problema, como os exemplificados acima, tem mudado nos últimos anos. A pesquisa qualitativa tem sido bastante utilizada para a análise da estrutura organizacional, principalmente após 1980, quando foi publicado, na revista *Administrative Science Quarterly*, o importante artigo de Ranson, Hinings e Greenwood *The structuring of organizational structure* (Ranson, Hinnings e Greenwood, 1980). Este artigo abriu mais possibilidades para o uso de teorias que, de certa forma, conduzem quase que naturalmente o trabalho para abordagens qualitativas de investigação do estudo da estrutura como socialmente construída. Por outro lado, Martin (1990) apresenta argumentos e exemplos de trabalhos sobre cultura organizacional realizados a partir da utilização de métodos quantitativos. Isso, evidentemente, reforça o argumento de Martin, e também o meu, de que as práticas monometodológicas podem limitar o entendimento dos fenômenos administrativos e organizacionais.

O enfoque monométodo simples impede, por exemplo, o compartilhamento do conhecimento sobre os fenômenos e o conseqüente avanço do conhecimento na área. Já o monométodo complexo em geral esbarra no problema apontado por McGrath (segundo Martin, 1990) a respeito da maximização de três critérios específicos de investigação: medidas controladas e precisas do comportamento do fenômeno; generalização entre sujeitos; conhecimento detalhado dos conceitos. O uso de cada um dos possíveis métodos de pesquisa acaba por maximizar um dos critérios em detrimento dos outros. Ademais, a força de um método normalmente é a fraqueza do outro.

A dicotomia entre pesquisa qualitativa e pesquisa quantitativa acaba gerando dois outros problemas inter-relacionados. O primeiro é que a fixação dos pesquisadores em um método talvez conduza a escolha de problemas específicos para aquele método. Assim, a relação problema/método passa a se dar à semelhança do modelo "lata de lixo" de tomada de decisão. Tem-se um método e vários problemas a serem investigados. A escolha do problema relevante dar-se-á a partir do método que o pesquisador domina. Isso pode ocasionar alguns desvios no que tange à seleção do que é e do que não é relevante, principalmente no que diz respeito à ciência social e à social aplicada. O segundo problema é que os pesquisadores dificilmente desenvolvem habilidades de alto padrão nos dois métodos. Normalmente são treinados na utilização de um método específico, reproduzindo seu treinamento nas salas de aula e em suas próprias pesquisas. Novamente, é possível que os problemas por eles selecionados acabem sendo induzidos pelo método que ele domina.

Na verdade, o ideal é que os diferentes problemas sejam investigados, de uma maneira complementar, a partir de visões tanto qualitativas como quantitativas. Mesmo que não pelo mesmo pesquisador, a comparação de resultados oriundos de investigações que utilizam métodos diferentes sobre os mesmos problemas pode contribuir para enriquecer sobremaneira o conhecimento sobre a administração e as organizações.

Como conseguir tal façanha? Bem, no que tange a alguns critérios para o desenvolvimento das pesquisas qualitativas que gerem resultados que possam no futuro permitir comparações inclusive com resultados de pesquisa quantitativas, apresento na próxima seção algumas sugestões.

Características essenciais para uma boa pesquisa qualitativa em administração

A pesquisa qualitativa tem historicamente sido mais utilizada em alguns campos específicos de investigação nas ciências sociais, notadamente na antropologia, na história e na ciência política. Porém, como salientam Miles e Huberman (1994), desde os anos 1990 tem aumentado o número de pesquisas qualitativas em disciplinas básicas e aplicadas como a administração em geral e os estudos organizacionais em particular, a sociologia, a psicologia, a lingüística, a saúde, o planejamento urbano, a educação, a avaliação de políticas públicas, entre outras.

A pesquisa qualitativa pode ser definida como a que se fundamenta principalmente em análises qualitativas, caracterizando-se, em princípio, pela não-utilização de instrumental estatístico na análise dos dados. Como sugere Alasuutari (1995:7), a análise qualitativa é aquela em que a "lógica e a coerência da argumentação não são baseadas simplesmente em relações estatísticas entre variáveis, por meio das quais certos objetos ou unidades de observação são descritos". Entretanto, é bom lembrar que a não-utilização de técnicas estatísticas não significa que as análises qualitativas sejam especulações subjetivas. Esse tipo de análise tem por base conhecimentos teórico-empíricos que permitem atribuir-lhe cientificidade. Freqüentemente encontram-se análises quantitativas como fundamento de análises qualitativas.

Lüdke e André (1986) e Triviños (1987) já descreviam as análises qualitativas como sendo caracterizadas por serem essencialmente descritivas, utilizando, com freqüência, transcrições de entrevistas e de depoimentos, e citações que permitam corroborar os resultados e oferecer alguns pontos de vista. Assim pode-se afirmar que a lógica e a coerência da argumentação na pesquisa qualitativa baseiam-se em uma variedade de técnicas usadas de uma maneira qualitativa, tais como entrevistas formais e informais, técnicas de observação de campo, análise histórica, etnografia.

Alasuutari (1995) enfatiza que a definição de pesquisa qualitativa não implica exclusão de algumas análises quantitativas dos dados qualitativos. Martin (1990) também chama atenção para esse ponto, afirmando que essas definições não significam necessariamente que haja objetividade na pesquisa quantitativa e subjetividade na qualitativa. Ela vai mais longe ao afirmar que qualquer pesquisa, seja quantitativa ou qualitativa, "deve" incluir elementos subjetivos.

A pesquisa qualitativa é freqüentemente criticada por ser muito subjetiva, em contraste com a alegada objetividade da pesquisa quantitativa. É verdade, de fato, que a pesquisa qualitativa tem, em geral, uma dimensão subjetiva maior. No entanto, isso não significa que procedimentos científicos não possam ser estabelecidos. A definição explícita das perguntas de pesquisa, dos conceitos e das variáveis, bem como uma descrição detalhada dos procedimentos de campo garantem à pesquisa qualitativa uma certa "objetivação" do fenômeno estudado, permitindo, até mesmo, replicação. Esse argumento é defendido também por autores como Miles e Huberman (1994) e Morgan (1983).

Outra importante característica da pesquisa qualitativa é que ela geralmente oferece descrições ricas e bem fundamentadas, além de explicações sobre processos em contextos locais identificáveis. Além disso, ela ajuda o pesquisador a avançar em relação às concepções iniciais ou a revisar sua estrutura teórica. Mesmo tendo uma natureza mais subjetiva, a pesquisa qualitativa oferece um maior grau de flexibilidade ao pesquisador para a adequação da estrutura teórica ao estudo do fenômeno administrativo e organizacional que deseja.

A seguir, passo a descrever algumas questões relativas à qualidade dos resultados da pesquisa qualitativa que servem para diferenciar uma boa pesquisa de uma ruim. Alguns autores, entretanto, afirmam que é impossível avaliar o "bom" em um trabalho qualitativo. São eles tanto os interpretativistas radicais, que acreditam que toda a narrativa como forma de interpretação da realidade é válida e, portanto, não existe a boa ou a ruim, como os positivistas ortodoxos, que acreditam apenas na pretensa objetividade dos métodos quantitativos. Mas a verdade é que uns trabalhos qualitativos são melhores do que outros. Ainda, como lembram Miles e Huberman (1994), os estudos sociais acontecem no mundo real e têm conseqüências reais sobre a vida das pessoas; existe sempre a possibilidade de um entendimento razoável do que aconteceu. Dessa forma todo trabalho é passível de julgamento ou juízo de valor.

As questões que desejo destacar, e que não são exaustivas, estão colocadas a seguir, inicialmente de forma a obedecer uma certa "estrutura clássica", cujo conteúdo deve estar presente, tanto nos projetos de pesquisa como nos relatórios finais. Inicialmente, detenho-me no conteúdo da introdução, da fundamentação teórica e da metodologia. Num segundo momento descrevo aspectos mais gerais relativos aos resultados da pesquisa, como a validade, a confiabilidade e a aplicação, alguns deles fundamentados principalmente em Miles e Huberman (1994). Como o objetivo central aqui é o conteúdo e não a forma, não tratarei das demais partes, também essenciais, de um projeto e que freqüentemente são esquecidas: o cronograma, o orçamento e as referências bibliográficas. Não descreverei, também, técnicas de análise de dados, senão aspectos gerais dos resultados, como já explicitei. As técnicas de análise de dados qualitativos estão adequadamente descritas em Miles e Huberman (1994) e Bardin (1977), entre vários outros autores importantes.

Sobre o conteúdo: que informações devem conter a introdução, a fundamentação teórica e a metodologia

A principal característica da introdução é conduzir o leitor até o problema de pesquisa que deve, preferencialmente, ser expresso na forma de uma pergunta. Essa condução deve partir do assunto do qual a pesquisa irá tratar, passando pelo tema, que já é uma delimitação do assunto até chegar ao problema. O problema deve ser claro e bem definido. A seguir, a introdução deve apresentar os objetivos gerais e específicos, bem como as justificativas teórica (relevância teórica) e prática (para que serve, já que a administração é uma ciência social aplicada) da pesquisa.[1]

A fundamentação teórica, por sua vez, possui três funções principais. Em primeiro lugar, ajuda a sustentar o problema de pesquisa, ou seja, demonstra que o problema faz sentido e que as variáveis que se pretende de alguma forma arrolar são passíveis de relacionamento. Em segundo lugar, constitui-se na opção teórica do autor e, portanto, não pode ser uma mera revisão de literatura ou uma bricolagem de autores de diferentes correntes teóricas com pressupostos epistemológicos distintos ou contraditórios. Em outras palavras, a fundamentação teórica representa o argumento do autor sobre o tema que resolveu pesquisar. Sua terceira função é dar sustentação à análise dos dados, ou seja, permitir sua interpretação. Para isso, deve conter alguns resultados de pesquisas anteriores que porventura tenham sido feitas sobre o tema, para que os resultados possam ser comparados. Quando os resultados apontam na mesma direção dos resultados de pesquisas anteriores, basta mencionar que aqueles estão corroborando estes; quando o resultado apontar para direções diferentes ou opostas, o autor deve oferecer possíveis explicações para o fato.

A metodologia é uma parte extremamente importante, pois é a partir dela que os tópicos gerais de cientificidade (validade, confiabilidade e aplicação) poderão ser devidamente avaliados. Inicialmente, uma metodologia adequadamente estruturada deve conter as hipóteses ou perguntas de pesquisa, conforme o caso, que representam a especificação do problema de pesquisa. A partir delas, a pesquisa começa a ser desenhada e torna-se passível de compreensão por parte do leitor. Introduz-se, então, um elemento importante e definitivo para a avaliação do rigor da pesquisa qualitativa, qual seja, as definições constitutiva e operacional de termos ou variáveis.

A definição constitutiva refere-se ao conceito dado por algum autor da variável ou termo que se vai utilizar. Ele deve emergir da fundamentação teórica utilizada. A definição operacional refere-se a como aquele termo ou variável será identificado, verificado ou medido, na realidade. Ela deve, evidentemente, representar a operacionalização

---
[1] Para a construção adequada dessas etapas da introdução, ver Triviños (1987), Roesch (1999), e Vergara (2000).

da definição constitutiva. Alguns autores argumentam que termos como variável e operacionalização não se aplicam à pesquisa qualitativa. Mas essa é uma visão ortodoxa da pesquisa que, na verdade, expressa uma posição preconceituosa fundamentada na falsa premissa de que a pesquisa qualitativa não possui caráter científico. Apresento, a seguir, alguns exemplos sobre como proceder às definições constitutiva e operacional das variáveis. Na primeira, conduzo uma operacionalização quantitativa, apenas a título de exemplo e de clarificação para o leitor mais habituado com este tipo de procedimento. A seguir, ofereço exemplos de operacionalização de três variáveis qualitativas.

Exemplo 1: satisfação do consumidor

Definição constitutiva

Segundo Chauvel (2000:170), "trata-se de um estado psicológico, resultante de um processo avaliativo que compara uma referência interna preexistente aos efeitos reais da compra". A satisfação ocorre quando os resultados decorrentes da transação são iguais ou maiores do que o esperado, isto é, quando há confirmação da expectativa (com base em Chauvel, 2000:170).

Definição operacional

Será operacionalizada nesta pesquisa por meio do uso de uma escala de cinco pontos, em que 1 corresponda a "nada satisfeito", e 5, a "muito satisfeito".

Exemplo 2: qualidade

Definição constitutiva

É um conceito abstrato normalmente definido como uma característica intrínseca de algo (Petelin, 1992).

Definição operacional

Será operacionalizada nesta pesquisa por meio da identificação de elementos significativos citados pelos componentes dos diferentes grupos organizacionais como sendo componentes da atual visão de qualidade ou de práticas ideais na organização.

Exemplo 3: grupos organizacionais

Definição constitutiva

Relaciona-se a um certo número de pessoas da organização que perseguem objetivos básicos semelhantes (com base em Carvalho, 1993).

Definição operacional

Será operacionalizada por meio da classificação dos membros da organização de acordo com a categoria profissional (por exemplo, professores, funcionários e alunos).

Exemplo 4: estruturas de poder

DEFINIÇÃO CONSTITUTIVA

São as dimensões relativamente cristalizadas em uma organização que determinam o tipo e a direção da interação entre os agentes sociais.

DEFINIÇÃO OPERACIONAL

A variável poder será operacionalizada nesta pesquisa por meio dos seguintes indicadores:

- arcabouço estrutural — níveis de autoridade, divisão hierárquica, níveis de controle (Hall, 1984);
- fontes de poder — personalidade, propriedade e organização (Galbraith, 1989);
- bases do poder — recompensa, coerção, legitimação, referência, especialização e informação (French e Raven, apud Carvalho, 1998).

Ainda em relação à metodologia, é necessário explicitar, por meio de uma descrição adequada, o delineamento ou o desenho da pesquisa. Aqui devem ser incluídos itens como caracterização da pesquisa qualitativa, juntamente com as especificidades do método (etnográfico, estudo de caso, história oral, etc.). Ainda devem ser claramente expressos o tipo de corte, o nível e a unidade de análise. Os tipos de corte podem incluir diferenças de uma tipologia para outra. Apresento aqui uma tipologia clássica de cortes possíveis:

- longitudinal — pesquisa na qual o interesse está no desenvolvimento do fenômeno ao longo do tempo; a pesquisa longitudinal pura caracteriza-se pela coleta de dados em diferentes momentos do tempo, o que permite a identificação das transformações periódicas no fenômeno que está sendo observado;
- longitudinal com cortes transversais — aqui o interesse também está no desenvolvimento do fenômeno ao longo do tempo, mas com foco em alguns momentos históricos desse desenvolvimento; são os chamados incidentes críticos que marcaram a história do fenômeno e que, de certa forma, possuem relevância na sua configuração atual; a coleta de dados é feita em um único momento do tempo;
- seccional com perspectiva longitudinal — pesquisa na qual a coleta de dados é feita em um determinado momento, mas resgata dados e informações de outros períodos passados; o foco está no fenômeno e na forma como se caracteriza no momento da coleta, e os dados resgatados do passado são, normalmente, utilizados para explicar a configuração atual do fenômeno;
- seccional — pesquisa na qual o interesse é no momento atual, sobre o qual dados são coletados.

Os níveis de análise também apresentam diferentes tipologias. A seguir, apresento um exemplo de uma tipologia útil para os estudos administrativos e organizacionais:

- nível individual — o objeto central de interesse da pesquisa é o indivíduo;
- nível grupal — o objeto central de interesse da pesquisa é o grupo ou grupos organizacionais;
- nível organizacional — o objeto central de interesse da pesquisa é a organização;
- nível do campo — o objeto central de interesse da pesquisa é um conjunto de organizações;
- nível societário — o objeto central de interesse da pesquisa é a sociedade.

As unidades de análise, por sua vez, referem-se às unidades de observação, a respeito das quais as inferências serão feitas e devem ser representativas do nível de análise. Por exemplo, em um estudo sobre conflito interdepartamental em uma organização, o nível de análise seria o organizacional e as unidades de análise os departamentos que a compõem.

A população e a amostra são também características que requerem cuidado especial. Em uma pesquisa qualitativa, essas questões podem não se aplicar na forma tradicional. O problema pode ser formulado, por exemplo, com a intenção de identificar diferentes percepções existentes sobre um fenômeno, mesmo que tais percepções não representem uma amostra significativa de um segmento estatisticamente expressivo de uma população. Por exemplo, a identificação de um grupo de indivíduos descontentes com uma determinada forma de divisão do trabalho em uma organização pode ser importante para os interesses da pesquisa, sem que necessariamente se descubra quantos indivíduos estão descontentes. Pode ser apenas um, mas que reúne recursos suficientes de poder para cooptar outros sujeitos no futuro ou para sabotar, sozinho, o processo de trabalho.

Outro ponto importante é que a força de uma boa teoria de fundo pode colocar em segundo plano a questão de população e amostra. Vários trabalhos etnográficos sustentam essa afirmação, pois não se preocupam com contagem de sujeitos ou de observações para generalizar os resultados. O interessantíssimo estudo de Wacquant (2002) sobre os hábitos dos negros nos bairros periféricos de Chicago é um ótimo exemplo. Ele não estava interessado em saber quantos boxeadores negros haviam sido entrevistados, ou ainda, quantas pessoas, em geral, precisou contatar para saber que as academias de boxe eram um elemento aglutinador das comunidades negras. Entretanto, qual o poder de generalização de seus resultados? Um grupo de cinco ou 10 homens negros? Um grupo de cinco ou 10 homens negros boxeadores? Um grupo de cinco ou 10 homens negros boxeadores e de quatro treinadores? Não. O poder de generalização do estudo de Wacquant é muito maior, pois a noção estatística de população e amostra não se aplica ao método por ele utilizado. Voltarei a essa questão mais adiante, ao tratar especificamente sobre generalização no tópico sobre transferibilidade.

Evidentemente que, para os estudos, como o de Wacquant (2002) e outros, se apresentarem como confiáveis, a forma como os dados foram coletados, tabulados e analisados deve ser exaustivamente descrita. Essa é, pois, outra característica fundamental da boa pesquisa qualitativa.

Por fim, as limitações da pesquisa também devem ser explicitadas. Cabe aqui salientar que as limitações não devem estar contidas em um projeto de pesquisa, mas apenas no relatório final, seja ele uma dissertação de mestrado, uma tese de doutorado ou um relatório final de qualquer outro tipo; por uma razão muito simples: como o trabalho ainda não foi feito, não se pode saber quais são as suas limitações, a não ser aquelas inerentes ao método. Mas essas podem, até mesmo por vezes, ser superadas pela criatividade do pesquisador. Então, por que citá-las antes do trabalho realizado? Não faz sentido.

Validade interna, credibilidade e autenticidade

A questão aqui é o valor real dos resultados. Eles fazem sentido? O relato da realidade é autêntico? As pessoas vão acreditar nele? A resposta positiva a essas perguntas depende fortemente do processo de checagem, questionamento e teorização. Para tanto, sugiro que a observação de três elementos possa ajudar a garantir a qualidade nos requisitos validade interna, credibilidade e autenticidade.

O primeiro diz respeito ao uso da triangulação, que pode contribuir para a diminuição da influência dos vieses do pesquisador no resultado final das análises. O segundo diz respeito à consideração e explicitação das explicações rivais. Como mencionei anteriormente, as explicações alternativas podem justificar diferenças entre os resultados encontrados e o que era esperado a partir da fundamentação teórica escolhida para o estudo. Além disso, garante que as afirmações que estão sendo feitas estejam adequadamente contextualizadas. O terceiro elemento que contribui para a validade interna da pesquisa qualitativa é a utilização de avaliadores que corroborem as análises originais do pesquisador. Esses avaliadores podem ser os informantes originais ou ainda indivíduos de reconhecida competência na área da pesquisa.

A confiabilidade

A confiabilidade refere-se à consistência da pesquisa. Para que a pesquisa se torne consistente, é necessário, como já foi argumentado anteriormente, que as questões de pesquisa ou as hipóteses tenham sido explicitadas.

Além disso, é fundamental que o pesquisador manifeste o seu *status*, ou seja, que ele defina, preferencialmente na introdução ou em um preâmbulo, de que posição epistemológica, teórica e até mesmo ideológica ele está falando, para que seu discurso seja compreendido a partir de seus pressupostos. Discordar dos pressupostos de um pesquisador não significa que eles sejam necessariamente falsos. Mesmo que o sejam, por outro lado podem simplesmente representar visões de mundo diferentes, circunscritas por realidades específicas que qualificam o entendimento da realidade.

Para garantir a confiabilidade da pesquisa qualitativa há, ainda, que estabelecer uma conexão entre o construto teórico, o método e os resultados. É importante lembrar aqui os argumentos de Bruyne, Herman e Schoutheete (1977:35) sobre a coerência entre os diversos pólos da prática metodológica:

> Podem ser distinguidos quatro pólos metodológicos no campo da prática científica: epistemológico, teórico, morfológico e técnico. Eles não configuram momentos separados da pesquisa, mas aspectos particulares da mesma realidade de produção de discursos e de práticas científicas. Toda pesquisa engaja, explícita ou implicitamente, estas diversas instâncias; cada uma delas é condicionada pela presença das outras e esses quatro pólos definem um campo metodológico que assegura a cientificidade das práticas de pesquisa.

Grande parte da confiabilidade recai sobre a coerência entre os diferentes pólos da prática metodológica.

Por fim, reitero a utilidade de alguma forma de cruzamento dos dados qualitativos também para garantir a confiabilidade.

A validade externa e transferibilidade

A validade externa e a transferibilidade dizem respeito ao fato de as conclusões serem transferíveis para outros contextos. Em outras palavras: se elas podem ser generalizadas.

Generalização está ligada à possibilidade de fazer conexões com outras partes não estudadas do caso e também com outros casos. Muda-se o foco de "o que é" para "o que pode ser" ou "o que poderia ser". Essa é uma questão fortemente vinculada à teorização. É uma boa teoria de fundo que atribui ao trabalho qualitativo o poder de generalização. Existem vários trabalhos que sustentam esse argumento, desde Weber e o estudo da burocracia até o estudo de Pagès e colaboradores sobre uma empresa multinacional hipermoderna na França. O segundo, particularmente, é um ótimo exemplo de como o resultado da análise de um único caso pode ser generalizado para vários outros. Muitos trabalhadores, ao redor do mundo, identificaram sua relação com a organização onde trabalham com aquela descrita por Pagès, e tantos outros entendem e vivem o fenômeno burocrático weberiano com todas as suas características. Entretanto, isso deve ser feito com cuidado e critério, pois as teorias de fundo devem ser sérias e consolidadas. Caso contrário, o poder de generalização do estudo fica limitado. Para um maior esclarecimento sobre "o que é" e "o que não é" uma boa teoria, sugiro a leitura de Whetten (2003) e Sutton e Staw (2003). Por fim, o relatório final pode sugerir explicitamente em que mais os resultados podem ser testados com sucesso.

Outros pontos importantes com relação à validade externa e a transferibilidade estão ligados a outros descritos nas características anteriores, como a descrição detalhada: dos métodos e procedimentos; das características da população e da amostra, quando for o caso, do contexto e dos processos para que seja possível a comparação; das hipóteses rivais ou explicações alternativas; da teoria transferível.

É importante, ainda, que, seguindo-se a seqüência utilizada no processo de pesquisa, seja possível chegar às conclusões oferecidas no estudo. Isso também identifica coerência interna.

Por fim, é importante que os dados sejam guardados por um determinado tempo (aproximadamente cinco anos) para que possam ser auditados, em caso de necessidade.

Utilização, aplicação, ação orientadora

Refere-se à dificuldade de se saber "para que serve" uma pesquisa. Três perguntas podem ajudar na avaliação da pesquisa qualitativa em relação a esse aspecto:

- Os resultados estimulam a elaboração de novas hipóteses de trabalho?
- Que nível de conhecimento útil é oferecido? Pode variar desde aumento de conhecimento até recomendações de ações específicas.
- Os resultados ajudam a resolver problemas locais?

Há de se salientar aqui a importante questão da dificuldade de transferibilidade do conhecimento para a prática. A linguagem acadêmica é acusada de ser hermética e de dificultar a aplicação dos conhecimentos. Entretanto, há de se levar em conta que a linguagem carrega significados e que o uso de uma linguagem não apropriada para um determinado tipo de conhecimento pode, e certamente irá, descaracterizá-lo. Há também a questão das atribuições do pesquisador em relação às do executivo ou gestor. Parece que a um cabe gerar o conhecimento e a outro aplicá-lo, só que para tanto eles precisam entender-se. Os acadêmicos, em geral, têm dificuldades em expressar suas idéias e descobertas por uma linguagem mais "informativa" do que a utilizada nas revistas científicas, e os gestores, por sua vez, apresentam dificuldade com a linguagem e o excesso de teorização acadêmicos. Essa é uma discussão complexa que tem sido alvo de alguns trabalhos como os de Mattos (2003a e 2003b).

Conclusão

Saliento que os cinco aspectos que apresentei não se constituem num roteiro formalístico de pesquisa, mas sim em indicadores de conteúdo, embora não exaustivos, de uma boa pesquisa qualitativa.

Como argumentei no início deste texto, a dicotomia entre pesquisa qualitativa e pesquisa quantitativa é falsa. Martin (1990) também caminha nessa direção ao afirmar que é fundamental conceituar as pesquisas qualitativa e quantitativa como não-dicotômicas, mas como um *continuum*, com métodos mistos no ponto médio da escala.

Assim, é importante que pesquisadores investiguem os mesmos problemas, utilizando uma variedade de métodos, pois assim favorecerão o avanço do conhecimento. Mesmo considerando a dificuldade de se estabelecerem competências em vários métodos, pode-se trabalhar com grupos de pesquisadores com habilidades diferentes. Também pode-se considerar a possibilidade do estabelecimento de grupos interdisciplinares como forma de enriquecer o conhecimento sobre os fenômenos administrativos e organizacionais.

Tomando o devido cuidado para não misturar o que não pode ser misturado, a idéia de conversações, nos moldes das que vêm sedo realizadas com teorias anteriormente utilizadas de maneira exclusiva, pode ser bastante útil quando aplicada às diferentes possibilidades de abordagens metodológicas.

Acredito que distinção e complementaridade são termos mais apropriados do que dicotomia e exclusão e que possam ajudar a não ficarmos presos a discussões improdutivas, mas sim avançarmos no conhecimento, que ainda é incipiente, sobre administração e organizações no Brasil.

Referências bibliográficas

ALASUUTARI, Pertti. *Researching culture: qualitative method and cultural studies*. London: Sage, 1995.

BARDIN, Lawrence. *Análise de conteúdo*. Lisboa: Edições 70, 1977.

BRUYNE, Paul de; HERMAN, Jacques; SCHOUTHEETE, Marc de. *Dinâmica da pesquisa em ciências sociais*: os pólos da prática metodológica. 2. ed. Rio de Janeiro: Francisco Alves, 1977.

CARVALHO, Cristina Amélia. *Poder, conflito e controle nas organizações modernas*. Maceió: Edufal, 1998.

_____. Objetivos versus conflito nas organizações: um estudo de caso. In: ENANPAD, 16. 1993, Salvador. *Anais...* Salvador: Anpad, v. 9, p. 87-101, 1993.

CHAUVEL, Marie Agnez. *Consumidores insatisfeitos: uma oportunidade para as empresas*. Rio de Janeiro: Mauad, 2000.

FACHIN, Roberto; RODRIGUES, Suzana Braga. Nota técnica: teorizando sobre organizações — vaidades ou pontos de vista? In: CLEGG, Stewart; HARDY, Cynthia; NORD, Walter (Orgs.). *Handbook de estudos organizacionais.* São Paulo: Atlas, v. 1, p. 99-104, 1999.

GALBRAITH, Kenneth J. *Anatomia do poder.* 3. ed. São Paulo: Pioneira, 1989.

HALL, Richard H. *Organizações: estrutura e processos.* Rio de Janeiro: Prentice-Hall do Brasil, 1984.

LÜDKE, Menga; ANDRÉ, Marli E. D. A. *Pesquisa em educação: abordagens qualitativas.* São Paulo: EPU, 1986.

MARTIN, Joanne. Breaking up the mono-method monopolies in organizational analysis. In: HASSARD, John; PYM, Denis. *The theory and philosophy of organizations: critical issues and new perspectives.* London: Routledge, 1990.

MATTOS, Pedro Lincoln C. L. O que diria Popper à literatura administrativa de mercado? *Revista de Administração de Empresas — RAE,* São Paulo: Eaesp/FGV, p. 60-69, 2003a.

_____. A linguagem da consultoria organizacional: trilhas metodológicas para a pesquisa. In: ENANPAD, 27. 2003, Rio de Janeiro. *Anais...* Rio de Janeiro: Anpad, 2003b.

MILES, Matthew B.; HUBERMAN, Michael A. *Qualitative data analysis.* 2. ed. London: Sage, 1994.

MORGAN, Gareth. *Beyond the method.* Beverly Hills: Sage, 1983.

PAGÈS, Max et al. *O poder das organizações.* São Paulo: Atlas, 1987.

PETELIN, G. Quality: a higher level of mediocrity? *Australian Journal of Communication,* v. 19, p. 140-152, 1992.

RANSON, S.; HINNINGS, B.; GREENWOOD, R. The structuring of organizational structures. *Administrative Science Quarterly,* v. 25, n. 1, p. 1-17, 1980.

REED, Michael. Teorização organizacional: um campo historicamente contestado. In: CLEGG, Stewart; HARDY, Cynthia; NORD, Walter (Orgs.). *Handbook de estudos organizacionais.* São Paulo: Atlas, 1999. v. 1, cap. 1, p. 61-98.

ROESCH, Sylvia Maria Azevedo. *Projetos de estágio e de pesquisa em administração.* 2. ed. São Paulo: Atlas, 1999.

SUTTON, Robert I.; STAW, Barry M. O que não é teoria. *Revista de Administração de Empresas — RAE,* São Paulo: Eaesp/FGV, p. 74-84, 2003.

TRIVIÑOS, Augusto. *Introdução à pesquisa em ciências sociais: a pesquisa qualitativa em educação.* São Paulo: Atlas, 1987.

VERGARA, Sylvia Constant. *Projetos e relatórios de pesquisa em administração.* 3. ed. São Paulo: Atlas, 2000.

WACQUANT, Louïc. *Corpo e alma: notas etnográficas de um aprendiz de boxe*. Rio de Janeiro: Relume Dumará, 2002.

WHETTEN, David A. O que constitui uma contribuição teórica? *Revista de Administração de Empresas — RAE*, São Paulo: Eaesp/FGV, p. 69-73, 2003.

Capítulo 2

Além da dicotomia objetividade-subjetividade

*Alketa Peci**

Introdução

Ao apresentar estratégias para a pesquisa social, Morgan (1983) assevera que os cientistas engajam-se em um objeto de estudo por meio de uma base particular de referência. No entanto, raramente os pressupostos nos quais se baseiam as diversas perspectivas de análise social são assumidos explicitamente. Paralelamente, pouco esforço se faz para refletir acerca desses pressupostos, questioná-los e redefini-los, de modo a abrir espaço para novas formas de relacionar-se com os objetos de estudo.

Neste capítulo, reflito acerca de uma das (pré)suposições mais presentes no campo de estudos organizacionais: a dicotomia objetividade-subjetividade. Defendendo a rejeição desta dicotomia, discorro acerca das possibilidades que se abrem para o estudo das organizações, possibilidades essas estreitamente relacionadas com a superação de fronteiras disciplinares e metodológicas.

Na primeira parte do capítulo, resumo a controvérsia acerca da dicotomia objetividade-subjetividade que, há longos séculos, está presente no campo da filosofia

---

* Mestre em administração pública e doutoranda em administração pela Ebape/FGV, onde atua como professora assistente, e pesquisadora do grupo Observatório da Realidade Organizacional. E-mail: alketa@fgv.br.

e sociologia e apresento três possíveis respostas ao debate: a posição unilateral; a tentativa de síntese; e a rejeição.

A seguir, apresento as principais idéias de autores que trabalham, explícita ou implicitamente, a partir da rejeição da dicotomia: o pragmatismo americano, representado por William James e Richard Rorty, Michel Foucault e Bruno Latour.

Por fim, reflito acerca de algumas implicações que essa nova perspectiva pode abrir para o campo de estudos organizacionais. Argumento que a principal questão refere-se à superação de fronteiras disciplinares e metodológicas. "Mantendo em suspense" as organizações sem considerá-las como produtos dados e acabados, tal perspectiva pode contribuir para incluir novas dimensões temporais, espaciais e relacionais na compreensão do fenômeno organizacional. Em termos metodológicos, o esforço deste tipo de pesquisa pode inserir-se na tentativa de superação do monismo metodológico e abrir espaço para inovação e ousadia em termos de fontes e instrumentos de coleta de dados, assim como de sua apresentação.

Uma antiga controvérsia

No campo de estudos filosóficos e sociais, a controvérsia acerca da dicotomia objetividade-subjetividade acompanha os principais debates há muito tempo. As duas correntes, que partem de postulados diferentes, dirigem, explícita ou implicitamente, o pensamento de estudiosos e pesquisadores, sejam eles de organizações ou não. Elas geram inúmeras perspectivas que competem hoje para o *status* de "superioridade" em termos epistemológicos e metodológicos.

Para muitos, a objetividade é a atitude natural do homem perante o mundo, pois homem nasce num mundo "real". Como Morente (1930) argumenta, para o realista, existem as coisas, o mundo das coisas e o eu entre elas. O conhecimento reflete a mesmíssima realidade. A verdade se define pela adequação entre o pensamento e a coisa. Tal adequação se consegue mediata à reta formação de conceitos. A evolução — o próprio processo do pensamento realista — é uma correção contínua dos conceitos. No fundo de todo esse processo, encontramos sempre o mesmo postulado fundamental: "as coisas são inteligíveis; as coisas são as que têm no seu próprio ser a essência, a qual é acessível ao pensamento, porque o pensamento se ajusta e coincide perfeitamente com elas" (Morente, 1930:134). Ou seja, os realistas acreditam que existe um, e apenas um, "*way the world is in itself*" (Rorty, 1999a).

Tal pensamento, que parte de Parmênides, culmina em Aristóteles e nos acompanha até hoje, tenta produzir fielmente a articulação mesma da realidade.

> o homem espontâneo e natural é aristotélico; e se o homem é aristotélico, espontânea e naturalmente, nada tem de estranho o espetáculo que nos dá a História e que consiste em que, a partir de Aristóteles, pouco a pouco a concepção metafísica

aristotélica do mundo e da vida vai-se enraizando cada vez mais nos espíritos e nas almas, até tornar-se uma crença; uma crença que atinge o fundo mesmo do intelecto, o fundo mesmo da alma individual.

(Morente, 1930:135)

Questionado pela existência de fatos históricos, o realismo entra em crise. Daí nasce uma posição nova da filosofia que considera que o pensamento humano está radical e essencialmente condicionado pelo tempo e pela história. (Morente, 1930:141). A nova posição filosófica, conhecida como idealismo, "volta as costas ao sentido comum, à propensão natural e nos convida a realizar um exercício acrobático de uma extrema dificuldade, que consiste em pensar as coisas como derivadas do eu".

Na chamada epistemologia moderna, de Descartes a Hume, de Locke a Kant, a principal questão era como tornar congruentes a ordem das representações na consciência com a ordem de representações fora do eu. Preso nas garras da própria consciência, o sujeito da epistemologia moderna tentava recuperar o mundo que já tinha perdido. As opções não eram muitas: o mundo poderia ser encontrado novamente por meio de evidência direta e imediata dos sentidos (empiricismo), ou por meio da racionalidade do criador ou da harmonia da mente com a natureza, que poderia garantir a correspondência entre as duas ordens de representação (racionalismo). Empiricistas ou racionalistas, os epistemologistas modernos concordavam que o dever do conhecimento, quaisquer suas origens, era construir uma representação adequada das coisas. A mente deve "espelhar" a natureza (Benhabib, 1996).

O fato é que da dicotomia objetividade-subjetividade nasceram inúmeras correntes de pensamento que conquistaram defensores apaixonados ou inimigos ferozes. Aliás, esse lado emotivo do debate, decorrente da dicotomia objetividade-subjetividade, sempre foi um aspecto menosprezado da discussão. Positivismo lógico, empiricismo, filosofia analítica, nominalismo, fenomenologia, existencialismo e assim por diante, são apenas algumas das correntes desenvolvidas a partir de lados opostos deste debate.

Atualmente, a posição crítica acerca do realismo, ou melhor, da epistemologia moderna, resume-se ao conceito de "metafísica da presença", formulada por Derrida (1974), abrindo espaço para o que se conhece pelo vago nome de "pós-estruturalismo". De fato, pós-estruturalismo é um termo muito abrangente que inclui contribuições diversas, como a desconstrução filosófica de Jacques Derrida e alguns trabalhos de Roland Barthes, as teorias psicanalíticas de Jacques Lacan e Julia Kristeva, as críticas históricas de Michel Foucault e os escritos sobre cultura e política de Jean-François Lyotard e Jean Baudrillard. O pós-estruturalismo é caracterizado por uma certa politização da crítica e considera que dicotomias como objetividade-subjetividade, traduzidas em outras como corpo-espírito ou cérebro-mente, são fenômenos históricos, heranças acumuladas a partir de Descartes e o legado da razão do modernismo.

Existem três possíveis respostas ao inteiro debate objetividade-subjetividade.

- Assumir posição unilateral, isto é, definir-se exclusivamente em termos de objetividade ou subjetividade

Esta posição pode ser encontrada na obra de Searle (1984:18) que constrói sua análise a partir da perspectiva objetivista. Para ele, "todos os fenômenos mentais, conscientes ou inconscientes, visuais ou auditivos, dores, coceiras, e pensamentos, na verdade toda a nossa vida mental é causada de processos que acontecem no cérebro". Para Searle não existe subjetividade e nem sociedade. Elas são determinadas pela natureza, ou melhor, pela biologia. Com base na biologia, o autor encontra respostas para inquietudes sempre presentes nas ciências sociais, tais como comportamento humano, ação e livre escolha.

- Tentativa de síntese da dicotomia objetividade-subjetividade

A teoria de estruturação de Giddens e o construto teórico campus-*habitus* de Bourdieu inserem-se na tentativa de oferecer uma síntese teórica à dicotomia objetividade-subjetividade e às outras que desta última ocorrem: ação-estrutura, indivíduo/pessoa-sociedade etc. Ainda, os dois autores concebem seus referenciais teóricos a partir de uma relação dialética entre estas dicotomias. No entanto, eles constroem seus — substancialmente diferentes — referenciais influenciados por diversas perspectivas, aprofundando e reelaborando conceitos da: fenomenologia (conceito de *habitus* em Bourdieu ou conhecimento tácito e reflexividade em Giddens); individualismo metodológico (mais presente em Giddens, mas também adaptado nas definições de jogo/interesse de Bourdieu); estruturalismo (mais presente em Bourdieu, por exemplo na definição do *habitus* como estruturas estruturantes, mas também forte em Giddens no seu conceito de estrutura); e, ainda, funcionalismo e pragmatismo (Giddens), assim como marxismo (Bourdieu) (Peci, 2003).

- Rejeição da dicotomia objetividade-subjetividade

A terceira alternativa, defendida neste trabalho, baseia-se na própria rejeição da dicotomia objetividade-subjetividade. Um dos precursores dessa corrente, incorporada na obra de autores como Foucault, Latour, Rorty e William James, foi Friedrich Nietzsche, cuja crítica da totalidade e das pretensões universalísticas da ciência liberou muitas das energias do que atualmente é reconhecido como pós-modernismo.

> Alguém pode achar que não é a oposição objeto-sujeito que me preocupa aqui. Deixarei esta distinção para os epistemologistas perdidos nas armadilhas da gramática. É ainda menos a oposição da "coisa-em-si" e aparência; porque nós não "sabe-

mos" o suficiente sequer para nomear qualquer distinção destas. Falta-nos, simplesmente, um órgão para conhecimento, para "verdade": "sabemos" (ou acreditamos, ou imaginamos) até quando possa ser útil para o interesse do rebanho humano, da espécie; e, até o que aqui é chamado de "utilidade", é, também, uma simples crença, alguma coisa imaginária e pode ser precisamente isto a mais calamitosa estupidez como conseqüência da qual podemos perecer um dia.

(Nietzsche, 1996:198)

Para Nietzsche, o que nos leva ao conhecimento é o instinto de medo, a necessidade do familiar, o desejo de descobrir, na raiz do estranho e do questionável, alguma coisa que não nos incomoda, que seja familiar.

Sob o título *"Ciência" como preconceito*, Nietzsche desmascara as ambições científicas e o legado da razão. Para ele, uma interpretação "científica" do mundo continua a ser uma das mais estúpidas interpretações do mundo, adequada para os olhos e a consciência "dos mecanicistas que atualmente gostariam de ser considerados filósofos e insistem que a mecânica é a doutrina das primeiras e das últimas leis nas quais a existência deve ser baseada como fundamento" (Nietzsche, 1996:199).

Perspectivas de superação da dicotomia objetividade-subjetividade: pragmatismo americano, Foucault e Latour

Nesta parte, apresento brevemente as idéias principais de alguns autores que propõem e/ou trabalham a partir do fim da dicotomia objetividade-subjetividade: pragmatismo americano, especificamente William James e Richard Rorty; o conceito do discurso proposto por Foucault; e a discussão acerca do construtivismo elaborada por Bruno Latour.

O pragmatismo americano: contribuição de William James e Richard Rorty

Pragmatismo, principalmente na obra de William James (1997), emerge como temperamento filosófico, teoria de verdade, teoria de significado, conto holístico de conhecimento e método de resolução das disputas filosóficas. Obviamente que todos esses aspectos estão extremamente relacionados. No entanto, como método, o pragmatismo visa principalmente a resolver disputas metafísicas, tentando interpretar cada conceito quanto às suas respectivas conseqüências práticas.

O pragmatismo compartilha com o pós-estruturalismo a visão sobre a verdade. Para James, a verdade é uma *construção*, uma verdade *feita*. Nenhum princípio transcendental, nenhuma verdade absoluta, nenhum conceito ou (pré)conceito permanente podem orientar o pragmatista, determinando um ambicioso programa político. A visão pragmatista da verdade é "a verdade como o que é bom para nós acreditarmos" (James, 1997; Rorty, 1991).

Mas James é também psicólogo. Ele reconhece que *verdades* antigas continuam a fazer parte de crenças pessoais, mesmo quando novas *verdades* juntam-se ao nosso fluxo de experiência. "Os novos conteúdos em si não são verdades, eles simplesmente *come and are*" (James, 1997:100). A verdade de uma idéia significa tornar-se verdade na medida em que esta idéia nos ajuda a entrar numa relação satisfatória com outras partes de nossa experiência. Uma idéia é verdadeira *instrumentalmente*. A verdade das idéias significa o seu poder de "funcionar".

A realidade para o pragmatismo significa simplesmente a relação com a nossa vida emocional e ativa. Tudo o que estimula o nosso interesse é real. Como um bom pragmatista, Rorty (1991:33) critica o objetivismo em termos de conseqüências práticas: "O melhor argumento que nós, simpatizantes da solidariedade, utilizamos contra os simpatizantes realistas do objetivismo é o argumento de Nietzsche, segundo o qual a metafísica tradicional ocidental não está funcionando mais". Ele também tenta mostrar que existem sentimentos relativos ao desejo da subjetividade: o medo da morte, a tentativa de evitar o enfrentamento com a contingência, o escapar do tempo e do acaso.

Rorty (1999) também discute a questão da dicotomia objetividade-subjetividade propondo, explicitamente, o fim do debate secular realismo/anti-realismo e advogando a exploração das possibilidades que uma nova perspectiva, baseada no não-reconhecimento desta dicotomia, oferece: liberar-nos das problemáticas objeto-sujeito e aparência-realidade que têm dominado a filosofia desde Descartes.

Discurso na arqueologia do saber: formação, prática, poder e campos

Destaco, neste texto, que o conceito de discurso como "unidade" de conhecimento, presente num período particular de tempo, baseia-se no mesmo pressuposto ontológico do pragmatismo de Rorty, especificamente o fim da dicotomia objetividade-subjetividade.

Em *Arqueologia do saber*, Foucault (1972) afasta-se de um posicionamento objetivista e/ou subjetivista do discurso. No estudo dos processos discursivos, propõe "evitar as coisas" (1972:63), elidir o momento das "coisas mesmas", mas sem se remeter à análise lingüística da significação. Na análise foucaultiana, "as palavras estão tão deliberadamente ausentes quanto as próprias coisas" (1972:63-64):

> "discursos", (...) não são, como se poderia esperar, um puro e simples entrecruzamento de coisas e palavras. (...) analisando discursos vemos se desfazerem os laços aparentemente tão fortes das palavras e das coisas e separar um conjunto de

regras próprias à prática discursiva. (...) Tarefa que consiste em não mais tratar os discursos como conjuntos de signos (de elementos significantes que remetem a conteúdos ou a representações), mas como práticas que formam sistematicamente os objetos de que falam.

Muitos outros exemplos que não reconhecem a dicotomia objetividade-subjetividade estão presentes na obra de Foucault, demonstrando afinidade com a perspectiva pragmatista americana. No entanto, para os propósitos deste trabalho, concentrar-me-ei no conceito do discurso.

Foucault emprega o conceito de discurso para referir-se às *relações* que propiciam o processo de *formação* dos objetos. Em vez de mencionar a construção, estuda o processo de *formação discursiva*, definido com base nesse conjunto de relações, tentando mostrar que qualquer objeto do discurso em questão encontra aí seu lugar, sua lei de aparecimento.

Essas relações são estabelecidas entre instituições, processos econômicos e sociais, formas de comportamento, sistemas de normas, técnicas, tipos de classificação, modos de caracterização; não estão presentes no objeto; não são elas que são desenvolvidas quando se lhes faz a análise; e não desenham a trama, a racionalidade imanente, essa nervura ideal que reaparece totalmente ou em parte quando pensamos na verdade do seu conceito. Também não definem a constituição interna do objeto, mas o que lhe permite aparecer, justapor-se a outros objetos, situar-se em relação a elas, definir sua diferença, sua irredutibilidade e eventualmente sua heterogeneidade, enfim, de ser colocado em um campo de exterioridade (Foucault, 1972:59-60).

Assim, as relações discursivas não são internas no discurso, mas também não são relações exteriores ao discurso que o limitariam, lhe imporiam certas formas ou o forçariam em certas circunstâncias a enunciar coisas. Elas estão, de alguma maneira, no limite do discurso e o caracterizam *como prática*. O discurso, portanto, deve ser considerado como prática que sistematicamente forma os objetos sobre os quais fala; o conjunto de *regras* que são iminentes a uma prática que define a sua especificidade. Daí o uso corrente do conceito das *práticas discursivas* em pesquisas influenciadas pela perspectiva foucaultiana, que, na minha opinião, não deixa de ser uma tautologia. A palavra discurso, em si, já compreende a dimensão da prática.

Buscar a unidade de um discurso é buscar a dispersão de elementos descrita em sua singularidade de determinar regras específicas, segundo as quais foram formados objetos, enunciações, conceitos, opções teóricas, ou seja, matéria e linguagem. A unidade do discurso reside neste sistema que rege e torna possível a sua formação. Quando se fala de um sistema de formação, não se compreendem somente a justaposição, a coexistência ou a interação de elementos heterogêneos (instituições, técnicas, grupos sociais, organizações perceptivas, relações entre discursos diversos), mas seu relacionamento pela prática discursiva (Foucault, 1972).

Baseado em Nietzsche e numa linha muito próxima à perspectiva pragmática, Foucault incorpora a dimensão do poder na sua análise, falando sobre a política da verdade. Argumenta que o conhecimento foi inventado, isto é, não tem origem (Foucault, 1994:8):

> O conhecimento é o simples resultado da ação recíproca, encontro, junção, luta e compromisso entre os instintos. Alguma coisa é produzida, porque os instintos se encontram, brigam entre si, e, ao final da sua batalha, finalmente chegam a um compromisso. Este compromisso é o conhecimento.

Da mesma maneira que o conhecimento não está de alguma forma relacionado com a natureza, não deriva da natureza humana, também não tem afinidade com o mundo a ser conhecido, com as coisas. O mundo não tenta imitar o homem; o mundo não conhece leis. Aqui temos a primeira ruptura entre o conhecimento e as coisas. Assim, se realmente se quer saber o que é o conhecimento, compreendê-lo na sua raiz, na sua produção, não devemos observar os filósofos, mas os políticos. Podemos compreender o que é o conhecimento examinando as relações de luta e poder, a maneira pela qual coisas e homens se odeiam, brigam, tentam dominar-se, exercer relações de poder sobre outros. Considerando que não existe conhecimento em si, devemos tentar compreender a *política da verdade*.

O *campo discursivo*, no qual contempla-se a dimensão tempo-espaço, é um outro conceito importante em Foucault. Campo é o espaço em que se desenvolvem os acontecimentos discursivos. É no campo que se manifestam, se cruzam, se emaranham e se especificam as questões do ser humano, da consciência e do sujeito (Foucault, 1972:25). Temporalidade e espacialidade se unificam no conceito de campo. Campo é tempo e espaço, ser e devir, estrutura e história, formação e (trans)formação.

Assim como na abordagem pragmatista e na de Nietzsche, Foucault destaca o papel dos conhecimentos como úteis e necessários ao exercício do poder, pois são *praticamente úteis* e não falsos — como a tradição marxista tem tentado demonstrar. No entanto, diferentemente de Foucault, para James o foco da análise continua a ser o sujeito. Foucault expande o conceito além do sujeito, no nível do discurso.

Talvez uma das mais importantes contribuições de Foucault resida no reconhecimento de que, além do aspecto negativo do poder — a sua força destrutiva —, existe um lado positivo, isto é, produtivo, transformador do poder — a sua eficácia produtiva. "De fato, o poder produz; ele produz real; produz domínios de objetos e rituais de verdade" (segundo Machado, 1979:XVI). Além disso, o poder é também o produtor da individualidade. "O indivíduo é uma produção do poder e do saber", resume Machado (1979:XIX), referindo-se ao poder disciplinar que Foucault destaca a partir de uma análise que, no entanto, é histórica e específica. O poder disciplinar é característico de uma época, de uma forma específica de dominação.

Bruno Latour e a crítica do construtivismo social

Enquanto Foucault propõe superar a dicotomia objetividade-subjetividade fazendo uso do conceito de discurso, Latour, com base em pesquisas empíricas no campo da ciência e da tecnologia, revê os pressupostos básicos do chamado construtivismo social.

Em primeiro lugar, Latour observa a dicotomia objetividade-subjetividade com um olhar crítico e enxerga, no seu estabelecimento, objetivos políticos. Para Latour (1995:15), a existência isolada, a-histórica, desumana e objetiva do mundo exterior existe para "combater as massas", "as massas desgovernáveis" que Sócrates e outros foram tão rápidos em invocar para justificar a procura de uma força tão grande que fosse capaz de reverter o poder de "dez mil tolos".

Latour (1999:6) vai além e denuncia também o projeto político que visou à substituição do ego transcendental pela sociedade. Para ele foi nesse momento "que os preconceitos, categorias, e paradigmas de um grupo de pessoas que moravam juntas determinaram as representações de cada um deles".

> Nada no mundo tinha de passar por tantos intermediários para chegar na mente individual. As pessoas foram fechadas não apenas na prisão de suas próprias categorias, mas também naquelas do seu grupo social. Em segundo lugar, esta "sociedade" em si não era mais que uma série de mentes-em-tonel, com certeza, muitas mentes e muitos tonéis, mas, cada um desses, ainda olhando para um mundo exterior. Que melhoria! Se os prisioneiros não continuavam a se localizar em celas individuais, eles eram agora confinados no mesmo dormitório, na mesma mentalidade coletiva. Em terceiro lugar, o próximo deslocamento, do ego para culturas múltiplas, expôs a única coisa boa sobre Kant, isto é, a universalidade das categorias a priori, o único pedacinho de certeza absoluta que ele foi capaz de manter. Daqui para diante, ninguém era fechado na mesma prisão; agora eram muitas prisões, incomensuráveis, não conectadas. Não foi apenas a mente que se desligou do mundo, mas cada mente coletiva, cada cultura, desconectou-se das outras.
> (Latour, 1999:15)

Essa crítica política não deve ser vista como um movimento consciente político. O que Latour faz é reconhecer que, no decorrer desses longos anos, ganhadores e perdedores estiveram presentes no jogo da dicotomia em questão.

Conseqüentemente, Latour (2002) critica o atual uso do construtivismo social. Para ele, uma das principais falhas do construtivismo consiste exatamente no adjetivo que o acompanha — social —, implicando quase sempre que a construção é feita com base em "*social stuff*", ou seja, o material escolhido para a chamada construção é sempre social, ignorado o importante papel dos chamados "objetos". Daí, ele propõe a primeira correção: a palavra social não designa propriamente o "material" da construção, mas o processo coletivo por meio do qual tudo, até os fatos, se constroem. Para dar à palavra "construção" um pouco de seu sentido original é necessário enfatizar o processo coletivo que termina em construtos sólidos por meio da mobilização de ingredientes heterogêneos. É exatamente a heterogeneidade de associações que está em questão, o envolvimento de humanos e não-humanos. As conotações mais interessantes da metáfora de construção começam a aparecer: história, solidez, multiplicidade, incerteza, heterogeneidade, fragilidade.

Paralelamente, os mecanismos inerentes à construção em si são criticados. Existem problemas referentes aos "criadores" e suas "crias". O vocabulário relativo ao processo do "fazer" enfatiza o papel de alguma agência, embora esta última possa ser "determinada", "limitada" e assim por diante. "Quando nos tornamos atentos a maneiras mais humildes de falar, esta agência desloca-se de um mestre todo-poderoso para as diversas coisas, agentes, atuantes com os quais tem de dividir a ação" (Latour, 2002).

Não existe nenhum máster ou criado que possa dominar os "materiais", as "coisas". A materialidade é tão presente quanto a agência no processo de construção:

> se a palavra "construtivismo" tem alguma importância é porque nos leva a agências que nunca se reduzem a esses papéis estúpidos e infantis. Sim, elas atuam; sim, elas ordenam; sim, elas resistem; sim, elas são plásticas; mas o que se tem mostrado interessante são todas as posições intermediárias que são capazes de assumir simultaneamente. (...)
>
> Em tudo, construção, criação, trabalho, significa apreender como tornar-se sensível às exigências e aos requerimentos-chaves, às pressões de agências conflitantes, em que nenhuma está realmente no comando.
>
> (Latour, 2002)

Ao final, a realidade é construída ou real? As duas, responde Latour (2002):

> Somos tão ingênuos a ponto de pensar que temos de escolher? Não sabemos que até as ideologias mais loucas têm conseqüências reais? Que vivemos num mundo de nossa própria construção e que nem por isso é menos real? "Nós" nunca construímos um mundo de "nossa própria desilusão", porque não existe este criador livre em "nós" e porque não existe material suficientemente maleável para reter as marcas de nossa divertida ingenuidade.

Para Latour, humanos e não-humanos estão engajados numa história que torna sua separação impossível. Palavras e mundos (*words and worlds*) marcam extremidades possíveis e não muito interessantes; pontos finais de um conjunto complexo de práticas, mediações, instrumentos, formas de vida, engajamentos e envolvimentos por meio dos quais novas associações são geradas. O projeto político que Latour propõe visa a evitar a demarcação entre palavras e coisas, natureza e cultura, fatos e representação; de fato, pretende assegurar que não exista tal separação.

Algumas implicações para estudos organizacionais

No campo de estudos organizacionais, Burrell e Morgan (1988) tiveram o mérito de conscientizar os pesquisadores sobre a existência de diferentes perspectivas paradigmáticas que podem ser adotadas no estudo do mundo social e das organizações. O livro foi extremamente importante naquele contexto histórico do campo de estudos organizacionais, caracterizado pela predominância do funcionalismo. Os autores abriram espaço ao fundamento da heterodoxia no campo, descrevendo quatro paradigmas sociológicos diferentes e "mutuamente exclusivos" (McSwite, 1997:223): funcionalismo, interpretativismo, estruturalismo radical e humanismo radical.

Embora reconhecendo a predominância do paradigma funcional, os autores enfatizaram que todos os paradigmas são igualmente *legítimos*. No entanto, também contribuíram para cristalizar as dicotomias, entre as quais a objetividade-subjetividade, uma vez que a categorização que os autores propõem pressupõe a existência e a exclusividade mútua de seus componentes.

A questão das categorias é importante nessa discussão, e podem ser consideradas de extrema importância no processo de compreensão. Mas também é possível olhar para as categorias como autocentradas, exclusivas, e, conseqüentemente, limitadoras. As categorias impõem homogeneidade e identidade à heterogeneidade do material, do mundo. As perspectivas de Foucault, Latour, Rorty e outros, que operam com base na não-existência da dicotomia objetividade-subjetividade, não encontram espaço nas categorias que Burrell e Morgan (1988) propõem.

Seja como conseqüência de uma certa superficialidade que acompanha, em geral, os estudos organizacionais, seja como conseqüência da autoridade prática e discursiva da corrente objetivista, amplificada com o triunfo do cientificismo e positivismo lógico, o fato é que a maioria dos estudos da área se caracteriza pela atitude realista e compartilha as premissas do objetivismo. Prevalecem correntes teóricas, como o contingencialismo e o institucionalismo, que percebem a organização como reflexo das características do ambiente no qual se insere. Assim, o comportamento organizacional consiste em estratégias — adaptativas, reativas, miméticas — que buscam a sobrevivência organizacional num contexto em contínua mudança. As organizações, a ação organizacional e a estrutura têm sido vistas como respostas às diversas condições objetivas. Desse modo, os processos sociais e culturais que dão forma à estrutura e ao comportamento organizacional, na maioria dos casos, têm sido deixados de lado ou considerados variáveis exógenas, coisificadas como "realidade", "sociedade" ou "ambiente".

Por outro lado, a corrente subjetivista está mais presente na área de estudos culturais ou de processos decisórios. No entanto, é possível juntar, sob a denominação "subjetivista", correntes teóricas das mais diversificadas, tais como o cognitivismo, a fenomenologia e o individualismo metodológico, que partem de premissas diferentes. Nos trabalhos de Simon, Weick, Silverman e outros autores, é possível encontrar exemplos de pesquisas que partem de uma perspectiva subjetivista, mas que nem por isso podem ser considerados compatíveis entre si.

Talvez a maior contribuição da perspectiva aberta com a superação da dicotomia objetividade-subjetividade para o estudo e pesquisa no campo social e de organizações seja a superação de fronteiras disciplinares e metodológicas.

Considerando que a perspectiva que proponho neste trabalho volta-se contra unidades prontas e acabadas, não pretendo recomendar aqui estratégias de pesquisa, mas apenas compartilhar algumas formas de olhar e compreender o objeto de estudo — organização. Partilho algumas reflexões acerca das experiências de pesquisa nas quais tenho participado, assim como exemplos de outros autores.

Além da disciplina

A interdisciplinaridade é um conceito muito advogado, mas pouco concretizado em empreendimentos teórico-empíricos. Aliás, o uso incorreto do conceito tem levado a uma "intersuperficialidade" de pesquisas que pouco contribui para a transgressão das fronteiras disciplinares. O próprio termo "disciplina" conota não apenas uma dimensão divisória — de fronteiras espaciais — mas também uma dimensão restritiva e punitiva — à qual Foucault (1979) caracterizou como poder — com as suas conhecidas conseqüências emotivas. É exatamente essa dimensão emotiva — decorrente do poder — que diz muito a respeito da resistência à abertura de fronteiras. Ainda, considerando que a "disciplina" em si pode ser vista como historicamente situada, valeria a pena direcionar os esforços da pesquisa para a compreensão dos processos que propiciaram a sua formação.

O empreendimento a que me refiro tem um duplo sentido: não se trata apenas de questionar a existência do campo disciplinar "administração", cujas relações com outros saberes/poderes, como sociologia e psicologia, estão sendo reconhecidas e incentivadas, mas também de estimular um olhar que busca descobrir e captar a circularidade que existe entre os campos sociais, políticos, científicos e organizacionais.

Partindo do conceito de campo discursivo, elaborado por Foucault, pode-se evitar o risco decorrente de análises unidisciplinares. O foco da pesquisa recai na permeabilidade dos campos discursivos e como estes influenciam e são influenciados pelo processo de (trans)formação organizacional.

Nas correntes dominantes de estudos organizacionais, prevalece a visão que considera as organizações como categorias fixadas, essencialistas, pré-políticas e singulares (Colignon, 1997). As organizações assumem um *status* analítico privilegiado e tornam-se merecedoras de um foco de análise específico. Como o autor alerta, o essencialismo da análise organizacional serve para velar algumas pressuposições metodológicas tácitas; por exemplo: o processo de criação de todas as organizações é considerado igual; as características essenciais das organizações são consideradas as mesmas. Desde a obra clássica de Selznick — o autor nos alerta — as organizações têm sido definidas como autônomas, apolíticas, associais e a-históricas (Colignon, 1997:2).

Paralelamente, especialmente na linha do novo institucionalismo, as organizações são tratadas como sinônimo de instituições. Sem dúvida, as organizações, concebidas genericamente, são instituições. No entanto, a sua existência não pode ser considerada um ponto de partida para a análise institucional, mas um motivo de questionamento e investigação para melhor compreender as formas substantivas que elas assumem em campos organizacionais concretos (biotecnologia, energia, educação e outros) ou em diferentes ambientes culturais (como contexto ibero-americano, asiático). Isso requer reconfigurá-las sem basear-se em (pré)suposições sobre a lógica que governa as organizações, pressuposições essas cristalizadas no processo de formação do próprio campo de estudos organizacionais.

A partir da perspectiva aberta com o fim da dicotomia objetividade-subjetividade, as organizações não são tratadas como produtos acabados. Ao contrário, elas são "mantidas em suspense" e redescobertas no decorrer do processo de compreensão das formações discursivas. Trata-se de incorporar, na concepção e no estudo das organizações, "as dimensões desestabilizadoras de tempo, espaço e relacionais" (Colignon, 1997:VII). Fazendo uso do conceito do discurso encontrado em Foucault (1972), é possível observar como os campos organizacionais se (trans)formam. Desse modo, o poder da formação discursiva em formas concretas organizacionais pode ser pesquisado com maior profundidade.

Além do monismo metodológico

Sem dúvida, o empreendimento de pesquisa inserido nesta linha não pode inscrever-se no quadro de pesquisas que Spink e Menegon (2000) qualificam como *monismo metodológico* — caracterizado pela formulação e pelo teste de hipóteses e encarnado principalmente em autores influentes, como Karl Popper (Miller, 1985).

Em vez de *explicar* o fenômeno, busca-se *compreendê-lo*, aderindo à *epistemologia da diferença*, advogada por Spink e Menegon (2000). Desde o trabalho de Burrell e Morgan (1996), o leque de possibilidades para escolhas metodológicas vem aumentando. No entanto, acarreta maior responsabilidade nessas escolhas, demandando clareza diante dos fundamentos epistemológicos que as embasam e a necessária identificação com os fundamentos.

Num trabalho com essa orientação, a lógica indutiva pode acompanhar a lógica dedutiva. Os conceitos iniciais são necessários para organizar, classificar e compreender o mundo[1] (Spink e Menegon, 2000), como práticas discursivas situadas e sujeitas a (trans)formações. De fato, não se opera a partir da dicotomia teoria-prática, buscando, deliberadamente, não tratar nem o esforço de construção teórica nem o empreendimento prático como produtos acabados e imutáveis. É importante reconhecer o caráter especulativo deste empreendimento, uma vez que ele se baseia no princípio de aceitação de sua forma inacabável e de sua possível e provável transformação. Conseqüentemente, encara-se esse empreendimento de pesquisa com modéstia, reconhecendo os limites do "congelamento" de um conceito tão dinâmico quanto o discurso, mesmo no processo de elaboração de um projeto de pesquisa.

A perspectiva *histórica* que visa a "captar" os principais discursos que constituem, transformam e são transformados pelos nossos "objetos" de investigação pode contribuir para o estudo, facilitando a teorização não apenas sobre a estabilidade, mas também sobre a mudança institucional e organizacional. Toda instituição tem uma história da qual se origina e que marca seu processo de (trans)formação. A perpétua dinâmica do mundo real[2] torna-se o principal foco de atenção.

Considerando que a distinção entre a pesquisa qualitativa e a quantitativa é conseqüência direta do conflito imposto pela dicotomia objetividade-subjetividade, é impossível categorizar o esforço deste tipo de pesquisa nos termos que associam mensuração com rigor e tudo que não pode ser mensurado com subjetividade (Spink e Menegon, 2000).

---

[1] Conceitos estes não apenas utilizados em métodos científicos, mas também no cotidiano. Afinal, não considera aqui o conhecimento científico como algo superior ao conhecimento cotidiano do ator comum (Garfinkel, 1967).

[2] Concordo com Burrell (1997:443), segundo o qual "a ciência começa pela colocação da dinâmica perpétua num campo de estagnação. As cláusulas de *ceteris paribus*, o experimento e o laboratório são todos formas de estabilizar o fluxo perpétuo do mundo real. (...) A criação da estagnação, o melhor para manter a vítima científica estável para que pudesse ser anatomicamente examinada, é extensa".

Como qualquer outra análise, os estudos que partem dessa perspectiva realizarão análises fragmentárias e transformáveis (Machado, 1979). No entanto, um importante diferencial deste tipo de investigação é não considerar pertinente a distinção entre ciência e ideologia (especificado em Foucault) ou conhecimento científico e prático (explicitado no pragmatismo de James), ou melhor, não partir dos critérios de demarcação entre uma e outra (Machado, 1979:XXI):

> O objetivo é neutralizar a idéia que faz da ciência um conhecimento em que o sujeito vence as limitações de suas condições particulares de existência. Todo conhecimento, seja ele científico ou ideológico, só pode existir a partir de condições políticas que são as condições para que se formem tanto o sujeito quanto os domínios de saber.

Além dos instrumentos tradicionais de coleta de dados

O pluralismo metodológico traduz-se em abertura acerca dos dados que os pesquisadores, no campo de estudos sociais e organizacionais, podem coletar e basear suas reflexões. Além do uso de instrumentos tradicionais de coleta de dados, como questionários, entrevistas, documentos etc., a reflexão pluralística pode inovar em termos de fontes e instrumentos de dados.

Curado (2001) apresenta uma proposta de metodologia histórica para o estudo da administração, dividindo o campo da historiografia entre o paradigma tradicional e a nova história. O paradigma tradicional defende que o estudo da história diz respeito essencialmente à política. Para a nova história, a história diz respeito a toda atividade humana. Metodologicamente, o paradigma tradicional defende que a pesquisa histórica deve estar baseada em fatos documentados. Para o estudo histórico em administração é necessário ampliar o leque dos métodos empregados, indo além da metodologia tradicional de pesquisa histórica que tem como principal fonte de dados o documento escrito. A nova história apresenta formas alternativas de levantamento de dados, como a história oral, análise de depoimentos, iconografia. A autora reconhece que, em administração, têm predominado estudos históricos que adotam, direta ou indiretamente, o paradigma tradicional e apresenta uma proposta de pesquisa historiográfica, aplicando-a no contexto brasileiro, utilizando documentos, tipologia, análise de depoimentos e histórias de vida, ou seja, adotando o enfoque da nova história.

> Os historiadores ligados à nova história, ao fazerem novos tipos de perguntas sobre o passado e ao escolherem novos objetos de pesquisa, tiveram de buscar novos tipos de fontes e métodos para suplementar os documentos oficiais. En-

tre esses novos métodos, pode-se citar: a análise estatística, ou *cliometria*[3], representada pela história serial e pela história quantitativa; a evidência das imagens, ou iconografia, fonte para a história das mentalidades; a releitura dos registros oficiais, procurando neles a "voz" das pessoas comuns, utilizada pelos historiadores de cultura popular; a história oral, utilizada pelos historiadores da vida cotidiana.

(Curado, 2001:5)

Peci (2003), analisando a formação de campo de biotecnologia nos EUA, faz uso das imagens no decorrer da pesquisa de campo e reflete sobre sua utilidade na compreensão das organizações. Quando se estuda o processo de formação do campo de biotecnologia, percebe-se que uma poderosa rede de organizações, cujos produtos estão cada vez mais presentes em vários segmentos da atividade humana — como saúde, agricultura, reprodução humana — está sendo estabelecida. Outras tantas organizações encontram-se "na fronteira" setorial, inseridas, de maneira direta ou indireta, nos campos discursivos que "envolvem" o campo setorial de biotecnologia.

As imagens fazem parte e influenciam o processo de (trans)formação de campos discursivos e o seu uso por organizações específicas muito nos pode dizer acerca dos discursos prevalecentes no campo.

Na figura 1, apresenta-se a foto de Dolly, a primeira ovelha clonada, "criada" nos laboratórios do Roslyn Institute, em Edinburgh, Escócia.

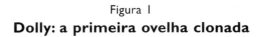
Figura I
Dolly: a primeira ovelha clonada

A figura 2, no entanto, apresenta uma representação artística de Dolly numa recente exibição de arte do International Center of Photography.

---

[3] Menção irônica ao uso de estatística na pesquisa histórica, significando "a estatística vital da deusa da história".

Figura 2
Dolly."How human: life in the post-genome era"

O Centro, na quarta série das exibições, apropriadamente intituladas "Imaginando o futuro: a interseção da ciência, tecnologia e fotografia", dedica à "Vida na era pós-genoma" uma belíssima exibição que reúne a contribuição de 34 artistas e fotógrafos de nove países que dedicam sua obra às questões relacionadas com a pesquisa genética e a biotecnologia.

Explorar imagens e outras formas gráficas de representação, entre outros instrumentos não mencionados aqui, pode ajudar as pesquisas cujo foco de interesse recai na permeabilidade de fronteiras, ou seja, o estudo da circularidade de discursos entre diversos campos e seu papel na estruturação de campos organizacionais.

Conclusões

Refletir acerca dos pressupostos que dirigem a pesquisa no campo organizacional não é práxis comum no âmbito da disciplina denominada "administração". Disciplinadores e disciplinados, pouco refletimos acerca do que mais escondemos na rede da linguagem da qual fazemos parte e ajudamos a tecer. Conformados a operar a partir de categorias familiares, esquecemos o fato de que essas mesmas categorias têm um poder (re)velador.

Não pretendo apresentar aqui uma crítica, mas apenas uma reflexão sobre a rejeição da dicotomia objetividade-subjetividade e as oportunidades que esta nova perspectiva pode trazer para o campo de estudos organizacionais. Encontro na obra do Foucault, Latour e pragmatistas americanos, como William James e Richard Rorty, a inspiração para este empreendimento. Fazendo uso da metáfora construtivista, esses autores nos alertam que o distanciamento objeto-sujeito tem trazido mais prejuízos do que contribuições para a compreensão do mundo social.

Sem dúvida que o campo de estudos organizacionais tem sido marcado pela presença desta dicotomia. As correntes objetivistas e subjetivistas apresentam-se como dois campos diferenciados, com linguagem e métodos de operacionalização diferenciados.

Rejeitando a dicotomia objetividade-subjetividade, abre-se espaço para superar as fronteiras fictícias, consolidadas em anos de pesquisa, que são disciplinares e metodológicas. Não se trata de mais um argumento em favor da interdisciplinaridade. Acredito que a contribuição dos autores analisados neste trabalho pode facilitar o processo de operacionalização de pesquisas que compartilham as mesmas premissas.

Para isso é preciso (des)construir a forma de observar o nosso objeto de estudo, as organizações, mantê-las em suspense, questionar a sua existência e pesquisar as suas formas de (trans)formação. Ao fazer uso, por exemplo, do conceito de discurso elaborado por Foucault, o foco da pesquisa desloca-se para a permeabilidade de campos discursivos e como estes últimos influenciam e são influenciados pelo processo de (trans)formação organizacional. Trata-se de incorporar no estudo das organizações dimensões temporais, relacionais e espaciais. Sem dúvida, dimensões culturais importantes se revelam no processo de compreensão das formas substantivas que organizações e/ou campos organizacionais assumem em contextos específicos (ibero-americano, asiático, brasileiro etc.).

Todo o esforço de pesquisa inserido nesta linha vai além do que Spink e Menegon (2000) qualificam como monismo metodológico. Abre-se o leque de escolhas metodológicas, reconhecendo-se que a construção teórica e o empreendimento prático da pesquisa não podem ser considerados produtos acabados e imutáveis. Não é possível encontrar respostas para nossa ansiosa busca de explicações causais, a partir do referencial que se propõe. A dinâmica do mundo real resiste a qualquer tentativa de congelamento. Certamente se considerarmos as pesquisas empíricas, demanda-se uma perspectiva histórica que visa a "captar" os principais discursos que constituem, transformam, e são transformados pelos nossos "objetos" de investigação, entre os quais as organizações ocupam um lugar central. Mas é preciso encarar este empreendimento com uma certa modéstia, reconhecendo os limites do "congelamento" deste conceito tão dinâmico quanto o discurso, mesmo numa tentativa de pesquisa empírica.

O pluralismo metodológico se traduz em maior abertura acerca das fontes e instrumentos de coleta de dados. Neste trabalho, trago exemplos da nova história, assim como da iconografia, reconhecendo que o leque de escolhas aqui não se reduz. Por fim, acredito que a própria forma de apresentação dos resultados de uma pesquisa poderia mudar, usando-se outras formas de expressão, além do texto, do escrito. Vale a pena explorar o que pensar/atuar, além da divisão sujeito-objeto, e que pode contribuir para a pesquisa no campo das organizações.

Referências bibliográficas

BENHABIB, S. Feminism and the question of postmodernism. In: APPLEBY, Joyce et al. (Eds.). *Knowledge and postmodernism in historical perspective.* London: Routledge, 1996.

BERGER, P. L. e LUCKMANN, T. *A construção social da realidade.* 20. ed. Petrópolis: Vozes, 2001.

BURRELL, G. Ciência normal, paradigmas, metáforas, discursos e genealogia da análise. In: CALDAS, M. P; FACHIN, R; FISCHER, T. (Orgs.). *Handbook de estudos organizacionais.* São Paulo: Atlas, 1997.

_____. Modernism, postmodernism and organizational analysis: The contribution of Michel Foucault. *Organization Studies*, v. 9, n. 2, p. 221-235, 1988.

_____; MORGAN, G. *Sociological paradigms and organizational analysis.* São Paulo: Atlas, 1988.

CANALES, M. *Sociología de la vida cotidiana.* Disponível em:<http://www.uchile.cl/facultades/csociales/excerpta/canal>. Acesso em: 25 maio 2002.

COLIGNON, R. A. *Power Plays: Critical events in the institutionalization of the Tennessee Valley Authority.* New York, Albany: State University of New York, 1997.

CURADO, I. Pesquisa historiográfica em administração: uma proposta metodológica. In: ENCONTRO ANUAL DA ASSOCIAÇÃO DE PROGRAMAS DE PÓS-GRADUAÇÃO EM ADMINISTRAÇÃO, 25. 16 a 19 set. 2001, Campinas. Anais... Campinas: Anpad, 2001.

DERRIDA, J. *Of grammatology.* Baltimore, MD: Johns Hopkins University Press, 1974.

DIAMOND, I.; QUINBY, L. (Eds.). *Feminism and Foucault: reflections on resistance. Introduction.* Boston: Northeastern University Press. p. XI-XIX. Disponível em: <http.//www.thefoucauldian.co.uk/feminism.htm>. Acesso em: 27 jan. 2003.

FOUCAULT, M. *A arqueologia do saber* . Lisboa, Porto: Vozes, 1972.

_____. *Discipline and punish: the birth of the prison.* New York: Vintage, 1979b.

_____. *Mental illness and psychology.* Berkeley, CA: University of California Press, 1987.

_____. *Microfísica do poder.* Rio de Janeiro: Graal, 1979.

GARFINKEL, H. *Studies in ethnometodology.* Englewood Cliffs, New Jersey: Prentice-Hall, 1972.

GORDON, C. Introduction. In: FAUBION, James D. (Ed.). *Michel Foucault: power.* New York: The New York Press, 1994.

HACKING, I. *The social construction of what?* Cambridge, Massachusetts; London, England: Harvard University Press, 1999.

HERITAGE, J. *Garfinkel and ethnomethodology*. New York: Polity Press, 1984.

INTERNATIONAL CENTER OF PHOTOGRAPHY. Exibição "How Human: Life in the post-genome era". Disponível em: <http.//64.94.245.222/i_exhibit.htm>. Acesso em: maio 2003.

JAMES, W. What pragmatism means. In: MENAND, Louis. *Pragmatism: a reader*. New York: Vintage, 1997.

LATOUR, B. *Pandora's hope: essays on the reality of science studies*. Cambridge, Massachusetts; London, England: Harvard University Press, 1999.

_____. Postmodern? No, simply amodern! Steps towards an anthropology of science. *Stud. Hist. Phil. Sci.*, v. 21, n. 1, p. 145-171, 1990.

_____. *The promises of construtivism*. Disponível em: <http.///www.ensmp.fr/~latour/articles/article/087.html>. Acesso em: maio 2003.

_____; WOOLGAR, S. *Laboratory life: the construction of scientific facts*. Princeton: Princeton University Press, 1986.

McSWITE, O. C. *Legitimacy in public administration: a discourse analysis*. Thousand Oaks, London, New Dehli: Sage, 1997.

_____.The new normativism and the discourse movement: a meditation. *Administrative Theory and Praxis*, v. 20, n. 2, Sept. 1998.

MEYER, J. W.; ROWAN, B. Institutionalized organizations: formal structure as myth and ceremony. *American Journal of Sociology*, v. 2, p. 340-363, 1983.

MILLER, D. (Ed.). *Popper selections*. Princeton, NJ: Princeton University Press, 1985.

MORENTE, M. G. *Fundamentos de filosofia*. São Paulo: Mestre Jou, 1980.

MORGAN, G. *Beyond the method: strategies for social research*. London, New Dehli: Sage Publications, 1983.

NIETZSCHE, F. Selected Aphorism from The Gay Science. In: APPLEBY, J. et al. (Eds.). *Knowledge and postmodernism in historical perspective*. NY, London: Routledge, 1996.

PECI, A. Estrutura e ação nas organizações. *Revista de Administração de Empresas*, v. 43, n. 1, jan./fev./mar. 2003.

POWELL, W.; DIMAGGIO, P. J. The iron cage revisited: institutional isomorphism and collective rationality in organizational fields. *American Sociological Review*, v. 48, p. 147-160, abr. 1983.

_____; _____. (Eds.). *The new institutionalism in organizational analysis*. Chicago, London: University of Chicago Press, 1990.

RORTY, R. *Analytic philosophy and transformative philosophy.* Disponível em: <http://www.stanford.edu/~rrorty/analytictrans.htm>. Acesso em: 26 nov. 2002.

_____. *Objectivity, relativism and truth.* Cambridge: Cambridge University, 1991. v. 1.

_____. *A pragmatist view of contemporary analytic philosophy.* Disponível em: <http://www.stanford.edu/~rrorty/pragmatistview.htm>. Acesso em: 26 nov. 2002.

SCOTT, R. W. *Institutions and organizations.* Thousand Oaks: Sage, 1995.

_____; MEYER, J.W. *Organizational environments: ritual and rationality.* Beverly Hills : Sage, 1983.

SEARLE, J. R. *Minds, brains and science.* Cambridge, Mass.: Harvard University Press, 1984.

SILVERMAN, David. *The theory of organizations: a sociological framework.* New York: Basic Books, 1970.

SPINK, M. J.; MENEGON, V. M. A pesquisa como prática discursiva: superando os horrores metodológicos. In: SPINK, M. J. (Org.). *Práticas discursivas e produção de sentidos no cotidiano: aproximações teóricas e metodológicas.* São Paulo: Cortez, 2000.

WENGER, E. *Communities of practice: learning meaning and identities.* United Kingdom: Cambridge University Press, 1999.

Capítulo 3

A atualidade da epistemologia weberiana: uma aplicação dos seus tipos ideais

*Sérgio Alves**

Introdução

A concepção de tipo ideal é um aspecto básico da doutrina epistemológica de Max Weber e refere-se a uma construção parcial da realidade em que o pesquisador seleciona um certo número de características, ressalta um ou vários elementos observados e constrói um todo inteligível entre vários outros possíveis. O tipo ideal é obtido mediante o encadeamento de um conjunto de fenômenos isoladamente, dados que se ordenam segundo pontos de vista unilateralmente acentuados, a fim de se formar um esquema homogêneo de pensamento. Nas palavras de Munch (1999:193), "um tipo ideal é a seleção arbitrária das características de um fenômeno a partir das inúmeras qualidades presentes na realidade, sem nenhuma tentativa de colocá-lo em uma relação superordenada".

Esse construto não é uma norma prática para a ação, visto que é impossível encontrar empiricamente este quadro típico em sua pureza conceitual; ele exibe um grau

---

* Doutor em sociologia pela Universidade Federal de Pernambuco (UFPE), professor adjunto no Departamento de Ciências Administrativas e no Programa de Pós-Graduação em Administração da UFPE, autor de *Revigorando a cultura da empresa* (Makron Books) e *Racionalidade, carisma e tradição nas organizações empresariais contemporâneas* (UFPE). E-mail: alvessas@yahoo.com.

de limpidez teórica sem contraparte possível na realidade. A moldura do pensamento "ideal" é a construção de relações objetivamente possíveis, em um sentido puramente lógico, diferente da realidade "autêntica", e não serve de esquema em que se possa incluir esta realidade. Tem o significado de uma construção puramente idealizada, uma abstração orientada pelos valores do pesquisador, em relação aos quais se estuda um determinado fenômeno a fim de esclarecer-se o conteúdo empírico de alguns de seus elementos constituintes (Aron, 1993; Merquior, 1990; Saint-Pierre, 1995).

O tipo ideal, por conseguinte, nada tem de "exemplar", nem de "dever ser"; tampouco é uma hipótese, embora possa apontar caminhos para a sua formulação. Ele não interessa como fim em si mesmo, mas como um modelo, como um meio de conhecimento em relação ao qual se analisa a realidade, permitindo ao investigador, em cada caso particular, aproximar-se cognitivamente do fenômeno em estudo, examinando a proximidade ou o afastamento da situação concreta pesquisada (tipo real), em relação ao tipo ideal correspondente (Cavalcanti, 1977; Domingues, 2000).

Alguns autores, como Kalberg (1994) e Segady (1987), consideram a adoção do tipo ideal como uma alternativa importante para definir mais claramente casos empíricos e assinalam que ele nos serve de "mapa" para realçar a transição de significados subjetivos para o conhecimento objetivo.

Nesse sentido, Weber (1974:345) esclarece que, com os tipos ideais, "não desejamos forçar esquematicamente a vida histórica infinita e multifacetária, mas simplesmente criar conceitos úteis para finalidades especiais e orientação".

Assim, desde que seja usado como uma ferramenta para uma aproximação inicial com um objeto a ser estudado, o tipo ideal é um valioso instrumento para a exposição preliminar de um dado fenômeno, além de possuir um certo valor heurístico. A sua utilização pode auxiliar a compreensão de determinados aspectos que interessam a uma situação específica em análise, por meio do confronto entre o não-real e o real, entre o idealizado e o empírico. As semelhanças, divergências ou contrastes identificados ajudam a descrever, interpretar e elucidar a realidade pesquisada.

Uma esclarecedora síntese para o entendimento do tipo ideal é dada por Cohn (1979:128):

> O tipo ideal é um conceito "caracterizador". Ele não se aplica aos traços médios ou genéricos de uma multiplicidade de fenômenos, mas visa a tornar o mais unívoco possível o caráter singular de um fenômeno particular. Seu princípio básico é genético: tais ou quais traços da realidade são selecionados e associados no tipo na estrita medida em que a ordem de fenômenos a que se refere é significativa para o pesquisador, porque permite formular hipóteses acerca da influência causal sobre o modo como se apresentam contemporaneamente certos valores a que o pesquisador adere; em suma, trata-se de examinar a "responsabilidade" histórica do tipo em face daquilo que importa ao pesquisador.

Ação social e dominação sob a perspectiva weberiana

Tipos de ação social

A importância da ação humana, como variável crucial para a análise sociológica, levou M. Weber a elaborar uma taxonomia das formas de ação social em que focaliza a ação voluntarista como uma variável primária (Levine, 1997). Em sua tipologia da ação social, distingue quatro tipos ideais, embora "sem lançar luz sobre suas mútuas relações" (Munch, 1999:190): a ação racional no tocante aos fins, a ação racional com relação a um valor, a ação afetiva, a ação tradicional.

A ação racional com relação a fins, que corresponde à racionalidade instrumental, funcional ou técnica, é um tipo de ação consciente, calculada e deliberada. O indivíduo avalia fins alternativos, confronta os fins escolhidos frente a possíveis efeitos e orienta-se em relação a eles, atento ao imperativo de adequar condições, recursos e meios àqueles fins. Corresponde, ilustrativamente, à ação do engenheiro que constrói uma ponte ou do empresário que quer ganhar uma concorrência. Nesses casos, a ação é instrumentalmente racional pelo fato do agente conceber claramente seu objetivo e adequar os meios e recursos disponíveis para atingi-lo da maneira mais eficiente. A propósito, observa Reis (2000:306), com propriedade: "a eficiência supõe fins dados para que se possa indagar a respeito da mobilização mais adequada dos meios disponíveis para alcançá-los".

Por outro lado, a ação racional com relação a um valor é uma ação ditada pelo mérito intrínseco do valor que a inspira, e a atenção concedida ao significado do ato em si é maior do que a reflexão sobre as suas conseqüências. É uma conduta que testemunha fé em um valor e cuja racionalidade decorre de uma orientação fundada em um critério superior.

A ação afetiva, por sua vez, é determinada por estados emotivos do agente e "quase transborda os marcos do caráter social da ação" (Kramer, 2000:217). Corresponde a uma ação predominantemente sentimental do indivíduo em uma determinada circunstância e não em relação a um objetivo ou a um sistema de valores. É, por exemplo, a agressão em uma partida de futebol de um jogador contra o juiz ou um colega, por se deixar levar por uma pressão emocional irresistível.

Finalmente, a ação tradicional é aquela estabelecida a partir de costumes consagrados no tempo. Essa ação habitual e não dotada de intencionalidade corresponde, em relação às outras, à hierarquia mais baixa.

Nas ações tradicional e afetiva, em contraste com a ação racional em relação a fins, é praticamente nula, ou bastante escassa, a disposição do sujeito para o esforço de avaliação sistemática de seus efeitos (Aron, 1993; Ramos, 1966). Ademais, ambas estão na fronteira daquilo que seria um "comportamento com sentido", pois nelas pode-se encontrar um componente puramente reativo ou automático, cuja determinação causal escapa à explicação interpretativa (Gusmão, 2000).

De qualquer modo, o pesquisador precisa estar atento para focalizar as relações entre os agentes e para captar empiricamente o sentido que eles emprestam à sua ação (Kramer, 2000). É a partir dessas relações que ele pode melhor vislumbrar a noção de dominação que fundamenta a construção das estruturas puras de domínio.

Tipos de dominação

Para Weber, o conceito de poder é impreciso e amorfo, porquanto toda uma sorte de constelações de interesses pode colocar alguém na posição de impor a sua vontade em uma dada situação. Assim, ele propõe o conceito de dominação, um caso especial de poder, que se refere à probabilidade de se encontrar obediência a uma determinada ordem, o que implica ter-se uma forma de subordinação de sujeitos por outros sujeitos.

A diferença básica entre as duas concepções reside no fato de, no caso do poder, a obediência não ser um dever, ao passo que, quando se fala em domínio, a obediência se alicerça no reconhecimento da legitimidade, por parte daqueles que obedecem, das ordens que lhes são dadas.

Assim, para que o domínio possa existir é preciso haver a vontade de uns (dominantes) em influenciar a conduta de outros (dominados) e a expressão dessa vontade. Em um estado de dominação "uma vontade manifesta do dominador influi sobre as ações dos dominados de tal modo que essas ações se realizam como se estes tivessem feito do próprio conteúdo do mandato a máxima de suas ações" (Weber, 1999:191).

Em poucas palavras, para a sociologia weberiana, a motivação para a obediência ou cumprimento de uma determinada ordem e a legitimidade de seu conteúdo podem decorrer: da tradição, que prescreve a obediência a certas pessoas cujo exercício do domínio se dá sempre de um determinado modo; da consagração do extraordinário, na crença dos dominados no dom (carisma) concedido a certas pessoas excepcionais; e de um estatuto legal que dominantes e dominados acreditam ter validade legítima.

O ontem eterno

Uma das variantes do domínio com base na tradição — a estrutura patriarcal— é a forma mais universal e primitiva de legitimidade. Para Alberoni (1991:500), essa estrutura de domínio fundamenta-se em um "conjunto de regras, valores e princípios, objetivados nas instituições, aprendidos na infância e aplicados em casos concretos que se transmitem às gerações futuras".

Originalmente, o patriarcado significa a autoridade e o controle do pai, ou do homem mais velho, sobre o grupo familiar, membros da casa e servos domésticos.

Ele se assenta na crença da legitimidade de uma autoridade que "sempre existiu". O domínio é exercido pelo patriarca em virtude de seu *status* herdado no seio de uma determinada família.

Essa estrutura é fundada no respeito aos costumes e aos antepassados, e na lealdade pessoal. A solidariedade do grupo familiar do patriarca deriva do fato de seus membros compartilharem instalações, alimentos e uso de instrumentos de trabalho, e de viverem juntos, com grande proximidade pessoal e dependência mútua.

Nesse tipo puro de domínio se é fiel ao senhor patriarcal devido a sua dignidade intrínseca e se obedece ao conteúdo de suas ordens por elas estarem de acordo com o costume. Quer dizer, corresponde a uma maneira coletiva de agir que o indivíduo perpetua, sem que ninguém lhe peça para fazê-lo.

Não obstante o patriarca esteja comprometido com a tradição que o legitima, é importante sublinhar que essa própria tradição também endossa o seu direito ao exercício, embora limitado, de sua vontade pessoal (Bendix, 1986).

Mais precisamente, o patriarcado se divide em uma área estritamente ligada à tradição (objetiva) e outra contendo elementos do livre-arbítrio (subjetiva). Vale dizer, a vontade do patriarca pode manifestar-se arbitrariamente, em várias situações, de forma bastante elástica, exceto em relação a algumas normas e costumes invioláveis (Weber, 1999).

Essa complexa relação entre tradição e livre-arbítrio possibilita classificar o patriarcado em conformidade com uma maior ou menor presença de normas e costumes, ou, inversamente, com uma menor ou maior utilização do livre-arbítrio por parte do patriarca.

Em sendo assim, pode-se qualificar o termo patriarca associando-o às expressões: "conservador", quando prevalece a tradição; "reformista", quando prevalece o arbítrio; "renovador", quando há um certo equilíbrio entre as áreas objetiva (tradição) e subjetiva (livre-arbítrio).

"Está escrito, mas eu vos digo..."

No domínio com base na afeição, a estrutura carismática se fundamenta nos "chefes naturais", à semelhança do que ocorre no patriarcado. Contudo, a dominação carismática se assenta em um indivíduo dotado de carisma e personificador de uma missão por ele estabelecida para seus seguidores a partir de sua própria convicção e livre de qualquer influência.

Desde logo, cabe ressaltar, que parece ser mais preciso ao que Weber deseja expressar sobre o carisma (atributo intrínseco, pessoal) a utilização do termo "líder", em vez de especificamente "chefe" (atributo extrínseco, posicional).

Analogamente, a palavra liderança (propriedade relacional e essencialmente ligada à influência) é preferível ao termo autoridade (posição de superioridade em relação aos subordinados, numa situação de poder formalizado ou legal), posto que este último se refere mais a um sistema de normas racional-legais que transcende as pessoas, sendo, por conseguinte, de natureza impessoal (Bendix, 1986). Assim, é oportuno registrar o comentário de Merquior (1990:123): "Weber superpõe os atributos operacionais do carisma aos de liderança".

Os tipos mais puros de dominação carismática estão associados ao profeta, ao herói guerreiro e ao grande demagogo. Nessas circunstâncias, quem comanda é o líder auto-indicado e quem obedece é o discípulo, o seguidor, o militante. Obedece-se à pessoa do líder, à força que ostenta, e não por conta da posição ocupada em uma hierarquia formalmente estabelecida, ou em virtude de uma dignidade tradicional.

O domínio carismático genuíno possui um caráter subversivo de valores e costumes. Em sua forma ideal típica essa dominação é efêmera, situada fora do habitual e não é fonte de lucro ou origem de renda, apesar do líder não rejeitar a disponibilidade de recursos materiais. Um líder carismático pode buscar meios financeiros para um melhor exercício de seu poder e utilizar o "brilho material" de sua dominação para afiançar o seu prestígio. O que é desdenhado é a obtenção de receitas regulares em virtude de uma atividade econômica de caráter contínuo ou de um trabalho cotidiano. Esse domínio é avesso a leis, descomprometido com o instituído, não reconhece qualquer disciplina externa e carece de toda e qualquer orientação por regras.

Dessa maneira, o líder carismático não é controlado pela tradição, nem está circunscrito à ordem existente, tampouco se submete a códigos jurídicos. Sua "lei objetiva" emana de sua própria experiência e de sua força pessoal. Daí, sua atitude ser revolucionária, transpondo valores vigentes e rompendo as normas tradicionais ou legais: "Está escrito, mas eu vos digo...". Isto é, há uma reorientação substancial de todas as atitudes frente às formas de vida anteriores.

A crença carismática transforma os homens "de dentro para fora". Vale dizer, a natureza revolucionária do carisma se manifesta desde uma metanóia do caráter dos dominados, e dá forma às condições materiais e sociais de acordo com o interesse do líder (Weber, 1999:328):

> o poder da liderança carismática intenta conformar as coisas e as organizações de acordo com a sua vontade (...) Em um sentido puramente empírico e desprovido de valorização, ele constitui, certamente, o poder revolucionário especificamente "criador" da história.

Malgrado a importância que atribui à liderança carismática, Weber não se manifesta fascinado pelas "figuras ilustres" da história. A sua abordagem se opõe à idéia de "personalidade" em um sentido poetizado e romântico. Ele procura apreender as motivações e o que se conservou do trabalho dos "grandes líderes" nas ordens institucionais e na continuidade histórica. Daí porque a sua preocupação não é enfocar Júlio César, mas o cesarismo; ele destaca o calvinismo, não Calvino. Sobre isso, comentam H. Gerth e C. W. Mills, na Introdução aos *Ensaios de sociologia de Max Weber* (1974:72):

> A ênfase weberiana sobre o indivíduo carismático não minimiza a mecânica das instituições. Ele atribui um acentuado peso causal às rotinas institucionais; ele conserva um determinismo social, ressaltando a rotinização do carisma. A forma pela qual trata esse problema testemunha seu empenho em manter um pluralismo causal e colocar a ordem econômica em equilíbrio.

Por ter uma vida ardentemente emocional e fora da rotina, a dominação carismática encontra-se continuamente ameaçada pelo peso dos interesses materiais, pois as pessoas não conseguem viver de forma duradoura totalmente fora do cotidiano. Se, em um primeiro momento, o carisma se legitima de maneira afetivo-emocional, em seguida, se faz presente um apelo racional ou o seu encaminhamento em direção à ordem tradicional, que marca o início de sua rotinização.

Quando a estrutura carismática se põe a serviço do cotidiano, os hábitos e costumes tradicionais ou as regras e rotinas burocráticas passam a prevalecer, e os antigos seguidores do líder passam a desempenhar funções ou a ocupar cargos específicos, marcando o encaminhamento para formas mais duradouras de dominação cotidiana — tradicional e racional-legal.

Sine ira et studio

Apesar de Weber manter-se atento à importância do caráter renovador do carisma e à relevância da tradição, considera que o domínio racional-legal, materializado na estrutura burocrática, constitui a corporificação do processo de racionalização pelo qual a ação, no tocante a um objetivo, progressivamente se sobrepõe a ações afetiva e tradicional.

A burocracia baseia-se na crença na legalidade, na obediência às normas estabelecidas e aos preceitos jurídicos. A submissão à autoridade fundamenta-se em relações impessoais, e os limites para o exercício do poder formal circunscrevem-se a uma área fixada em leis e regulamentos. Nela, as relações entre dominantes e dominados se assentam em um estatuto positivo, em cuja legalidade se acredita, o que lhe confere um caráter legítimo. Segundo esse sistema formal de regras, a obediência só pode ser invocada por "quem de direito pode exercê-la", em virtude dessas normas legais, pois se obedece a elas e não às pessoas.

Na obra weberiana, a burocratização é a face mais saliente do processo de racionalização; é uma das linhas mestras de sua visão de mundo e constitui um importante elemento para o seu entendimento das transformações ocorridas no ocidente: "toda a história do desenvolvimento do Estado moderno se identifica com a burocratização crescente das explorações econômicas" (Weber, 1999:233).

A crença de Weber na indispensabilidade da burocracia, como um instrumento de adequação dos meios para um determinado fim, estava estreitamente vinculada às necessidades que ele via para o desenvolvimento do capitalismo no início do século XX:

> A razão decisiva para o progresso da organização burocrática foi a sua superioridade técnica sobre qualquer outra forma de organização. O mecanismo burocrático plenamente desenvolvido compara-se às outras organizações exatamente da mesma forma pela qual a máquina se compara aos modos não-mecânicos de produção. Precisão, velocidade, clareza, continuidade, discrição, unidade, subordinação rigorosa, redução dos custos de material e de pessoal são levados ao ponto ótimo na administração rigorosamente burocrática.
> (Weber, 1974:248-249)

No dizer de Kramer (2000:165):

> O processo-chave adotado por Weber para a compreensão da gênese, da estrutura e do destino da sociedade moderna era o da racionalização, que consistiria na crescente submissão da vida à calculabilidade, à impessoalidade e à uniformidade, características do formalismo burocrático sob o regime da dominação racional-legal.

O fato de Weber ressaltar que a racionalização burocrática foi uma força contra a tradição, transformando as organizações e os homens "desde fora", não o impediu de considerá-la como um "mal inevitável", que pode atingir tudo o que tem um funcionamento regulamentado e que, quando se estabelece plenamente, está entre as estruturas mais difíceis de destruir.

Contudo, ele acolhia a possibilidade de um controle do sistema burocrático por meio de limitações à sua atuação, na medida em que as entidades burocráticas podem funcionar potencialmente umas contra as outras, restringindo-se mutuamente. Entretanto, ele não detalhou essa sua análise sobre a operacionalização do controle externo exercido por entidades jurídicas, econômicas e políticas sobre a burocracia.

Não obstante Weber destacar a superioridade histórica da estrutura racional-legal, comparativamente aos domínios baseados na tradição ou em indivíduos carismaticamente dotados, via na burocracia o sustentáculo de uma "racionalidade sem alma", sufocando a liberdade e a criatividade do ser humano.

Muito embora para Weber a racionalização tenha ajudado a solucionar parte dos problemas humanos por meio do conhecimento sistematizado, ela também reifica o ser humano ao sujeitá-lo a sistemas técnico-burocráticos com a sua lógica impessoal e rotinizada, que subtrai dos indivíduos espaços de liberdade criativa e de efetiva participação. Ademais, a prática racional-instrumental que fundamenta os procedimentos presentes nesses sistemas é apropriada por alguns poucos decisores no interior das organizações empresariais (Tenório, 2000).

Uma aplicação da abordagem dos tipos ideais

Um modelo de organização multidimensional

A possibilidade objetiva de as estruturas puras de dominação weberianas serem combinadas implica tratar os seus componentes como dimensões de análise, isto é, uma maneira de operacionalizar a combinação de tipos ideais é considerar seus elementos constitutivos como variáveis de um sistema analítico passíveis de serem associadas em diversos graus. Em várias pesquisas de amplo alcance, foi verificada a existência dessas estruturas híbridas (Aron, 1993; Bendix, 1986; Cavalcanti, 1984; Etzioni, 1974; Faoro, 1958; Uricoechea, 1978; Wolpert, 1950).

Encaminharei a construção de um modelo de organização multidimensional (Alves, 2002), tendo como "ponto de partida" as estruturas puras de dominação de M. Weber, cujos componentes são tratados como variáveis analíticas, reelaborados para serem transpostos para o âmbito microssocial das organizações empresariais e atualizados para se adequarem às circunstâncias de nosso tempo.

Longe de ser um simples reordenamento de componentes das estruturas fundamentais de domínio, o modelo multidimensional é representado por uma configuração organizacional-administrativa multifacetada, tríptica e transiente, em cuja anatomia há elementos caracterizadores do estilo de gestão patriarcal, da liderança com traços carismáticos e da administração burocrática, dinamicamente relacionados entre si e influenciando-se mutuamente em variadas intensidades. Esse desenho estrutural polimorfo, híbrido e mutante resulta da inter-relação entre conjuntos de componentes que emergem daqueles tipos ideais, cada um deles impregnando-se com os demais, interpenetrando-se uns com os outros, em múltiplas e co-variadas combinações, gerando um equilíbrio dinâmico de antagonismos. Para tanto, consideram-se as seguintes situações, em relação às suas dimensões constituintes (carisma, patriarcado e burocracia):

- quanto ao carisma: ele se situa entre dois pólos extremos — carisma genuíno e carisma rotinizado (nessa condição o carisma se dilui para assentar-se em bases tradicionais ou racionais). O modelo, porém, opera com a liderança de traços carismáticos mitigados, porquanto não ressalta o ímpeto revolucionário, característica inseparável do carisma puro, nem enfatiza o carisma "despersonalizado", que corresponde à noção de carisma objetivado. De qualquer modo, o componente afetivo, que fundamenta a liderança de traços carismáticos, está associado à coesão organizacional interna e à incorporação de um sentido de "missão", personificada no líder empresarial;

▸ quanto ao patriarcado: a marca indelével dessa estrutura é a tradição e os valores familiares materializados no patriarca. No entanto, o senhor patriarcal dispõe de uma "área de livre arbítrio", isto é, a vontade do patriarca pode manifestar-se arbitrariamente em várias situações de forma bastante elástica, exceto em relação a algumas normas e costumes invioláveis (Weber, 1999). A extensão do uso da liberdade do patriarca sugere que ele pode ter a sua ação menos conduzida objetivamente pela tradição e mais inspirada subjetivamente pela sua vontade própria, o que permite a seguinte qualificação: quando ela é máxima, corresponde ao que chamo de patriarca "reformador"; quando é intermediária, denomino de patriarca "renovador"; e, quando é mínima, nomeio de patriarca "conservador". É oportuno destacar que com o ingrediente tradição está relacionada a ocorrência de uma configuração patriarcal que pode ser traduzida organizacionalmente por uma "associação de indivíduos que, possuindo ou não vínculos de parentesco, estão interligados por laços de confiança, dedicação, lealdade e cooperação" (Ouchi, 1982: 86);

▸ quanto à burocracia: constata-se que, na realidade, nenhuma organização empresarial possui o conjunto das características inerentes ao seu tipo ideal, embora este possa ser utilizado como referencial para investigar em que grau uma organização é burocratizada. Para fins de modelo, considera-se o burocrata como mais ou menos "rígido" (ou "flexível"), conforme a sua presença e atuação em uma empresa que esteja mais ou menos próxima em relação ao tipo ideal de burocracia. Para ilustrar, as organizações empresariais podem ser classificadas em tipos que vão desde a burocracia "mecanizada" à *adhocracia*, passando pelas variações burocráticas denominadas de "simples", "profissional" e "divisionada" (Mintzberg, 1995).

Como empreendimento voltado para o interesse econômico, a empresa é principalmente avaliada quanto aos lucros auferidos, em termos da relação custo-benefício e no que diz respeito a sua capacidade competitiva em um dado mercado. Para isso, os que fazem a empresa buscam o melhor desempenho, procurando otimizar os meios disponíveis para alcançar os objetivos desejados, pois "a racionalidade diz respeito à maneira pela qual o agente processa 'economicamente' os recursos de que dispõe" (Reis, 2000:316). Assim, no modelo de organização multidimensional, a presença da racionalidade instrumental está associada à eficiência técnico-econômica da empresa e manifesta-se sempre a partir de uma adequada articulação entre os meios e recursos em relação a determinados fins. Na realidade prática, todavia, as informações necessárias a uma decisão racional não são de todo conhecidas, limitando o exercício dessa racionalidade burocrática (March e Simon, 1967; Simon, 1971). Além do mais, fatores como percepção, afeto, conflito e emoção, "contaminam" os procedimentos requeridos por aquela racionalidade e impedem que se possa ter antecipadamente uma avaliação exata das conseqüências da ação para a empresa.

Mesmo em organizações empresariais fortemente reguladas por princípios racional-instrumentais e que aglutinam os seus membros em função de interesses materiais, não se tem eliminado a necessidade de confiança entre os integrantes em relação a seus parceiros econômicos, ou seja, a lógica do mercado que destaca uma "relação entre coisas" não destrói completamente os laços socioafetivos, nem a respeitosa devoção a determinados costumes (Godbout, 1997). Com efeito, a gestão da organização empresarial é permeada por elementos racionais e não-racionais (Motta, 1997).

O modelo multidimensional considera que há sempre presente na empresa um certo grau de racionalidade instrumental, ao lado de ingredientes tradicionais e afetivos, em variadas intensidades. Por mais forte que seja o anseio de "superação" da burocracia, tem-se sempre na organização empresarial um agir voltado para o cálculo utilitário das conseqüências (Dellagnelo e Machado-da-Silva, 2000), muito embora sempre exista a possibilidade dos sentimentos dos indivíduos afetarem de algum modo a objetividade exigida pela ação racional em relação a fins.

O modelo proposto por Alves (2002) acolhe, simultaneamente, um controle utilitário e normativo, no qual se exerce, de um lado, um poder tangível e remunerativo, por meio de autoridades burocráticas ou patriarcais que gerenciam retribuições materiais e pecuniárias; e, por outro, opera um poder intangível e normativo, por meio de lideranças que alocam recompensas simbólicas e criam referências de comportamento. No primeiro caso, geram-se nos membros da organização um comportamento de caráter mais calculista e uma participação de natureza utilitária; e, no outro, produz-se um comportamento em que predomina uma orientação motivacional de natureza moral e um comprometimento de caráter afetivo-emocional.

O processo de organização-interações-reordenamento

A constante inter-relação das variáveis componentes da burocracia, do patriarcado e do carisma, que caracterizam o modelo de organização multidimensional, resulta em dois sistemas de vetores opostos que não se fundem, nem se manifestam alternadamente ou de maneira intermediária. Esses dois conjuntos de tendências contravenientes geram um processo no qual ocorre um enfrentamento entre a conservação e a mudança, a tradição e a contemporaneidade, a estabilidade e a instabilidade, a rigidez e a flexibilidade, a disciplina e a autonomia, a repetição e a originalidade, a centralização e a descentralização, a padronização e a criatividade, a rotina e a inovação.

Um desses conjuntos se refere à conjunção de variáveis associadas com a ordem, a estrutura e a conservação (tradição, estabilidade, rigidez, disciplina, repetição, centralização, padronização, rotina), que contribuem para a organização empresarial manter a sua estrutura original, reconhecer a sua identidade, resguardar a sua trajetória histórico-cultural, garantir a regularidade de suas operações e preservar o seu acervo de conhecimentos e experiências.

O outro corresponde a uma coleção de variáveis relacionadas com a liberdade, a ação e a mudança (contemporaneidade, instabilidade, flexibilidade, autonomia, originalidade, descentralização, criatividade, inovação), que favorecem a reconstrução contínua da empresa, objetivando ajustá-la às novas demandas e necessidades que surjam.

O relacionamento desses dois conjuntos de vetores antagônicos se expressa por meio de um processo de organização-interações-reordenamento que origina uma configuração organizacional-administrativa híbrida em que não se tem identificada uma primazia permanente do sistema-organização ou do agente individual, e sim um equilíbrio dinâmico — ordem-liberdade, estrutura-ação, conservação-mudança. Dito de outra forma, no interior da organização empresarial, o confronto entre a autoridade instituída e as forças instituintes, representadas por agentes que ameaçam romper o *status quo* estabelecido, produz "mudanças que se estruturam provisoriamente em uma nova situação concreta de equilíbrio organizacional, uma síntese mediatizada a ser superada por novas confrontações que se sucederão na continuidade do processo" (Matos, 2000:61). É nessa complexa dinâmica organizacional, entremeada por momentos de dissenso e consenso, conflito e harmonia, que a empresa é continuamente (re)construída.

As mudanças estruturais nas organizações empresariais não dependem exclusivamente do voluntarismo dos agentes organizacionais, embora eles tenham uma relativa autonomia para modificar a estratégia e o desempenho da organização que integram. A existência de indivíduos e grupos que se contrapõem, a incerteza das conseqüências de suas ações intencionais e o limitado conhecimento da realidade, ao lado de fatores condicionantes próprios a uma dada situação, restringem o alcance e alteram os efeitos das iniciativas dos agentes. Mas, independentemente do desejo de seus membros, as organizações empresariais inexoravelmente se transformam devido a diversos fatores externos, como: alterações mercadológicas impactantes e duradouras, manobras das empresas concorrentes, modificações da legislação, consolidação de novos patamares tecnológicos, ou até mesmo costumes que retornam para se constituir em guardiões do "novo".

A empresa permanentemente procura valer-se de técnicas administrativas e métodos de gestão para tornar os seus membros mais propensos a aderir aos objetivos organizacionais e a exibir uma disposição mais colaborativa. Para isso, os agentes decisores concebem um "estado desejado" ou uma visão do negócio compatível com a missão empresarial, mas esse quadro de referências futuras não é uma opção livre, posto que é condicionado pela "situação existente" quanto aos fatores limitantes e facilitadores, associados às transformações desejadas. O nível de abrangência e o grau de complexidade da mudança organizacional variam em conformidade com a natureza das modificações pretendidas. Se a área de transformação se refere ao setor técnico-operacional da empresa, os resultados poderão consolidar-se em um menor período de tempo, a partir da utilização de novos equipamentos ou tecnologias e o desenvolvimento de um programa de treinamento específico; na esfera administrativa, a mudança geralmente ocorre em curto ou médio prazo, pela gradual adoção de novos procedimentos, da redefinição de tarefas e da capacitação do pessoal para a disseminação do novo método de trabalho; no âmbito da cultura da empresa, por envolver crenças, valores, símbolos, mitos e rituais, o processo é mais lento e imprevisível (Alves, 1997).

Em dadas condições, o sistema-organização se transforma por meio da ação, reação e interação dos agentes organizacionais que possuem as mais diversas motivações e estão sujeitos a sentimentos egoístas ou solidários. Quando eles integram a coalizão de poder que controla a organização, os seus interesses e suas preferências influenciam significativamente a escolha dos objetivos estratégicos, circunstância em que eles agem mais como um ser político do que administrativo (Chanlat, 2000; Freitas, 1999; Motta, 1997). Em todo caso (Gusmão, 2000:244-245), os indivíduos não agem nem interagem feito autômatos ou marionetes (...) sendo antes movidos por crenças ou objetivos, mesmo quando vaga, ambígua e incoerentemente perseguidos (...) mas admitindo-se o fato de que a ação intencional não opera em um vácuo, encontrando-se antes submetida a condicionamentos de toda ordem.

A estrutura típica do modelo: a organização equiparativo-adaptadora

A estrutura-base do modelo de organização multidimensional é o tipo ideal que denomino de equiparativo-adaptadora. Essa estrutura é constituída pelos seguintes elementos fundamentais:

- a burocracia flexível, cujos elementos constituintes se distanciam consideravelmente dos componentes da burocracia típica, ou seja, a hierarquia de autoridade,

o nível de regulamentação, a impessoalidade das relações, a padronização dos procedimentos, ocorrem em baixa intensidade;
- a liderança com traços carismáticos mitigados, isto é, desprovida da impetuosidade e do radicalismo transformador, próprios do carisma genuíno;
- o patriarcado renovador, em que costumes e práticas consuetudinários são em grande parte superados pelo livre arbítrio do patriarca, não obstante persistirem alguns elementos da tradição empresarial.

Em uma estrutura equiparativo-adaptadora tem-se, portanto, a conjugação de regras de conduta, liberdade criativa e alguns costumes invioláveis. A coexistência de rotinas, inovações e procedimentos habituais reflete uma estreita articulação indivíduo-organização.

Na prática, a opção estrutural mais adequada para uma organização empresarial depende de um conjunto de fatores condicionantes, limitativos ou facilitadores, presentes em uma determinada situação. Por outro lado, não há um arranjo estrutural único e apropriado a todos os segmentos que compõem os diversos subsistemas sociotécnicos que constituem o sistema-empresa, seja por decorrência da especialização do trabalho, da descentralização regional ou da diversidade educacional, entre outras razões de diferenciação interna. Assim, em uma mesma empresa ocorrem necessidades peculiares aos diversos setores especializados ou áreas funcionais, que exigem adequações estruturais. Uma dada empresa terá, por conseguinte, *loci* em que a inovação e os relacionamentos interpessoais são mais requisitados, e outros que necessitam de mais rotinas e impessoalidade.

O processo de mudança segundo o modelo multidimensional implica dizer que, quando um tipo estrutural é substituído por outro, este incorpora alguns elementos do anterior, ou seja, a organização empresarial, ao mudar, não perde por completo e definitivamente todas as suas características originais.

Essas transformações se manifestam basicamente de três formas: a primeira refere-se às situações em que ocorrem mudanças na composição do tipo equiparativo-adaptador, sem perda da essência de sua identidade original; a segunda diz respeito às situações em que a sua estrutura é substancialmente modificada, propiciando condições para a sua migração no sentido de um outro tipo organizacional-administrativo; e a terceira corresponde a situações excepcionais que escapam a uma análise sistemática, nos termos do modelo multidimensional proposto.

Podem ocorrer variações do tipo-base equiparativo-adaptador sem que ele venha a perder todas as suas propriedades, embora a capacidade adaptativa de sua estrutura seja alterada. Observando-se o quadro 1, em relação à situação original, o grau de adaptabilidade a novas demandas tende a reduzir-se nas variantes I e III, e a aumentar na variante II, pois o potencial de ação do agente adaptador é, respectivamente, enfraquecido e fortalecido.

Quadro 1
Variações do tipo-base equiparativo-adaptador

Tipo-base equiparativo-adaptador (situação original)	Variante I do tipo equiparativo-adaptador	Variante II do tipo equiparativo-adaptador	Variante III do tipo equiparativo-adaptador
Burocracia flexível	Burocracia menos flexível	Burocracia mais flexível	Burocracia flexível
Patriarcado renovador	Patriarcado renovador	Fraca presença, ou eventual ausência, da dimensão patriarcal renovadora	Fraca presença, ou eventual ausência, da dimensão patriarcal renovadora
Liderança com traços carismáticos mitigados	Fraca presença, ou eventual ausência, da dimensão liderança carismática moderada	Liderança com traços carismáticos mitigados	Fraca presença, ou eventual ausência, da dimensão liderança carismática moderada

Casos em que variações nos componentes da configuração-base equiparativo-adaptadora propiciam condições para a sua transição para outros tipos estruturais (quadro 2).

Quadro 2
Transição do tipo-base para outros arranjos estruturais

Tipo-base equiparativo-adaptador	Burocracia flexível	Patriarcado renovador	Liderança carismática moderada
Transição por burocratização, destradicionalização e descarismatização (subtipo burocracia rígida)	Maximização da presença e da intensidade dos componentes da dimensão burocrática (burocracia rígida)	Minimização da dimensão patriarcal	Minimização da dimensão liderança carismática
Transição por tradicionalização, desburocratização e descarismatização (subtipo patriarcado conservador)	Minimização da presença e da intensidade dos componentes da dimensão burocrática (burocracia incipiente)	Maximização da área objetiva estritamente ligada à tradição e minimização da esfera de livre arbítrio do patriarca (patriarcado conservador)	Minimização da dimensão liderança carismática

continua

Tipo-base equiparativo-adaptador	Burocracia flexível	Patriarcado renovador	Liderança carismática moderada
Transição por carismatização, destradicionalização e desburocratização (subtipo estrutura centrada no líder)	Minimização da presença e da intensidade dos componentes da dimensão burocrática (burocracia incipiente)	Minimização da dimensão patriarcal	Maximização da dimensão liderança carismática (liderança empresarial com traços carismáticos)
Transição por destradicionalização, desburocratização e descarismatização (subtipo patriarcado reformista)	Minimização da presença e da intensidade dos componentes da dimensão burocrática (burocracia incipiente)	Maximização da esfera de livre arbítrio do patriarca (incremento da subjetividade) e minimização da área relacionada com a tradição (patriarcado reformista)	Minimização da dimensão carismática

Por fim, cabe identificar situações extraordinárias, que escapam a uma análise sistemática com base no modelo proposto:

- *o antagonismo burocracia-carisma* — se ocorresse a total ausência da dimensão patriarcal e a maximização da presença e da intensidade dos componentes das dimensões burocrática e carismática até os limites de seus tipos puros correspondentes, ter-se-ia uma situação de antagonismos que extrapolaria o escopo de análise do modelo, posto que, se existisse na prática, representaria uma profunda instabilidade estrutural que levaria à degenerescência da organização;
- *o retorno aos tipos ideais* — na hipótese absurda de os três conjuntos de elementos constituintes do tipo equiparativo-adaptador se fortalecerem a ponto de se aproximar de seus respectivos conceitos-limite, ocorreria uma situação que não se observa na realidade empresarial, cuja análise, portanto, foge aos propósitos do modelo;
- *a ausência de componentes burocráticos* — na situação meramente especulativa em que a organização empresarial não possuísse nenhum dos elementos constituintes da burocracia, ou seja, diante de um quadro de total inadequação meio-fins, ou de absoluta ineficiência administrativa, em que a empresa estivesse desprovida de ações racionais em relação a objetivos, surgiria uma insuperável incompatibilidade com a noção de empreendimento econômico, implicando, por conseguinte, um fenômeno fora do alcance de aplicação do modelo;
- *o confronto radical conservação-mudança* — se uma empresa hipotética apresentasse as dimensões patriarcal e carismática próximas de seus respectivos tipos

ideais, ter-se-ia por resultante um estado interativo das forças mantenedoras da tradição e das forças promotoras da mudança que se anulariam reciprocamente, impedindo o funcionamento regular da organização;

▶ *um "conjunto vazio"* — na situação em que as três dimensões se enfraquecessem a ponto de se descaracterizarem em relação aos seus tipos ideais correspondentes, ou seja, quando os elementos constituintes da estrutura equiparativo-adaptadora tornarem-se praticamente ausentes, a configuração-base do modelo tenderia para um "conjunto vazio".

Considerações finais

O modelo multidimensional para análise de organizações empresariais foi concebido a partir de tipos ideais ou estruturas puras de dominação weberiana. Seus elementos constitutivos foram tratados como variáveis inter-relacionadas em múltiplas combinações e em equilíbrio dinâmico. Esse modelo assume o desiderato de articular a flexibilidade, a autonomia e a liberdade, que propiciam a inovação e a criatividade, com a estabilidade, as regras e a padronização, que favorecem a disciplina administrativa e o controle gerencial. Ele, porém, recusa o simplismo de representar esses fenômenos como meras justaposições de contrários e rejeita o maniqueísmo dualista do "ou-um-ou-outro".

Vale dizer, o modelo incorpora, além das transações ambiente-empresa, a dinâmica coexistência daquele conjunto de fenômenos, a um só tempo opostos e complementares, e considera que a empresa contemporânea opera em meio a um processo permanente de organização-interações-reordenamento.

Para o modelo proposto, os agentes organizacionais podem conceber novos desenhos de estrutura e novas configurações administrativas que propiciem a competitividade da empresa e uma ambiência sociotécnica mais condizente com as necessidades humanas, isto é, uma organização empresarial que se afaste da tradição que imobiliza, da liderança carismática que se basta por si mesma e da impessoalidade da burocracia sem "alma".

A estrutura equiparativo-adaptadora, o tipo-base do modelo, procura aproximar-se da realidade prática na medida em que não subestima a importância da tradição, mas a renova; não repudia a liderança carismática, mas a acolhe mitigada; não tem a veleidade do desprezo pela burocracia, mas a flexibiliza.

Finalmente, é oportuno e importante inserir algumas breves observações críticas sobre os tipos puros de dominação weberianos anteriormente descritos: eles mais parecem a "teoria do poder coercitivo" (Dahrendorf, 1959); a sociologia da dominação de Weber adota uma "perspectiva governocêntrica", pois se preocupa mais com o significado objetivo das justificativas dos dirigentes do que com o tipo de crença que suscitam nos dirigidos (Merquior, 1990); a legitimidade como atributo de uma relação de dominação remete a disposições ou motivações (traço psicológico) dos dominados, que independem de qualquer pretensão de avaliação "objetiva" da legitimidade da relação (Reis, 2000); a análise de Weber é mais empírica do que teórica, além de assumir uma relação assimétrica entre dominantes e dominados Stinchcombe (1968, segundo Alexander, 1999).

Não se pode deixar de reconhecer que, na realidade concreta, ainda há muito poucas evidências que sugiram uma relação equilibrada, simétrica e estável entre os indivíduos, mesmo em sociedades democráticas desenvolvidas, e muito menos ainda no âmbito microssocial da empresa contemporânea. Ocorre que, na realidade prática, observa Habermas (1989:21), "há necessidade de um poder legítimo para que se possa assegurar uma condição comunicativa na qual se privilegie a força do melhor argumento".

Com efeito, sob uma perspectiva psicossocial, dominação e submissão são duas faces inexoráveis da realidade inter-humana. Não existe divisão do trabalho sem pessoas dominantes, que têm o direito de pensar e exprimir a sua opinião, e sem pessoas submissas, mantidas à distância de seus desejos e de suas palavras. Para Enriquez (1990), no ser humano está sempre presente a necessidade de uma autoridade que possa ser admirada, originada de um anseio pela figura do pai.

De qualquer modo, em todo tempo e lugar é sempre conveniente uma diatribe em favor da retomada da pureza do ideal democrático, que, nas organizações empresariais, corresponderia a "um contexto social autogratificante em que todos os membros são iguais e participam de um relacionamento social generoso em que todos dão e recebem" (Ramos, 1981:150). A não-concretização desse ideal, todavia, não significa que os desequilíbrios existentes na empresa não possam ser gradualmente atenuados por meio de contínuos aperfeiçoamentos nos mecanismos de convivência humana.

Referências bibliográficas

ALBERONI, Francisco. *Gênese*. Rio de Janeiro: Rocco, 1991.

ALEXANDER, Jeffrey C. *Actions and its environments: toward a new synthesis*. New York: Columbia University Press, 1990.

ALVES, Sérgio. A multidimensionalidade nas organizações empresariais: proposta de um modelo analítico. In: ENANPAD, 26. 2002, Salvador. *Anais...* Salvador: Anpad, 2002. CD-ROM.

_____. *Revigorando a cultura da empresa*. São Paulo: Makron Books, 1997.

ARON, Raymond. *As etapas do pensamento sociológico*. São Paulo: M. Fontes, 1993.

BENDIX, R. *Weber: um retrato intelectual*. Brasília: UnB, 1986.

CAVALCANTI, Marly. *Uma análise metodológica da teoria das organizações*. 1977. 330 f. Dissertação (Mestrado em administração) — Eaesp/FGV, São Paulo, 1977.

CAVALCANTI, Robinson. *As origens do coronelismo*. Recife: UFPE, 1984.

CHANLAT, Jean-François. *Ciências sociais e management: reconciliando o econômico e social*. São Paulo: Atlas, 2000.

COHN, Gabriel. *Crítica e resignação: fundamentos da sociologia de Max Weber*. São Paulo: T. A. Queiroz, 1979.

DAHRENDORF, R. *Class and class conflict in industrial society*. Stanford: Stanford University Press, 1959.

DELLAGNELO, E. L.; MACHADO-DA-SILVA, C. L. Literatura sobre novas formas organizacionais: onde se encontram as evidências empíricas de ruptura com o modelo burocrático de organizações?. In: ENANPAD, 24. 2000, Florianópolis. *Anais...* Florianópolis: Anpad, 2000. 1 CD-ROM.

DOMINGUES, José M. A cidade: racionalização e liberdade em Max Weber.In: SOUZA, J. (Org.). *A atualidade de Max Weber*. Brasília: UnB, 2000.

ENRIQUEZ, Eugène. *Da horda ao Estado: psicanálise do vínculo social*. Rio de Janeiro: Zahar, 1990.

ETZIONI, A. *Análise comparativa de organizações complexas*. Rio de Janeiro: Zahar, 1974.

FAORO, R. *Os donos do poder*. Rio de Janeiro: Globo, 1976.

GIDDENS, A. *Política, sociologia e teoria social*. São Paulo: Unesp, 1998.

GODBOUT, J. *O espírito da dádiva*. Lisboa: Instituto Piaget, 1997.

GUSMÃO, Luiz de. A concepção de causa na filosofia das ciências sociais de Max Weber. In: SOUZA, J. (Org.). *A atualidade de Max Weber*. Brasília: UnB, 2000.

HABERMAS, Jürgen. Entrevista a B. Freitag. *Revista Tempo Brasileiro*, Rio de Janeiro: n. 98, p. 5-22, 1989.

KAESLER, D. *Max Weber*. Paris: Fayard, 1996.

KALBERG, Stephen. *Max Weber's comparative-historical sociology*. Cambridge: Polity Press, 1994.

KRAMER, Paulo. Alexis de Tocqueville e Max Weber: respostas políticas ao individualismo e ao desencantamento na sociedade moderna. In: SOUZA, J. (Org.). *A atualidade de Max Weber*. Brasília: UnB, 2000.

LEVINE, Donald N. *Visões da tradição sociológica*. Rio de Janeiro: Zahar, 1997.

MARCH, J. G.; SIMON, H. A. *Teoria das organizações*. Rio de Janeiro: FGV, 1967.

MATOS, Aécio G. de. A intervenção sociológica. *Estudos de Sociologia*, Recife: n. 1, v. 6, p. 55-72, jan./jun. 2000.

MERQUIOR, José Guilherme. *Rousseau a Weber: dois estudos sobre a teoria da legitimidade*. Rio de Janeiro: Guanabara-Koogan, 1990.

MINTZBERG, H. *Criando organizações eficazes: estruturas em cinco configurações*. São Paulo: Atlas, 1995.

MOTTA, Paulo. R. *Gestão contemporânea: a ciência e a arte de ser dirigente*. Rio de Janeiro: Record, 1997.

MUNCH, Richard. A teoria parsoniana hoje: a busca de uma nova síntese. In: GIDDENS, Anthony; TURNER, Jonathan (Orgs.). *Teoria social hoje*. São Paulo: Unesp, 1999.

OUCHI, William. *Teoria Z*. São Paulo: Fundo Educativo Brasileiro, 1982.

RAMOS, A. *Administração e estratégia do desenvolvimento*. Rio de Janeiro: FGV, 1966.

_____. *A nova ciência das organizações*. Rio de Janeiro: FGV, 1981.

REIS, F. W. Weber e a ciência social atual: notas sobre três temas. In: SOUZA, J. (Org.). *A atualidade de Max Weber*. Brasília: UnB, 2000.

SAINT-PIERRE, Héctor L. *Max Weber: entre a paixão e a razão*. São Paulo: Unicamp, 1995.

SEGADY, Thomas W. *Values, neo-kantianism and development of weberian methodology*. New York: Peter Lang, 1987 (American University Studies, série 5, v. 41).

SIMON, Hebert A. *Comportamento administrativo*. Rio de Janeiro: FGV, 1971.

TENÓRIO, Fernando G. *Flexibilização organizacional: mito ou realidade*. Rio de Janeiro: FGV, 2000.

URICOECHEA, Fernando. *O minotauro imperial: a burocratização do Estado patrimonial brasileiro no século XIX*. São Paulo: Difel, 1978.

WEBER, Max. *Economia e sociedade*. Revisão técnica de Gabriel Cohn. Brasília: UnB, 1999.

_____. *Ensaios de sociologia*. Organização e introdução de H. H. Gerth e C. W. Mills. 3. ed. Rio de Janeiro: Zahar, 1974.

WOLPERT, J. Toward a sociology of authority. In: GOULDNER, A. W. *Studies in leadership*. New York: The Free Press, 1950.

Capítulo 4

Leituras enamoradas de Marx, Bourdieu e Deleuze: indicações para o primado das relações nos estudos organizacionais

*Maria Ceci Misoczky**

Introdução

Este capítulo parte da aposta na possibilidade de produzir conhecimento crítico em administração e, portanto, do reconhecimento da existência de intelectuais orgânicos orientados para a crítica em organizações de ensino e pesquisa em administração. Como indica Caiafa (2000:61), é fugindo às posições dominantes que a produção crítica se faz e, ao fazer-se, produz ela mesma uma minoria. "Uma minoria não vem já feita, ela se constitui sobre linhas de fuga, no juntar-se por meio de agenciamentos criadores, na procura de aliados pela troca de escritos, na realização de fluxos que constituem forças de ruptura e de experimentação". O principal objetivo deste texto é constituir-se em uma espécie de isca para o reconhecimento de parceiros em relação ao avanço da produção de uma minoria que tenha em comum a recusa em aceitar o "sono dogmático" (segundo Bertero, 2001:59). E de fazê-lo no

---

* Doutora em administração pelo Programa de Pós-Graduação em Administração da Universidade Federal do Rio Grande do Sul (UFRGS), mestre em planejamento urbano e regional pela UFRGS, onde é professora no Departamento de Ciências Administrativas da Escola de Administração, e consultora do grupo Observatório da Realidade Organizacional. E-mail: mcamisoczky@ea.ufrgs.br.

campo da administração, espaço estratégico para a reprodução do sistema vigente, como espaço de produção e disseminação de formas de poder disciplinar extremamente pervasivas. Pode parecer uma ousadia, mas é uma escolha e uma aposta.

Como, do ponto de vista epistemológico, a crítica "só se desenvolve em oposição a corpos teóricos estabelecidos" (Bruyne, Herman e Schoutheete, 1991:55), este ensaio caracteriza (criticando) a tradição da pesquisa em estudos organizacionais para então, em oposição, apontar três abordagens com potencial para apoiar o desenvolvimento de estudos críticos. Essas abordagens, de bases epistemológicas e metodológicas diferentes, compartilham a ênfase nas relações e a preocupação com a emancipação, e são: o "velho" materialismo dialético de Marx, a teoria na prática de Bourdieu e a alegria da prática de Deleuze. A sua apresentação em itens separados é apenas um recurso de organização do texto, já que se concorda integralmente com Kincheloe e McLaren (2000:291), quando indicam que qualquer tentativa de delinear escolas típicas e separadas vai afastar-nos do saudável e "endêmico hibridismo da análise crítica contemporânea".

Antes, porém, para que fique claro de que crítica se está falando, alguns parágrafos de esclarecimento sobre as posições adotadas.

A primeira posição é a do reconhecimento de que existem muitas e diferentes visões (versões) na descrição de um evento e no atribuir-lhe significado e que, como não poderia deixar de ser, cada uma abre diferentes possibilidades para a ação, para o reforço e a reprodução, ou para a ruptura e a transformação. Esse reconhecimento implica tratar a produção do conhecimento dominante como parte de um contexto epistemológico em que se realizam práticas de pesquisa normalizadas e naturalizadas que podem estar (e estão) sujeitas à contestação e resistência (Foucault, 1972). A segunda posição, decorrente dessa, é o reconhecimento do poder e da política como categorias estruturantes do campo dos estudos organizacionais. A partir daí, é possível refletir sobre que representação das organizações se está construindo, que práticas sociais se estão gerando, que alternativas são descartadas por anormais, irracionais ou erradas. Uma conseqüência metodológica da adoção dessa posição é que os pesquisadores precisariam deixar claro que tipo de mundo organizacional suas opções autorizam, que conseqüências podem resultar da privilegiação de algumas vozes sobre outras (Dachler, 1999) e da opacificação de inter-relações em processos sociais.

Uma terceira posição se refere à definição de ciência, conhecimento ou estudos críticos. Essa posição expressa a adoção da perspectiva defendida por Dussel (2001:279) que diferencia ciências sociais funcionais de ciências sociais críticas. As primeiras são aquelas que têm um sentido "positivo", que fazem com que o sistema vigente "funcione", opere, se desenvolva. "Essas ciências são necessárias, mas se tornam fetichistas quando negam a existência das ciências sociais críticas, que também são necessárias (como programas científicos rivais que se fecundam mútua e criativamente em uma dialética histórica)". A ciência social crítica, por sua vez, precisa ser negativa e material, segundo as formulações de Horkheimer e Adorno na primeira fase da escola de Frankfurt:

> A negatividade é o "não poder viver" dos oprimidos, explorados, das "vítimas" — para falar como Walter Benjamin ou Emmanuel Levinas. (...) Sem considerar a "negatividade" não pode haver ciência social crítica. Porém, e em segundo lugar, essa negatividade deve situar-se no nível da "materialidade"; isto é, no conteúdo da *praxis* quando referido à produção, reprodução e ao desenvolvimento da vida humana, da corporalidade humana.
>
> (Dussel, 2001:279)

Para encerrar, alguns esclarecimentos sobre a menção ao enamoramento no título deste capítulo. Ainda que não assumidamente, todos realizamos leituras enamoradas de nossos autores prediletos. Na vida, ninguém se apaixona pela totalidade do outro. Enamoramo-nos (ou eu me enamoro!) de um tom de voz, de um gesto com as mãos, de uma forma de olhar, da delicadeza e do cuidado, da afinidade com nossas idéias; assim como dos pequenos defeitos, daquele olho um pouco diferente do outro, dos pequenos esquecimentos... Com os autores não é diferente! Na tradução que cada um de nós faz de nossos autores de referência, gostamos (adotamos) daqueles aspectos pelos quais nos enamoramos, deixando de lado — fazendo vistas grossas — os "pequenos defeitos". Assim, o que está incorporado neste texto é, assumidamente, a expressão do que faz com que persista ou se desenvolva meu amor antigo pelas idéias de Marx, meu relacionamento estável com as teorias de Bourdieu e minha paixão recente pelas provocações de Deleuze.

Tradição na pesquisa em estudos organizacionais

A tradição dominante resulta de interconexões entre o cientificismo positivista, a necessidade de promulgar conhecimento prático, a percepção das organizações como entes autônomos da sociedade e o referencial sistêmico de análise.

A preocupação com a promulgação de conhecimento prático (conhecimento consumível, segundo Burrell, 1993) revela-se pela centralidade do tema da eficiência. Essa é, usualmente, considerada como uma entidade que depende de outras, cuja variação é provocada por outras entidades. Assume-se, assim, o modelo do cientificismo positivista, especificamente a metodologia que busca conexões causais entre a variável dependente e variáveis independentes, enfatizando medições e correlações estatísticas. Mais ainda, para que o conhecimento gerado seja reconhecido como legítimo, é preciso seguir outros cânones desse cientificismo, além da demonstração e causalidade: a tradução de conceitos em medidas operacionalizáveis, a generalização e a replicabilidade (Bryman, 1992).

Essa predominância dirige grande parte dos estudos, naturalmente, para a adoção de procedimentos quantitativos, fazendo com que, no campo dos estudos, muitas vezes se precise (ainda) defender a adoção de abordagens qualitativas, nem sempre compreendidas em suas diferentes possibilidades epistemológicas. Ignora-se, freqüentemente, que a marca do cientificismo positivista não reside neste ou naquele procedimento de pesquisa, mas na pretensão de que o conhecimento possa espelhar a realidade, desvendar a "verdade", representar o mundo (no nosso caso, o mundo da gestão e das organizações). Além disso, a adoção das abordagens qualitativas é, quase sempre, justificada pela necessidade de compreender a perspectiva dos indivíduos. É como se os níveis de análise indicassem as abordagens — macro/quanti, micro/quali. Esse é o caso, por exemplo, da posição de Cassel e Symon (1995), que proclamam a adequação da abordagem qualitativa para focalizar processos organizacionais e seus resultados a partir da compreensão das experiências de indivíduos e grupos. Essa posição não é diferente da de Donaldson (2003:123), para quem o construcionismo social pode produzir "alguns *insights* genuínos sobre alguns processos no nível micro". No entanto, não pode ser adequado "a uma abordagem completa para a teoria organizacional, que precisa incorporar também os processos supra-individuais, aos quais o positivismo atende".

Scott (1992:9), ao relatar a emergência do campo dos estudos organizacionais, deixa bem clara a sua marca fundadora (e ainda dominante). Situando esse momento na década de 1950, a partir de trabalhos realizados por sociólogos funcionalistas localizados em academias americanas — com destaque para Parsons e sua tradução de Weber, Merton, Selznick, Gouldner e Blau —, descreve-os como "sociólogos engajados no desenvolvimento e testagem empírica de generalizações sobre a estrutura e o funcionamento de organizações". Outro ramo dos estudos organizacionais ter-se-ia, segundo esse autor, originado a partir da ênfase de Simon no processo decisório e na escolha nas organizações, gerando uma "área definida no nível de uma abstração suficientemente geral para chamar atenção para as similaridades na forma e função através de diferentes arenas de atividades" (Scott, 1992:10). Em ambas as vertentes dos estudos organizacionais, encontra-se a influência do referencial sistêmico:

> Para a análise sociológica de um sistema social qualquer (...) é necessário conhecer os padrões de integração e as condições gerais que mantêm a estrutura e o funcionamento do grupo. Isto é, passa-se imediatamente à indagação do conjunto de condições de cuja operação ordenada, conforme padrões determinados, resulta a manutenção integrada, sob a forma de sistema, do grupo particular focalizado, e de todos que

se constituam dentro do mesmo padrão. Dessa maneira, a análise é conduzida de forma a resultar na obtenção do conhecimento de ordem geral. A explicação sociológica, nesses termos, supõe, ao mesmo tempo, o conhecimento das condições que garantam o caráter ordenado, regular e universal das atividades sociais.

(Cardoso e Ianni, 1973:9)

Scott (1965; 1992:14) apresenta, ainda, os níveis de análise que caracterizam a pesquisa no campo dos estudos organizacionais. Esses devem ser determinados pela "natureza da variável dependente — isto é, se o fenômeno a ser explicado refere-se: ao comportamento ou atributo dos indivíduos participantes nas organizações; ao funcionamento, às características de alguns aspectos ou aos segmentos da estrutura organizacional; às características ou ações da organização vista como uma entidade coletiva". Daí decorrem os níveis de análise individual, estrutural e ecológico. Neste último, "o analista pode tanto examinar a relação entre as organizações específicas ou classes de organizações e o ambiente, ou examinar a relação que se desenvolve entre um número de organizações vistas como um sistema interdependente". Em uma nota de rodapé, Scott (1992) vincula esses níveis àqueles propostos por Parsons (1973), para quem a análise da ação deve ser feita no nível micro e a do sistema social, no macro. Nessa vinculação, o nível micro equivale ao individual, enquanto o macro equivale aos níveis estrutural e ecológico.

Chama a atenção que, nessa proposição de objetos de análise, não se encontra referência à sociedade. A leitura de Donaldson (1995) ajuda a compreender esse fenômeno. Segundo ele, a teoria organizacional aborda aquelas partes da estrutura social que estão localizadas nas organizações, e a sociologia refere-se à sociedade no sentido amplo. Marsden (1993) critica esta posição, especialmente a consideração do nível organizacional (partes da estrutura social localizadas na organização) e do nível dos campos organizacionais (relações entre organizações), em separado da sociedade (objeto externo aos estudos organizacionais), afirmando que essa é uma escolha que impede o entendimento de relações de poder. Tal escolha permite, quando muito, focalizar o poder como controle das organizações, ainda que as origens das relações de poder e da capacidade de utilizá-lo sejam indissociáveis das relações sociais. Knights (1992), adotando o referencial de Michel Foucault, apóia essa percepção, indicando que o cientificismo positivista baseia seu conhecimento, entre outras coisas, no que escolhe ignorar, referindo-se, especificamente, ao tema do poder.

Cabe ainda dizer que, do ponto de vista do cientificismo positivista, a adoção de níveis de análise implica uma série de dificuldades metodológicas, que são sistematicamente ignoradas nos estudos organizacionais. Entre essas dificuldades se encontram, segundo Bryman (1992):

- problema da agregação — concluir sobre a organização a partir de respostas dos indivíduos;
- a falácia ecológica — ignorar que nos agregados a correlação tende a ser maior do que seria caso os indivíduos tivessem sido o foco, arriscando inferências sobre indivíduos ou organizações *em geral* a partir de *alguns* indivíduos ou *algumas* organizações.

Adotar um distanciamento crítico com relação a essa tradição dominante, leva a reconhecer, com Knights (1992:519), que

> as metas de uma ciência da gestão e das organizações, como uma defesa de *status*, respeitabilidade e legitimidade, são expostas ao ridículo porque são incapazes de dar conta do rigor dos métodos que adota. Isto é, sua emulação das ciências positivas localiza-a em uma armadilha de ter de produzir explicações causais, leis invariáveis e predições, o que demandaria que o conhecimento sobre a gestão pudesse ser independente e, verdadeiramente, ignorar as condições de sua própria produção.

Nesse sentido, é sempre bom lembrar Astley (1985) e sua negativa de que os estudos organizacionais pudessem capturar a verdade objetiva, já que todo conhecimento empírico sobre organizações é socialmente construído. Isso implica que o propósito dos estudos organizacionais não é descobrir a verdade, mas gerar uma linguagem teórica que dê significado a construções sociais e à ação organizacional (Astley e Zammuto, 1992). Ou, como afirmam, de modo mais enfático, Cooper e Burrell (1988:102), a análise organizacional moderna não tem sido contextualizada e é escrita para enfatizar temas como a eficiência e o controle organizacional, para "legitimar a idéia de que a organização é uma ferramenta social e uma extensão da agência humana", pelo emprego de construtos que servem para dar sentido à organização e que não são mais do que imperativos morais usados para pressupor certos aspectos e para excluir a possibilidade de outros. Segundo esses autores, se quisermos compreender "a produção da organização em vez da organização da produção", precisamos "ver a organização como um processo que ocorre no 'corpo' mais amplo da sociedade" (Cooper e Burrell, 1988:106).

É exatamente com essa preocupação que se apresentam os itens que se seguem, entendendo que, para que isso ocorra, precisamos de conhecimentos com bases epistemológicas e metodológicas que abandonem o cientificismo positivista e o decorrente esquartejamento da realidade social por meio da lógica dos níveis de análise. O que une abordagens tão diferentes quanto as de Marx, Bourdieu e Deleuze é a possibilidade de encontrar formulações que apóiem a adoção do primado das relações e, desse modo, permitam encontrar *linhas de fuga* com relação à tradição e às posições dominantes.

Em busca da primazia das relações

Marx: a história contada por meio das contradições

Case se aceite que o programa científico de investigação de Marx é a "ciência das contradições inerentes ao capitalismo", seria extremamente incoerente comemorar a sua morte "na mesma ocasião em que se anuncia o triunfo definitivo do capitalismo e do mercado". A partir dessa constatação, Jameson (1999:187 e 189) aponta para a renovação do marxismo ("um marxismo mais moderno — ou, na verdade, em nossa época, pós-moderno") de modo que possa dar conta das "novas e inesperadas dimensões assumidas por seu tradicional objeto de estudo". Na mesma direção, Kincheloe e McLaren (2000:304), referindo-se ao marxismo, indicam que, "de diferentes modos, o processo de globalização e o fortalecimento do capitalismo de livre mercado nos levam de volta às raízes da pesquisa crítica". O que se segue é, nesse sentido, um lembrete sobre a potencialidade dessas raízes para abordar a realidade social de modo relacional.

> A população é uma abstração se deixo de lado, por exemplo, as classes que a compõem. Por sua vez, essas classes são uma palavra vazia de sentido se ignoro os elementos em que se baseiam, por exemplo, o trabalho assalariado, o capital etc. Estes pressupõem a troca, a divisão do trabalho, os preços. Assim, se eu começasse pela população, ficaria com uma representação caótica do conjunto; em seguida, por meio de uma determinação mais precisa, procedendo à análise, chegaria a conceitos cada vez mais simples; uma vez alcançado esse ponto, seria necessário empreender a viagem de retorno e, de novo, chegaria à população. Dessa vez, porém, não teria à minha frente um amontoado caótico, mas sim uma rica totalidade de determinações e relações complexas. O concreto é concreto porque é a síntese de numerosas determinações, ou seja, unidade da diversidade. É a razão pela qual o concreto aparece no pensamento como processo de síntese, como resultado, e não como ponto de partida, embora seja o verdadeiro ponto de partida e, por conseguinte, também o ponto de partida da intuição e da representação. (...) a totalidade concreta, como totalidade pensada, concreto pensado é, de fato, um produto do pensamento, do ato de conceber; não é, de modo algum, o produto do conceito que se engendraria a si mesmo, que pensaria fora e acima da percepção e da representação, mas um produto da elaboração das percepções e das representações em conceitos.
>
> (Marx, 1978:37)

O ponto de partida e de chegada da análise marxista é, de fato, o trabalhador. Antes do capital, do "sistema" ou da totalidade, se encontra o sujeito em sua materialidade empírica (ponto de partida e de chegada da explicação científica). A primazia das relações constrói uma explicação da gênese e do funcionamento do capitalismo que é, ao mesmo tempo, simples e comovente, como se pode perceber pelo relato abaixo fundamentado em Dussel (2001).

Partindo da negação original, Marx mostra como o trabalhador (fonte criadora de toda riqueza) se enreda em um círculo perverso de alienação ontológica. Coativamente, tendo sido destruídas as condições pré-capitalistas de sobrevivência, o camponês se transforma em um pobre urbano que ou vende sua corporalidade pessoal ou morre. O contrato de trabalho tem, aparentemente, uma forma de liberdade, eqüidade e propriedade. Na realidade, existe coerção, desigualdade e pobreza constitutivas. Feito o contrato desigual, injusto e perverso, produz-se o momento trágico da subsunção do trabalho, da negação real (não só ideológica). A fonte criadora de valor (pessoa portadora de dignidade que define os próprios fins) fica submetida ao seu produto; a pessoa do trabalhador é colocada como meio; e o meio (o processo de valorização do capital), como fim. É a inversão que se expressa no fenômeno do fetichismo. A partir daí, o cientista pode realizar o juízo crítico do capital. Essa inversão fundadora, essencial para a reprodução do capital como tal, é o que constitui a relação social de dominação. Subsumido o trabalho vivo (formalmente como produtor de mais-valia e materialmente porque é a máquina que dirige o processo produtivo), o trabalhador se encontra totalmente dominado pelo capital. É o que Marx chama de transubstanciação do trabalho vivo como trabalho assalariado, como incorporação da exterioridade do trabalho vivo na totalidade do capital. Essa construção só é possível a partir de uma categoria-chave para a explicação — a categoria essencial e simples da mais-valia (em oposição à categoria fenomênica do lucro) revela que o lucro acumulado é, correlativamente, a pobreza do trabalhador (que é o que a investigação quer explicar). A categoria da mais-valia permite a explicação relacional; pois, partindo do sujeito alcança o todo para elucidar como esse todo se constitui e, então, volta ao sujeito para justificar sua condição de dominado.

A abordagem dialética visa, simultaneamente, aos conjuntos e a seus elementos constitutivos, às totalidades e suas partes; é, ao mesmo tempo, análise e síntese, movimento reflexivo do todo às partes e reciprocamente. A dialética é sempre a negação das leis da lógica formal (identidade, não-contradição, terceiro excluído) que analisa os fenômenos subtraindo-os do conjunto concreto que os ultrapassa. É, ainda, uma ameaça ao conhecimento rígido, ao mostrar que todos os elementos se condicionam reciprocamente em uma infinidade de graus intermediários (Bruyner, Herman e Schoutheete, 1991).

> O método dialético é produto de um trabalho de formalização, de transformação conceitual da realidade, de abstração. Nessa qualidade, o método dialético, embora em última análise seja a própria marcha e o próprio ritmo do objeto de estudo,

não deixa por isso de possuir um movimento próprio, específico. Como procedimento de investigação real, o método dialético possui traços distintivos próprios. Lukács foi quem primeiro, na literatura marxista, realçou a originalidade do método dialético, expondo as determinações decisivas da dialética: ação recíproca do sujeito e do objeto, unidade da teoria e da *praxis*, modificação histórica do substrato das categorias como fundamento de sua modificação no pensamento.

(Brohm, 1979:43)

O enfoque dialético de Marx fica claro no capítulo sobre dinheiro no Grundrisse, como indica Swingewood (1975). O capitalismo, explica-nos Marx, é construído em torno da produção de mercadorias e da divisão do trabalho social: o produto (a mercadoria) tem, portanto, uma natureza dupla, como uma coisa praticamente útil e como trocável por dinheiro. Uma contradição entre suas qualidades naturais e sociais. Originalmente, o dinheiro era idêntico à mercadoria como seu valor de troca; mas como a divisão do trabalho cresce, o poder do dinheiro também cresce, estabelecendo-se como um poder externo aos produtores e independente deles. O dinheiro, agora, parece ser um objeto distinto da mercadoria, parece ser a própria mercadoria:

> O que originalmente parecia ser um meio de promover a produção se torna uma relação alheia aos produtores. À medida que os produtores se tornam mais dependentes da troca, a troca parece tornar-se mais independente deles; e a brecha entre o produto como produto e o produto como valor de troca parece alargar-se. O dinheiro não cria essas antíteses e contradições; é, antes, o desenvolvimento dessas contradições e antíteses que cria o aparentemente transcendental poder do dinheiro.
>
> (Swingewood, 1975:32)

Esta passagem torna claro que o conceito de contradição de Marx encerra tanto relações e propriedades internas quanto externas de um determinado fenômeno: o dinheiro está contido na mercadoria, embora se diferencie dela e a ela seja externo. O que ocorre com o dinheiro é o mesmo que se deu com a divisão do trabalho: gera conflitos e contradições. São essas características negativas que se encontram no cerne da teoria da sociedade dialética de Marx, segundo Swingewood (1975).

Uma das implicações centrais do materialismo dialético reside, ainda, em adotar uma posição historicista, em negar a possibilidade da existência de uma natureza social imutável. Segundo Löwy (1978), além de historicista, a teoria marxista é humanista, ou melhor, só pode ser historicista porque é humanista: as relações de produção capitalista não são eternas, imutáveis como as leis da natureza — são produzidas pelos seres humanos e podem ser transformadas por eles. É, novamente, Lukács (1960:29) quem ajuda a compreender como o mito da naturalização das relações sociais é construído. Segundo ele, "o ideal epistemológico das ciências da natureza (...), quando é aplicado à evolução da sociedade", constitui-se em "um instrumento de combate da burguesia. Para esta, é uma questão vital (...) conceber sua própria ordem de produção como constituída por categorias válidas de um modo atemporal e destinada a existir eternamente, graças às leis eternas da natureza e da razão". Ao desmistificar o pensamento burguês, Lukács (1960) deixa claro que o materialismo dialético não é somente um instrumento de conhecimento, é também, e principalmente, um instrumento para a ação. Reconhecendo sua posição na sociedade e as razões de ser assim, as vítimas do capital podem agir no sentido de transformá-la, de fazer a história. Ainda que, sempre é bom lembrar, não seja possível fazê-la segundo sua "livre vontade", já que terão de agir em condições não escolhidas, mas diretamente dadas e herdadas do passado (Marx e Engels, 1999). Ou seja, a concepção marxista da história e do seu fazer expressa a relação (sempre) dialética entre o ser humano e as circunstâncias, a atividade humana e as condições dadas.

Esse reconhecimento da intensa relação entre ação e estrutura social se constitui em um ponto de passagem para Pierre Bourdieu, já que a centralidade de sua obra está em explicar como elas se articulam. Um outro aspecto em comum entre Marx e Bourdieu se refere à leitura positivista a que ambos são, quase sempre, submetidos. Marx descreve as leis de ferro do desenvolvimento capitalista para desmascarar os modos pelos quais esse sistema opera, de forma que a mudança, a partir da ação consciente, possa ocorrer. No entanto, a leitura positivista trata a negatividade da crítica como determinismo. O mesmo ocorre com as leituras estruturalistas de Bourdieu, incapazes de compreender que é preciso desmascarar os mecanismos da reprodução para que se possa interrompê-los.

Bourdieu: o real é relacional

Contra todas as formas de monismo metodológico que partem da escolha ontológica entre estrutura ou agente, sistema ou ator, coletivo ou individual, Bourdieu afirma a primazia das relações. Ou seja, Bourdieu (1996a) se opõe tanto ao enfoque estruturalista — que tende a captar relações objetivas, independente das consciências e das vontades individuais —, quanto ao enfoque fenomenológico, interacionista — que tende a captar a experiência que os agentes realizam a partir dos contatos sociais. Afirma, então, que a pesquisa sobre o mundo social não precisa escolher entre esses pólos, já que o mesmo é constituído a partir da ação e da estrutura, e sua interseção como história reside em relações (Wacquant, 1992).

Ao caracterizar seu trabalho, Bourdieu (1996a:149) escolheu o termo "construcionismo estruturalista", tendo, logo em seguida, acrescentado a designação inversa — "estruturalismo construcionista", expressando a articulação dialética entre estruturas mentais e sociais.

> Por estruturalismo ou estruturalista quero dizer que existem, no próprio mundo social e não apenas nos sistemas simbólicos — linguagem, mito etc. —, estruturas objetivas, independentes da consciência e da vontade dos agentes, as quais são capazes de orientar ou coagir suas práticas e representações. Por construcionismo quero dizer que há, de um lado, uma gênese social dos esquemas de percepção, pensamento e ação que são constitutivos do que chamo de *habitus* e, de outro, das estruturas sociais, em particular do que chamo de campo.
>
> (Bourdieu, 1996a:149)

Habitus é definido como o sistema de disposições duráveis, estruturas estruturadas que operam como estruturas estruturantes, isto é, como princípios geradores e organizadores das práticas e representações. Estas podem ser objetivamente adaptadas a seus resultados sem pressupor uma intenção conscientemente dirigida a fins ou expressar o controle das operações necessárias para atingi-los. Objetivamente regular e regulado, sem ser produto da obediência a regras, o *habitus* pode ser coletivamente orquestrado mesmo não sendo produto da ação organizadora de um condutor. É descrito como um sentido para o jogo, um senso prático que inclina os agentes a atuar e reagir em situações específicas de um modo que não é sempre calculado e que não é meramente uma questão de obediência consciente a regras (Bourdieu, 1996b).

Para compreender as situações concretas, governadas por um conjunto de relações, nas quais os agentes existem e atuam, Bourdieu (1996b e c) desenvolve a noção de campo. O campo é definido como um espaço estruturado com suas próprias regras de funcionamento e suas próprias relações de força. Sua estrutura é dada, em cada momento, pelas relações entre as posições que os agentes ocupam. Portanto, uma mudança nas posições dos agentes implica uma mudança na estrutura do campo. Em qualquer campo os agentes competem pelos tipos de capital que ali são específicos. Os diversos campos, mundos sociais relativamente autônomos, exigem daqueles que neles estão envolvidos um saber prático das leis de funcionamento desses universos, isto é, um *habitus* adquirido pela socialização prévia e/ou por aquela que é praticada no próprio campo (Bourdieu, 1996c). De acordo com Pinto (2000), o campo é menos uma tese do que um método, que permite explicar as práticas, evitando recorrer a fatores externos como princípio de inteligibilidade.

As relações objetivas são as relações entre as posições ocupadas a partir da distribuição dos tipos de capital (recursos de poder) eficientes em cada campo. Para Bourdieu (1996a:138) os poderes sociais fundamentais são o capital econômico (em suas diferentes formas), o capital cultural e o capital simbólico. E este último não é outra coisa que o capital econômico ou cultural quando é conhecido e reconhecido segundo as categorias de percepção que impõe:

> A legitimação da ordem social não é o produto, como alguns crêem, de uma ação deliberadamente orientada de propaganda ou de imposição simbólica; resulta do fato de que os agentes aplicam às estruturas objetivas do mundo social estruturas de percepção e de apreciação que saem das estruturas objetivas e tendem, por isso mesmo, a perceber o mundo como evidente.
>
> (Bourdieu, 1996a:138)

Recusando-se a aceitar a ilusão da universalidade a-histórica das categorias e conceitos utilizados pela economia, Bourdieu (2000) narra a história coletiva, reproduzida nas histórias individuais, da produção e comercialização de casas individuais nos subúrbios franceses. A pesquisa tem como objeto a estrutura do campo de produção e os mecanismos que determinam seu funcionamento, bem como a estrutura da distribuição das disposições econômicas e, mais especialmente, dos gostos em matéria de habitação; sem esquecer de estabelecer, pela análise histórica, as condições sociais da produção desse campo particular e das disposições que nele encontram a possibilidade de realizar-se mais ou menos completamente. Uma síntese desse estudo é apresentada a seguir, com o objetivo de ilustrar a teoria em ação.

- A narrativa começa com uma abordagem dos mitos ligados à aquisição — a casa como lar e o desejo de adquirir um patrimônio que transcenderá as gerações. Para compreender a posição dos *compradores*, Bourdieu (2000) caracteriza os proprietários de imóveis na França com relação à posse de capital econômico e capital cultural sobre o total de capital, mostrando que a opção pela compra foi daqueles que possuem, proporcionalmente, mais capital econômico, enquanto a opção pelo aluguel é daqueles que possuem mais capital cultural (professores, artistas, funcionários públicos, profissionais liberais, por exemplo).
- A caracterização das posições dos *produtores*, por sua vez, mostra dois grandes grupos: grandes sociedades nacionais — capital financeiro, empregam pessoal de gestão e engenheiros, subcontratam a realização das obras, adotam procedimentos industrializados de construção; pequenas e médias empresas locais ou regionais — capital familiar, todo o pessoal é empregado, adotam procedimentos tradicionais de construção ou trabalham com casas pré-fabricadas. Com relação às estratégias de publicidade, as empresas do primeiro grupo tendem a atribuir ao produto as qualidades do produtor e afirmar a proteção do cliente; as do segundo grupo difundem ou a relação com a tradição ou o "milagre" da casa pronta. No entanto, a partir de um contexto de crise (década de 1980), as grandes empresas

adotam as estratégias produtivas das pequenas e médias, voltando ao método de fabricação tradicional, ainda que pela subcontratação de pessoal. Com isso, adotam como estratégia simbólica a retórica da tradição, do original, do único.

▸ Para melhor compreender esse processo, a pesquisa abandona, temporariamente, a escala do espaço de relações de força entre as empresas, ao longo do tempo, para se dedicar a conhecer algumas *empresas individuais*. Nesse momento do estudo, a empresa não é considerada como uma organização homogênea, que poderia ser identificada com um sujeito racional — o empresário ou o administrador — e orientada para uma função objetiva única e unificada. A empresa está determinada (ou orientada) em suas escolhas não só por sua posição na estrutura do campo de produção, mas também por sua estrutura interna que — produto de sua história anterior — guia seu presente. Suas divisões internas são compostas por agentes cujos interesses específicos estão ligados às respectivas funções e, nesse sentido, as estratégias são resultantes de inumeráveis decisões que são, em cada caso, o produto da relação entre interesses e disposições associados às posições nas relações de força na organização e, também, da capacidade de fazer valer esses interesses ou disposições, o que, por sua vez, depende do peso dos diferentes agentes envolvidos na estrutura e, portanto, do volume e da estrutura de seu capital.

▸ Como produtores e compradores se posicionam em um campo que é, em grande medida, construído pelo Estado, especialmente por meio da ajuda outorgada a particulares que varia em volume e formas de transferência, favorecendo mais ou menos tal ou qual categoria social e, em decorrência, tal ou qual grupo de construtores, é preciso analisar a política de habitação. Isso é feito retornando-se à década de 1960 e registrando-se a alteração no foco — que ocorre ao longo do tempo — de grandes complexos habitacionais a casas individuais. Bourdieu (2000) faz a crônica da gênese dessa política pela caracterização dos "agentes eficientes", de modo a compreender a ambigüidade intrínseca ao funcionamento do Estado e as regularidades do jogo burocrático. Ao fazê-lo, constata como as relações no campo se modificam cada vez mais a favor dos defensores de um liberalismo mais ou menos radical, que se expressa pela queda da construção como política pública e na diminuição dos empréstimos bancários.

▸ Analisar a política nacional não é suficiente, já que sua concretização se realiza em *bases territoriais regionais/locais*. Ao se aproximar dessa escala, Bourdieu (2000) mostra o jogo entre elites locais e burocracias centrais, do qual resultam trocas "proveitosas", como o ajuste das normas à realidade.

▸ Após a análise extensiva das diversas relações que ocorrem nesse campo é preciso voltar ao momento em que se efetiva a compra e, portanto, à *interação entre comprador e corretor*. Observando e descrevendo etnograficamente a relação entre compradores e corretores, o autor conclui que, longe de ser uma mera ratificação da estrutura da relação econômica, a interação é sua efetivação, sendo sempre incerta em seu desenvolvimento. Além disso, o que relata é a experiência vivida dos agentes, a ação de fatores que só podem atuar cumprindo-se através deles. A troca não se reduz a um simples processo de revelação, no qual o comprador colabora (sem sabê-lo) com um vendedor desejoso de extrair informação: este contribui para produzir a necessidade e o gosto do comprador, ao mesmo tempo em que avalia sua capacidade de desembolso e contribui para realizá-lo. O comprador aprende sobre si mesmo, sobre seus gostos e interesses, e realiza o ato psicológico necessário para passar à ação (usualmente ao preço de uma restrição de aspirações e expectativas que não podem ser satisfeitas).

► Já sabemos sobre as posições dos compradores e dos produtores, "entramos" em algumas empresas, conhecemos a influência do Estado e das resultantes de sua relação com os poderes regionais e locais, bem como sobre a repercussão da política (sempre considerada como o resultado de interações entre atores com recursos de poder) sobre aqueles que aspiram a tornar-se proprietários e sobre as empresas produtoras. Após a efetivação da compra, falta saber se o sonho da casa própria tem um final feliz para a pequena burguesia. Como seria de se esperar, o que foi narrado expressa "os grandes fundamentos" de sua miséria. A partir de testemunhos e do que foi analisado anteriormente, Bourdieu (2000:208) reflete sobre "todas as pequenas misérias, todos os atentados à liberdade, às esperanças e aos desejos, que culminam com a existência de preocupações, restrições, fracassos e, quase inevitavelmente, de melancolia e ressentimento". No outro pólo do campo, o que se encontra é um relativo sucesso — o efeito de uma política que aspirava a criar um mercado para os produtores de casas, ao mesmo tempo em que produzia proprietários apegados a seus bens. No entanto, aqueles que conseguiram adquirir a casa fizeram-no com custos tão elevados que, ainda que a política (junto com outras de cunho liberal em outros campos sociais) tenha realizado uma transformação profunda no campo, não garantiu a seus promotores os benefícios político-eleitorais esperados.

O esforço de apreender diversos aspectos e relações envolvidos no campo fica evidente, bem como sua potencialidade para desnaturalizar as posições dos agentes e as relações sociais. Chama a atenção a dificuldade em narrar relações de modo relacional. Deve-se, em parte, ao fato de que, como expressa Jorge Luis Borges, somos prisioneiros da linguagem e suas limitações.

> *Arribo, ahora, al inefable de mi relato; empieza, aqui, mi desesperación de escritor. Todo lenguaje es un alfabeto de símbolos cuyo ejercicio presupone un pasado que los interlocutores comparten; cómo transmitir a los otros el infinito Aleph, que mi temero-*

sa memoria apenas abarca? (...) Por lo demás, el problema central es irresoluble: la enumeración, siquiera parcial, de un conjunto infinito. En ese instante gigantesco, he visto millones de actos deleitables o atroces; ninguno me asombró como el hecho de que todos ocuparan el mismo punto, sin superposición y sin transparencia. Lo que vieron mis ojos fue simultáneo: lo que describiré, sucesivo, porque el lenguaje lo es.

(Jorge Luis Borges — *El Aleph*)

Este fecho, com a ajuda de Borges, também serve como desculpa para a linearidade com que se apresentará, no item seguinte, parte das formulações tortuosas e interessantemente (des)articuladas em Deleuze.

Deleuze: a constituição ativa do ser e a alegria da prática

Cooper e Burrell, em um artigo de 1988, chamavam a atenção sobre a potencialidade do pensamento de Deleuze e Guatari para compreender as organizações como máquinas que produzem discursos elaborados de informação e conhecimento, em que os sujeitos humanos são uma parte necessária do fluxo material no qual esse discurso está inscrito. Ainda que essa linha de pensamento seja interessante e mereça registro por ser uma das poucas vezes em que esses autores são mencionados no campo dos estudos organizacionais, adota-se neste item um outro olhar sobre tal potencialidade. A opção, dado o espaço restrito deste texto, é tratar apenas alguns aspectos do pensamento de Deleuze (deixando as influentes formulações em conjunto com Guatari para outra oportunidade) e, a partir daí, apontar algumas possibilidades de seu uso para a pesquisa.

A obra de Deleuze é extensa e complexa (extremamente complexa!), levando a que, necessariamente, o que se apresenta a seguir seja apenas um recorte superficial. A opção para apresentar a lógica do pensamento desse autor foi a de seguir, com base no trabalho de Hardt (1996), a evolução de suas concepções a partir dos encontros com Bergson, Nietzsche e Espinosa.

Incluído entre os pensadores pós-estruturalistas franceses, Deleuze adota, em suas primeiras obras, o problema comum a esse grupo: o de escapar de uma fundação hegeliana. Inicialmente o esforço de ser anti-hegeliano por uma guinada dialética mostra-se, por natureza, contraditório. Será somente no momento em que construir um terreno alternativo, separado do problema de Hegel, que Deleuze constituirá as duas linhas centrais de seu pensamento: uma concepção não-dialética da negação e uma teoria constitutiva da prática. A primeira recusa a negação da dialética na sua vinculação à superação. A negação não-dialética é mais simples e absoluta, não no sentido de que tudo que está presente é negado, mas no de que aquilo que é negado é atacado com força total e irrestrita. (O exemplo da bomba atômica ajuda a compreender a negação absoluta: nesse agente de destruição total nada há de positivo para ser recuperado na síntese; até porque, na prática, nenhuma ressurreição é possível em caso de sua utilização.) A negação abre espaço para a criação, para a prática, obstruindo qualquer terceiro momento sintético (Hardt, 1996).

Deleuze desenvolve uma ontologia materialista, colocando a organização do ser — sua produtividade e sua produtibilidade, suas aptidões de produzir e ser produzido — no centro de sua filosofia. Para prosseguir, é interessante distinguir entre ordem e organização. Por ordem do ser (ou da sociedade) entende-se a "estrutura imposta como necessária e eterna desde cima, de fora da cena material de forças"; organização, por outro lado, designa a "coordenação e a acumulação de encontros acidentais e desenvolvimentos desde baixo, do interior do campo imanente de forças" (Hardt, 1996:17). Nos parágrafos que seguem, retoma-se a evolução do pensamento de Deleuze a partir de seus encontros com Bergson e a resultante elaboração do movimento positivo do ser; com Nietzsche e a inclusão de uma ética da afirmação; e com Espinosa e a guinada na direção da prática — da ontologia até a ética e a política.

Em Bergson, segundo Linstead (2002), o que se encontra, nesse sentido, é uma crítica à tendência de espacialização do pensamento humano, que separa momentos, colocando-os sobre uma mesa e, desse modo, instituindo imobilidade e estase como se fossem estados naturais das coisas, quando, em vez disso, seu estado natural é a mutabilidade. Assim, o pensamento de Bergson cultua a mudança, mas sem programas de mudança.

A interpretação de Bergson por Deleuze afirma que a diferença marca a dinâmica real do ser; é o movimento (e, portanto, a dimensão temporal) que funda o ser. Criticando a determinação do mecanicismo, Deleuze (1988), sempre a partir de Bergson, reitera que a diferença vital é a interna que, por sua vez, não é simples determinação. Ele não questiona como o ser pode ganhar determinabilidade, como pode sustentar sua diferença; mas como a diferença pode sustentar o ser. Assim, a diferença eficiente, aquela que é causa interna, é o motor interno do ser: ela sustenta a necessidade do ser e a real substancialidade. A determinação do mecanicismo não pode cumprir esse papel porque é constituída por uma causalidade externa e material.

Outro foco das formulações de Deleuze (1988), ainda a partir de Bergson, é o problema do uno e do múltiplo — considerados como termos muito abrangentes e abstratos para apreender a especificidade e a singularidade da realidade. Para Hegel a relação entre o uno e o múltiplo é uma fundação para a teoria da organização social, a base ontológica da política. Atacar a unidade dialética desses termos é atacar a primazia do Estado na formação da sociedade e insistir em sua pluralidade. Desse ataque resulta a noção do uno e do múltiplo como dois tipos de multiplicidade, permitindo defender o pluralismo da organização contra o pluralismo da ordem. O pluralismo da organização se produz pelo processo interno de diferenciação: o ser não procura fora de si um outro ou uma força de mediação porque sua diferença nasce da força interna que a vida carrega em si mesma. Diferenciação é o movimento de uma virtualidade que se efetiva a si mesma. O ser virtual é ser puro e transcendental porque é infinito e simples; o ser atualizado é o ser real na medida em que é diferente, qualificado, limitado. Segundo Hardt (1996:44), a tarefa central da leitura de Bergson por Deleuze é "elaborar o movimento positivo do ser entre o virtual e o atual, que dá suporte à necessidade do ser e que lhe faculta tanto a mesmice quanto a diferença, a unidade e a multiplicidade". Esse movimento essencial é um processo que se realiza no tempo, ou seja, trata-se de uma perspectiva ontológica enraizada na duração.

O virtual e o real se comunicam através do processo de atualização. Aliás, a opção pela relação virtual-atual, em vez da relação possível-real, se deve à consideração de que existem diversas possibilidades contemporâneas (atuais), algumas das quais podem ser realizadas no futuro; em contraste, as virtualidades são sempre reais (no passado, na memória) e podem tornar-se atualizadas no presente. Ao rejeitar o possível e afirmar a atualização sobre a realização, Deleuze (1988:49) comprova duas regras para o processo de atualização: diferença e criação. Para o virtual tornar-se atual precisa criar seus próprios termos de atualização. "A razão disso é simples: enquanto o real é a imagem e o retrato do possível que realiza, o atual, por seu turno, não se assemelha à virtualidade que incorpora." Sem qualquer ordem pré-formada para ditar sua forma, o processo de atualização do ser deve ser uma criação original da multiplicidade do ser atual pela diferenciação. Novamente surge a crítica da ordem (do movimento da causa formal: possível-real) e a afirmação da organização (do princípio da causa eficiente: virtual-atual). A realização do possível claramente propicia uma multiplicidade da ordem e a atualização do virtual apresenta uma dinâmica na qual o processo de diferenciação cria arranjos originais: é a multiplicidade da organização (Hardt, 1996).

Essa ontologia positiva, desenvolvida a partir da leitura de Bergson, vai tornar-se uma ética positiva a partir da penetração em um campo de forças no qual as questões lógicas são colocadas em termos de sentido e de valor, a partir da leitura deleuziana de Nietzsche e da conseqüente análise da natureza do poder. É aqui que se coloca a negatividade da crítica: é o momento negativo e destrutivo da crítica que desestabiliza os poderes existentes, limpando o terreno para que o momento criativo possa liberar ou criar novos poderes. Essa possibilidade parte da recusa de qualquer ponto de vista transcendental exterior (o espaço da ordem) ao plano das forças que determinam e legitimam o conhecimento absoluto e de supostos valores universais (Hardt, 1996):

É nesse ponto que podemos observar a aproximação de Deleuze, Nietzsche e Marx nesse ataque incontido aos valores estabelecidos. Os dois últimos concebem a essência real não como trabalho, mas como força: a vontade de potência, o trabalho vivo, a criação. Mas a fim de liberar tal força, de abrir espaço para a força construtiva e transformadora, eles devem elaborar uma crítica radical e total, atacando a essência dos valores estabelecidos. Se o trabalhador tem de alcançar um ponto de afirmação genuína, de autovalorização, o ataque deve ser dirigido à essência, aos valores que definem o trabalhador como tal contra a servidão, contra o trabalho. (...) O trabalhador atacando o trabalho, atacando a si mesmo, (...) está atacando a relação que foi posta como a sua essência — somente após essa "essência" haver sido destruída, ele pode ser verdadeiramente capaz de criar. (...) Uma crítica total é, necessariamente, insurrecional.

(Hardt, 1996:84-85)

Em Nietzsche, o ser não é dado, precisa ser querido. Nesse sentido, a vontade ética é a vontade que o ser deseja. Deleuze (1983:68) formula a seleção ética do eterno retorno por uma regra prática para a vontade: "o que quer que tu queiras, queira-o de tal forma que também queiras o seu eterno retorno". A vontade não se refere a um corpo "sofrendo" paixões, mas à criação que é alegria. "O ensinamento prático de Nietzsche é o de que a diferença é feliz, que a multiplicidade, o devir e o acaso são objetos adequados da alegria por eles mesmos e que somente a alegria retorna" (Deleuze, 1983:190). O eterno retorno é uma síntese temporal que projeta a vontade de potência no tempo; falta mostrar como a prática da alegria se realiza na sociabilidade, o que será encontrado na leitura deleuziana de Espinosa em direção à política.

A passagem da especulação à prática se dá pela análise que Espinosa realiza sobre o poder. Aqui o termo determinação, presente na época das leituras de Bergson, é substituído por singularidade: conceito que marca a diferença interna.

Antes de prosseguir, é preciso deixar claro que não se encontra, nem em Espinosa nem em Deleuze, qualquer distinção hierárquica entre pensamento e corpo — o ser se expressa igualmente em todas as suas formas, possui univocidade de atributos. A não-distinção entre o físico e o mental se produz, em Espinosa, na sua recusa à filosofia de Descartes sobre pensamento e extensão, como dois sistemas independentes e autocontidos. Decorre daí o senso comum que concebe uma pessoa como sendo constituída por mente e corpo, cada um casualmente relacionado com o outro de vários modos — uma decisão súbita provoca um movimento de músculos, ou uma batida causa sensação de dor, por exemplo. No entanto, essa formulação não autoriza conceber que uma mudança na extensão possa levar a uma mudança no pensamento. Espinosa, segundo Hampshire (1953), afirma que o sistema de idéias — o pensamento — e a extensão — o corpo — precisam ser interpretados como dois aspectos de uma única e inclusiva realidade. Eles não são concebidos como duas substâncias distintas, mas como dois atributos de uma mesma e única substância. Portanto, não podem existir idéias que não sejam idéias de extensões, ou extensões das quais não exista idéia. Na interpretação de Espinosa, para cada coisa que pode ser chamada de corpo humano, existe uma idéia desse corpo, e tal idéia é o que, comumente, se chama de mente humana. Cada modificação no corpo humano necessariamente envolve, na visão da identidade da ordem de causas entre os dois atributos, uma modificação na idéia desse corpo e, assim, envolve uma modificação na mente (Hampshire, 1953).

Em decorrência, o poder, em Espinosa, ainda segundo Hampshire (1953), tem dois lados que são iguais e indivisíveis: o poder de fazer e o de ser afetado — produção e sensibilidade. Assim, a potência de existir de um modo sempre corresponde ao poder de ser afetado, e esse é preenchido por afecções produzidas por coisas externas (afecções passivas) ou por afecções explicadas pela própria essência do ser (afecções ativas).

O princípio da univocidade do ser permite que Espinosa use a mente como o modelo principal da especulação e o corpo como meio para a revelação da prática. Um corpo é uma relação dinâmica, cuja estrutura interna e limites externos estão sujeitos a mudanças. A estrutura de um corpo é a composição de suas relações. Aquilo que um corpo pode fazer é tanto a natureza quanto os limites de seu poder de ser afetado. Quando o poder de ser afetado é preenchido por afecções ativas, ele se relaciona diretamente com o poder de agir; quando é preenchido pelas passivas, relaciona-se somente com a potência de sentir ou sofrer. "Nosso poder de sofrer nada afirma, porque nada expressa: ele envolve somente nossa impotência (...), o grau mais baixo de nossa potência de agir". A teoria do esforço (*conatus*), de Espinosa, marca a interseção da produção e das afecções: "o *conatus* é a tendência para manter e abrir ao máximo a aptidão para ser afetado" (Deleuze, 2002:104).

As afecções passivas são caracterizadas pelos encontros entre nosso corpo e outros corpos. Encontros que podem parecer casuais porque não são causados por nós. A ordem das paixões é, então, a ordem dos encontros casuais. Um simples encontro entre dois corpos (relações dinâmicas cuja estrutura interna e limites externos estão abertos e continuamente sujeitos a mudanças) pode ser caracterizado pela harmonia ou desarmonia de suas relações. Deleuze (2002) trata, a partir de Espinosa, de dois casos de encontros casuais para distinguir dois tipos de afecções passivas. No primeiro, encontro um corpo cuja relação interna é compatível com a relação interna do meu, produzindo-se uma afecção que é um encontro jubiloso e que, portanto, provoca aumento na minha potência de agir. No segundo, ocorre incompatibilidade e, então, ou um corpo decomporá a relação do outro ou os dois corpos serão decompostos, resultando em uma diminuição de potência. Em princípio, os seres humanos concordam em natureza; mas, como estão sujeitos às paixões, a maioria de seus encontros são desarmoniosos e tristes. Com isso conclui-se que a condição humana repousa, em grande parte, em afecções passivas tristes (Hardt, 1996).

Sendo assim, onde encontrar o ímpeto para colocar em movimento um projeto prático? A primeira pista de Deleuze (2002:57) é mudar o foco da afirmação para a alegria: "a sensação da alegria aparece como a sensação propriamente ética". Retornando-se a Espinosa e à física dos corpos, pode-se buscar reconhecer composições ou relações similares entre corpos, chegando ao primeiro critério para uma ética da alegria: somos capazes de favorecer encontros compatíveis (paixões alegres) e evitar encontros incompatíveis (paixões tristes). Quando fazemos essas seleções, estamos produzindo noções comuns — idéias de similaridade de composição em modos existentes:

> Na medida em que nossos sentimentos ou afetos provêm do encontro exterior com outros modos existentes, eles se explicam pela natureza do corpo afetante e pela idéia necessariamente inadequada desse corpo, imagem confusa envolvida no nosso estado. Tais afetos são paixões, visto que não somos a sua causa adequada. Mesmo os afetos baseados na alegria, que se definem pelo aumento da potência de agir, são paixões (...) Mesmo que nossa potência de agir cresça materialmente, nem por isso deixamos de ser passivos, separados dessa potência, na medida em que não a dominamos formalmente. Eis porque, do ponto de vista dos afetos, a distinção fundamental entre dois tipos de paixão, paixões tristes e paixões alegres, prepara outra distinção bem diversa entre as paixões e as ações.
>
> (Deleuze, 2002:57)

O processo se inicia com a experiência da alegria induzindo-nos a reconhecer uma relação comum, a formar uma noção comum. Há, aqui, dois processos em andamento. "Lutamos para evitar as paixões tristes que reduzem a nossa potência de agir e de acumular paixões alegres. Esse esforço de seleção aumenta a nossa potência, mas nunca a ponto do devir ativo: paixões alegres são sempre o resultado de uma causa externa" (Hardt, 1996:156). A partir do reconhecimento da noção comum pode-se dar o salto para a alegria ativa, para a substituição da causa externa pela causa interna. Segundo Espinosa, uma afecção, que é paixão, deixa de ser paixão tão logo dela formamos uma idéia clara e distinta. Esse processo de envolver a causa interna constitui o salto para a ação. A força que anima essa operação é o *conatus*: quando a física de Espinosa é transportada para o plano, deixamos de ser corpos em movimento para encontrarmos corpos insuflados de desejo. "À medida que passamos da tristeza para a alegria, das paixões para as ações, estamos descobrindo o caminho para o aumento de nossa potência" (Hardt, 1996:158 e 170):

Paixões alegres são a pré-condição da prática. A alegria do encontro é, precisamente, a composição de dois corpos em um corpo novo e mais poderoso. (...) A alegria da afecção ativa não é mais contingente de um encontro casual; a alegria que tem por suporte a noção comum é a alegria que retorna. Esse é o processo prático que encarna os mandatos éticos de Deleuze: tornar-se alegre, tornar-se ativo.

(...) coloca a multiplicidade da organização contra a multiplicidade da ordem, e os agenciamentos da potência contra os dispositivos do poder.

(Hardt, 1996:181-182)

A aplicação das concepções de Deleuze aos estudos organizacionais propiciaria um olhar para a aventura da organização dos sujeitos e da sociedade, para perceber formas contemporâneas de agenciamento. O poder da sociedade seria visto como o poder de ser afetada. É claro que essa organização aberta da sociedade precisa ser distinguida das estruturas verticais da ordem. Por organização deve-se compreender um processo contínuo de composição ou decomposição, por meio de encontros sociais em campos de forças. Não significa dizer que as instâncias da verticalidade não são formadas. Significa afirmar que possuem uma determinação estritamente imanente e são, portanto, suscetíveis de reestruturação, reforma e destruição. Dispositivos estruturam a ordem social de cima para baixo; agenciamentos constituem os mecanismos de organização de baixo para cima. Em Deleuze, não há contradição entre o individual e o coletivo; a constituição da sociedade repousa em um outro eixo, relacional. "O processo de agenciamento político, a composição de relações sociais alegres, movimenta-se, em troca, entre a multiplicidade e a multidão"(Hardt, 1996:184).

Um exemplo da utilização do referencial de Deleuze (nesse caso, também com a influência de Guatari) é o estudo realizado por Caiafa (2002) sobre as viagens de ônibus na cidade do Rio de Janeiro. Nele se encontra a abordagem de temas como a natureza da cidade e a exclusão, trabalho e subjetividade, passando pela política pública de transportes urbanos. A autora relata como a população, mesmo em um quadro de enormes adversidades, não cessa de produzir agenciamentos que abrem outras experiências — linhas de fuga à situação que enfrentam. Seu estudo aponta para os modos como códigos sociais são subvertidos no contexto da heterogeneidade da cidade.

Outro exemplo, admiravelmente construído, é a abordagem de fraudes bancárias e processos de auditoria, ao longo do tempo nos Estados Unidos, realizada por Bouegen e Young (2000) e, mais uma vez, apoiando-se nas formulações de Deleuze em conjunto com Guatari. Os autores exploram o movimento: o contínuo movimento entre componentes organizacionais e suas conexões com as técnicas de regulação é tal que a organização pode ser considerada como uma atividade sempre não finalizada e imperfeita.

Como é preciso encerrar...

Não é possível encerrar com conclusões, dado o objetivo principal e as características desse ensaio. O sobrevôo, que se iniciou com a negação das características da tradição na pesquisa dos estudos organizacionais, continuou apresentando (nos limites impostos pelo espaço e de modo enamorado) alguns aspectos das formulações de três pensadores cujas obras são orientadas pelo primado das relações. No entanto, essas relações têm cenários diferentes em cada um deles: em Marx, o cenário é a sociedade (capitalista); em Bourdieu, são campos de poder definidos por posições (objetivas) e disposições (subjetivas); em Deleuze, é o ser em seu movimento por tornar-se ativo e alegre e, desse modo, produzir agenciamentos políticos. Em todos eles se encontra uma preocupação com a produção de conhecimento e práticas sociais que se oponham à ordem e que contribuam para — utilizando termos deleuzianos — a produção de linhas de fuga pela articulação de corpos sociais com relações internas compatíveis, com práticas e desejos compatíveis.

O sentido dessa redação foi o de apontar referenciais que podem apoiar o desenho de pesquisas orientadas pela ética da vida e pela emancipação. Não se pretendeu traduzir esses autores para o vocabulário ou para as rotinas dos estudos organizacionais, o que seria, por princípio, uma traição. Em vez disso, organizou-se o texto tendo, como pano de fundo, a pretensão de que se possa produzir conexões entre disciplinas, de modo a desenvolver densidades novas e criativas. É preciso dizer que se percebe, no campo dos estudos organizacionais no Brasil, um embrião de corpos sociais — minorias — que orientam suas pesquisas para a emancipação e não pelo imediatismo ditado pelo mercado e pela exigência do aspecto aplicado. Alguns pesquisadores, bem como alunos de mestrado e doutorado, têm-se aproximado, nos últimos meses, para compartilhar preocupações e referenciais. Esse ensaio constitui-se em uma contribuição a mais para a constituição dessa minoria, lembrando, como indica Caiafa (2000), que os processos sempre incluem as vias de uma guinada, sempre têm no horizonte o começo de outra coisa. Indica, pois, a necessidade de produzir com paixão e alegria, vivendo intensamente nosso tempo e suas qualidades, enquanto se nega, radicalmente, suas perversidades.

Antes de encerrar, um pouco sobre minha trajetória e sobre minha visão muito pessoal das potencialidades contidas nos autores aqui tratados. Com Marx pode-se compreender as contradições e a perversidade do capitalismo; com Bourdieu, os mecanismos de reprodução que as perpetuam e atualizam. É assim que tenho utilizado esses dois autores na minha produção. A questão nova que se vinha colocando, nos últimos tempos, é sobre como compreender alternativas que se constituem no cotidiano de pessoas, grupos e organizações. Tratava-se de buscar um referencial que não mutilasse, não enquadrasse o novo em velhos e incompatíveis mapas conceituais. A pesquisa de um referencial que autorizasse uma espécie de viagem conceitual para a qual não preexiste um mapa.

A possibilidade dessa viagem, em que se pode deixar o discurso usual para trás sem estar certo de aonde se vai chegar, foi facilitada por uma provocação feita pelo companheiro de jornadas Ricardo Ceccim, há pouco mais de um ano. Foi por causa dele que cheguei a Deleuze. Ainda que contando com sua ajuda para decifrar alguns enigmas desse autor, assumo a provisoriedade e precariedade da revisão feita acima. Apesar disso, estou convencida que, sem ser uma ruptura com Marx, Deleuze muda o contexto, perguntando o que significaria analisar o capitalismo quanto à imanência de outras possibilidades de vida e nossa capacidade de experimentá-las. O uso de Deleuze permite tornar novas forças visíveis, formulando os problemas que elas colocam e estimulando a atividade experimental de pensar sobre elas. Em contraste com a lógica tradicional, a filosofia de Deleuze permite buscar as zonas de indeterminação que, secretamente, acompanham muitas formas de organização. Pensar é experimentar, não julgar! Escrever é explorar terrenos e cartografar, até mesmo países que ainda não o são. Enfim, Deleuze oferece um apoio para a dificuldade de compreender o novo, o transformador, o que ainda não é. Trata-se, nesse sentido, para mim de um projeto apenas iniciado.

Para encerrar, ainda que tenha sido orientada pelo amigo e (meu) professor Marcelo Vieira sobre a inadequação de terminar os textos com citações de outros, não resisto ao desejo de reproduzir um poema de um desses parceiros acadêmicos envolvidos na busca da liberdade. O "Poema iniciado", de Rafael Vecchio (2003:17), expressa, melhor do que eu jamais poderia, a idéia contida no meu (nosso) projeto apenas iniciado.

... e qual alma resistiria,
se cruzássemos o longo
silêncio,
se sonhássemos um
sonho intenso,
num uníssono desejo de realização?

Que mal, de fato,
haveria,
se compartilhássemos
um único instante,
(a plenitude em si)
quando um movimento
já é o bastante.

*Busquemos algum
significado,
basta de vivências rasas.
É chegada a hora dos
passeios alados,
desfraldemos nossas
sagradas asas...*

Referências bibliográficas

ASTLEY, W. G. Administrative science as socially constructed truth. *Administrative Science Quarterly*, n. 30, p. 497-513, 1985.

_____; ZAMMUTO, R. F. Organization science, managers, and language games. *Organization Science*, n. 3, p. 443-460, 1992.

BERTERO, Carlos Osmar. Nota técnica: a coruja de Minerva — reflexões sobre a teoria da prática. In: CLEGG, Stewart; HARDY, Cynthia; NORD, Walter R. (Orgs.). *Handbook de estudos organizacionais: modelos de análise e novas questões em estudos organizacionais*. São Paulo: Atlas, 2001. v. 2. p. 57-60.

BORGES, Jorge Luis. *Ficcionário: una antología de sus textos*. México: Tierra Firme/Fondo de Cultura Económica, 1981.

BOUGEN, Philip D.; YOUNG, Joni J. Organizing and regulating as rhizomatic lines: bank freud and auditing. *Organization*, v. 7, n. 3, p. 403-426, 2000.

BOURDIEU, Pierre. *Cosas dichas*. Barcelona: Gedisa Editorial, 1996a.

_____. *Las estructuras sociales de la economía*. Buenos Aires: Manantial, 2000.

_____. *Razões práticas*: sobre a teoria da ação. Campinas: Papirus, 1996b.

_____. *The state nobility: elite schools in the field of power*. Stanford: Stanford University Press, 1996c.

BROHM, Jean-Marie. *O que é a dialéctica?* Lisboa: Antídoto, 1979.

BRUYNE, Paul de; HERMAN, Jacques; SCHOUTHEETE, Marc de. *Dinâmica de pesquisa em ciências sociais: os pólos da prática metodológica*. 5. ed. Rio de Janeiro: Francisco Alves, 1991.

BRYMAN, Alan. *Research methods and organization studies*. London: Routledge, 1992.

BURRELL, Gibson. Eco and the bunnymen. In: HASSARD, John; PARKER, Martin (Eds.). *Postmodernism and organizations*. London: Sage, 1993. p. 71-82.

CAIAFA, Janice. *Jornadas urbanas: exclusão, trabalho e subjetividade nas viagens de ônibus na cidade do Rio de Janeiro*. Rio de Janeiro: FGV, 2002.

_____. *Nosso século XXI: notas sobre arte, técnica e poderes*. Rio de Janeiro: Relume Dumará, 2000.

CARDOSO, Fernando Henrique; IANNI, Octavio. Introdução. In: _____. *Homem e sociedade: leituras básicas de sociologia geral*. São Paulo: Nacional, 1973. p. 1-22.

CASSEL, Catherine; SYMON, Gillian. *Qualitative methods in organizational research: a practical guide*. London: Sage, 1995.

COOPER, Robert; BURRELL, Gibson. Modernism, postmodernism and organizational analysis: an introduction. *Organization Studies*, v. 9, n. 1, p. 91-112, 1988.

DACHLER, Peter H. Power and political processes as ethical issues in methodology: continuing the dialogue with Catherine Cassel and Gillian Symon. *Organization Studies*, Spring 1999. Disponível em: <http://www.findarticles.com>. Acesso em: 22 dez. 1999.

DELEUZE, Gilles. *Bergsonism*. New York: Zone Books, 1988.

_____. *Espinosa: filosofia prática*. São Paulo: Escuta, 2002.

_____. *Nietzsche and philosophy*. New York: Columbia University Press, 1983.

DONALDSON, Lex. *In defense of organization theory: a reply to its critics*. Cambridge: Cambridge University Press, 1985.

_____. Position statement for positivism. In: WESTWOOD, Robert; CLEGG, Stewart (Eds.). *Debating organization: point-counterpoint in organization studies*. London: Blackwell, 2003. p. 116-127.

DUSSEL, Enrique. *Hacia una filosofia política crítica*. Bilbao: Editorial Desclée de Brouwer, 2001.

FOUCAULT, Michel. *The archeology of knowledge*. London: Tavistock, 1972.

HAMPSHIRE, Stuart. *Spinoza*. Harmondsworth: Penguin Books, 1953.

HARDT, Michael. *Gilles Deleuze: um aprendizado de filosofia*. São Paulo: Editora 34, 1996.

JAMESON, Frederic. Cinco teses sobre o marxismo atualmente existente. In: WOOD, Ellen M.; FOSTER, John B. (Orgs.). *Em defesa da história: marxismo e pós-modernismo*. Rio de Janeiro: Zahar, 1999. p. 187-195.

KINCHELOE, Joe L.; McLAREN, Peter. Rethinking critical theory and qualitative research. In: DENZIN, Norman K.; LINCOLN, Yvonna S. (Eds.). *Handbook of qualitative research*. 2. ed. London: Sage, 2000. p. 279-314.

KNIGHTS, David. Changing spaces: the disruptive impact of new epistemological location for the study of management. *Academy of Management Review*, v. 17, n. 3, p. 514-536.

LINSTEAD, Stephen. Organization as reply: Henri Bergson and casual organization theory. *Organization*, v. 9, n. 1, p. 95-111, 2002.

LÖWY, Michael. *Método dialético e teoria política*. Rio de Janeiro: Paz e Terra, 1978.

LUKÁCS, Georg. *Histoire et conscience de classe*. Paris: Éd. de Minuit, 1960. (Ed. original 1923).

MARSDEN, Richard. The politics of organizational analysis. *Organization Studies*, v. 14, n. 1, p. 93-110, 1993.

MARX, Karl. *Para a crítica da economia política*. São Paulo: Abril Cultural, 1978. (Coleção Os pensadores).

_____; ENGELS, Friedrich. *A ideologia alemã*. 11. ed. São Paulo: Hucitec, 1999.

PARSONS, Talcott. O conceito de sistema social. In: CARDOSO, Fernando Henrique; IANNI, Octavio. *Homem e sociedade: leituras básicas de sociologia geral*. São Paulo: Nacional, 1973. p. 47-55.

PINTO, Louis. *Pierre Bourdieu e a teoria do mundo social*. Rio de Janeiro: FGV, 2000.

SCOTT, W. Richard. Field methods in the study of organizations. In: MARCH, James G. (Ed.). *Handbook of organizations*. Chicago: Rand McNally, 1965. p. 261-304.

_____. *Organizations: rational, natural, and open systems*. Englewood Cliffs: Prentice Hall, 1992.

SWINGEWOOD, Alan. *Marx e a teoria social moderna*. Rio de Janeiro: Civilização Brasileira, 1975.

VECCHIO, Rafael. *Considerações, espelho*. Porto Alegre: Edição do autor, 2003.

WACQUANT, Loïc J. D. Toward a social praxeology: the structure and logic of Bourdieu's sociology. In: BOURDIEU, Pierre; WACQUANT, Loïc J. D. *An invitation to reflexive sociology*. Chicago: The University of Chicago Press, 1992. p. 1-60.

Capítulo 5

Programa para aplicação às pesquisas em ciências da gestão de um método de caráter fenomenológico

*Hermano Roberto Thiry-Cherques**

Introdução

Os métodos de raiz fenomenológica convêm à pesquisa nas ciências da gestão porque nos permitem tematizar conceitos, como o de "estrutura" ou propriedades como "organizado", com a mesma facilidade com que tematizamos um objeto material, como "uma árvore", sem precisarmos explicar a que o conceito se aplica ou a que a propriedade se refere seja aqui e agora, seja historicamente.

Tal como vem sendo aplicado às ciências humanas e sociais, o método fenomenológico deriva do processo criado por Edmund Husserl para construir uma filosofia livre de pressupostos. O seu campo de interesse primário é o da percepção e da interpretação espontânea e intelectual das coisas do mundo, das várias maneiras como experimentamos, como tomamos consciência do mundo em que vivemos

---

* Doutor em engenharia de produção pela Coordenação dos Programas de Pós-Graduação de Engenharia da Universidade Federal do Rio de Janeiro (Coppe/UFRJ), professor titular da Ebape/FGV, *senior researcher* da Universidade Maryland e consultor de agências internacionais (Nações Unidas, OEA, Unesco, OMS e BID), empresas e organizações governamentais, no Brasil e no exterior (Argentina, Chile, Colômbia, Espanha, Equador, EUA, Guiné-Bissau, Panamá, Paraguai, Peru, Portugal e Venezuela). E-mail: hermano@fgv.br.

e agimos. O seu ponto de partida é a constatação de que, insertos no "mundo da vida", dirigimos a nossa atenção para objetos materiais e para objetos ideais e que, quando o fazemos, o objeto percebido é construído em nossa consciência mediante a síntese de várias perspectivas ou "visadas". Ao nos voltarmos intencionalmente para o objeto, é sobre a lembrança dessa síntese, dessa manifestação ou desse fenômeno que refletimos.

O método consiste em ordenar a reflexão que fazemos sobre os fenômenos. Seu primeiro movimento é a eliminação de toda noção prévia sobre a natureza do objeto. Devemos tratar de reduzir, de suspender a "crença" do mundo tal como visto ingenuamente ou interpretado científica ou filosoficamente. Com essa "redução" não negamos a realidade do mundo nem a afirmamos. Simplesmente a pomos "entre parênteses". O que temos, após a eliminação de toda crença, de todo saber, é o fenômeno reduzido a uma unidade com sentido e significação no mundo interno de nossa consciência individual. Ou, nos termos de Husserl (1938:I, 2, §32), "a redução fenomenológica" nos oferece o objeto tal como manifesto (*noema*) de uma determinada forma (*noese*): o fenômeno.

O segundo movimento do método consiste em tomarmos o fenômeno, o objeto na sua manifestação e na forma em que se manifesta, e o submeter a uma segunda redução, a uma "redução eidética". Na redução eidética (*eidos* = essência), o objeto é "depurado de todo elemento empírico e psicológico" de forma a que o que reste seja tão-somente a sua essência, os atributos sem os quais o fenômeno já não pode ser identificado.[1] A maneira de proceder a essa segunda redução é fazer variar o fenômeno primariamente percebido, e ir identificando o que permanece, identificando quais atributos são invariantes nas diversas perspectivas segundo a qual o tomamos (Husserl, 1950, §87).

Enquanto lidamos com a "visão das essências" e a "morfologia das essências" a fenomenologia é filosofia pura. Mas a experiência fenomenológica, necessária à sua constituição como filosofia pura, coloca-a em contato com o real. Há um domínio de investigação em que a fenomenologia e o saber particular se encontram. Para Husserl, há um paralelismo entre os dois, mas também um envolvimento recíproco. As relações humanas são um objeto e uma significação. A filosofia reconstrói, por uma operação sintética, o que foi explicitado na experiência fenomenológica. É esse método de explicitação que tem sido utilizado nas ciências humanas e sociais.

---

[1] No sentido que lhe dá Husserl, a essência é o substrato imprescindível de predicações possíveis. Um objeto individual tem, em si mesmo, um acervo permanente de predicados essenciais que lhe sobrevêm necessariamente. A essência é o *quid* do indivíduo. As essências são materiais (qualidade necessária ao objeto, o que faz dele o que ele é) e são categoriais (unidade, multiplicidade, identidade etc.).

A fenomenologia contém uma lógica, mas uma lógica não-formal. O método, ou melhor, o conjunto de proposições metodológicas que compõem o movimento fenomenológico aplicado às ciências humanas e sociais nos ajuda a esclarecer o que é verdadeiramente vivido por nós e a descrevê-lo de forma inteligível. Tomamos o objeto, seja ele real ou ideal, da forma como se manifesta à nossa consciência, e, mediante reduções sucessivas, alcançamos a sua essência, aquilo que ele verdadeiramente é.

Uma multiplicidade de linhas de investigação e de procedimentos foi desenvolvida com base nessa idéia. No campo das investigações filosóficas puras, Husserl aprofundou seus estudos em cogitações cada vez mais vertiginosas, que, mediante uma "redução transcendental", buscaram as essências da subjetividade, da consciência compartilhada, da intersubjetividade, da alteridade como fenômenos. Heidegger construiu uma ontologia fenomenológica; Sartre, o existencialismo; Merleau-Ponty, uma fenomenologia da percepção; Gadamer, uma fenomenologia hermenêutica. Muitos outros seguiram os passos de Husserl na edificação de

> uma filosofia transcendental que põe em suspenso, para as compreender, as afirmações de atitude natural (...) a fim de descrever nossa experiência tal como ela é (...) e para a qual o mundo é sempre dado (...) antes da reflexão, como uma presença inalienável, e para a qual todo o esforço reside em reencontrar esse contato ingênuo com o mundo para dotá-lo, por fim, de um *status* filosófico.
>
> (Merleau-Ponty, 1960: I)

No campo das ciências particulares o método fenomenológico vem sendo utilizado, adaptado e, não poucas vezes, abusado também de várias formas. As fontes principais de sua aplicação nas ciências humanas e sociais são os esforços de Karl Jaspers no campo da psicopatologia, os de Maurice Merleau-Ponty na descrição da experiência do mundo vivido, e os de Alfred Shütz no estudo do mundo da vida pela redução ao sociologicamente relevante.

Entre as linhas epistemológicas de investigação fenomenológica, destacam-se:

▶ a própria fenomenologia transcendental, postulada por Husserl (*A idéia da fenomenologia*), em investigações que se colocam entre a filosofia e as ciências humanas, mas sempre para além das preocupações e das possibilidades do conhecimento do mundo empírico. O seu objeto é o conhecimento visto pela óptica de uma experiência cognitiva que é transcendental em relação a todas as demais formas de conhecimento;

▶ a fenomenologia categorial, também na fronteira entre a filosofia e as ciências humanas, que se volta para a descrição de como categorias são apreendidas ou afetam ou se relacionam com o fenômeno;

- a fenomenologia descritiva, que se centra na descrição e teorização sobre os invariantes. São exemplos dessa vertente de aplicação os estudos de Karl Jaspers na descrição dos fenômenos da consciência tal como os dementes os percebem. A fenomenologia descritiva aplicada às ciências segue uma divisão feita por Husserl entre as essências exatas, como as da matemática e da física, e aquelas com que trabalhamos nas ciências humanas e sociais, que são essências inexatas ou morfológicas. As primeiras são inteiramente "construíveis"; as segundas são descritíveis, objeto de uma fenomenologia descritiva (Dartigues, s.d.:35);
- a fenomenologia estrutural, que busca apreender o fenômeno por meio de uma estrutura — *Gestalt* —, mapeando o conteúdo do fenômeno. Por exemplo, o mapeamento do transtorno do demente, sua relação com outros transtornos, com a biologia etc.;
- a sociologia fenomenológica, que, a partir dos estudos de Alfred Shütz, busca conciliar o método fenomenológico com a *Verstehen* — o método da compreensão de Max Weber;
- a fenomenologia experimental, que se volta para raciocínios orientados pelo método fenomenológico, como os de Don Ihde (1986) sobre as estruturas da percepção de figuras da geometria e, mais recentemente, sobre a tecnologia (1990).

A fenomenologia permite essas adaptações e diversidades porque é antes uma atitude do que uma filosofia, e o seu método é antes uma forma de pensar do que um sistema rígido de dispositivos e indicações. A aplicação do método fenomenológico requer apenas que o objeto seja "intuível", isto é, que seja passível de ser experimentado por um investigador humano e com ele esteja relacionado (Ihde, 1986:21).[2] O que as vertentes epistemológicas que compõem a fenomenologia têm em comum é, talvez, o maior legado de Husserl: a idéia de que primeiro vêm o rigor e a clareza; e só depois, a profundidade e a extrapolação.

O esquema que apresentamos a seguir não se prende exclusivamente a nenhuma dessas linhas de evolução. Destina-se a orientar o leitor não familiarizado na compreensão dos elementos comuns das pesquisas fenomenológicas. É uma tentativa de sintetizar as muitas contribuições ao método em um plano seqüencial único.

Esquema metodológico

Vivências

Para conhecer algo que desconhecemos, precisamos conhecer alguma coisa sobre o que queremos conhecer. Foi Santo Agostinho o primeiro a relatar esse paradoxo. Cer-

---

[2] A fenomenologia de Husserl sustenta que, quando eu compreendo o social, experimento a presença de outro em mim, ou a minha presença em outro. É essa a proposição mais enigmática de Husserl: "a subjetividade transcendental e a intersubjetividade" (Merleau-Ponty, 1960:94).

tamente não foi o primeiro a se deparar com ele. As soluções para fugir a essa circularidade têm sido as mais variadas. A fenomenologia resolve-a aceitando como válida a visão imediata, intuitiva, ingênua do objeto. Diz ela que começamos por ter uma crença, uma tese ingênua sobre um determinado objeto e que o conhecimento é uma aquisição, uma espécie de reconhecimento do objeto de nossa crença. O que fazemos a partir desse objeto intuído é depurá-lo, especificá-lo até que se torne conhecido.

O método fenomenológico pode levar-nos a conhecer o objeto, isto é, a fazer corresponder o que tomamos como objeto com uma descrição lógica do que ele é; mas pode falhar parcialmente, pode falhar totalmente e conduzir-nos a encontrar um outro objeto. O que se passará com o objeto que prende nossa atenção é, e deve ser encarado, como um enigma que podemos ou não solucionar. A única coisa que se afirma com segurança é que, quando tomamos consciência dele, mesmo que seja um engano, que esse objeto não exista, antecipamos o seu sentido ou a possibilidade de lhe dar um sentido.

Objeto a ser (em potência)

A fenomenologia investiga unidades, objetos singulares que não são imediatamente discerníveis. Algo nos prende a atenção, temos uma visão impressionista, um conceito "vazio" do que pode ser. Para que isso aconteça e dê lugar à aplicação do método, o objeto da investigação tem de, necessariamente, fazer parte do nosso "mundo", da nossa esfera de consciência como investigadores.

Esse objeto de que primeiro tomamos consciência, de que antecipamos o sentido se nos manifesta de forma difusa. Não o compreendemos inteiramente e temos dificuldade em o descrever; porque o que tomamos não é o objeto só ou isolado, mas o objeto no seu contexto imediato, o objeto no seu horizonte. A dificuldade que temos em descrevê-lo advém de que o contexto está implícito na forma pela qual visamos o objeto porque está implícito no objeto. Quando tentamos isolá-lo, ele nos escapa, exatamente como acontece com o horizonte, que se afasta quando dele nos aproximamos.

O processo de investigar tem início com esse movimento simples: a intenção deliberada de capturar algo que não sabemos bem o que vem a ser. Desde esse momento, já cabe uma recomendação metodológica que servirá para todo o percurso fenomenológico e que se resume em um aforismo de um filósofo de outra extração: "não pense, olhe e veja" (Wittgenstein, 1974, §66). Com essa primeira "visada" do objeto começamos a investigar.

Intuição pré-objetiva

Logo percebemos o objeto, ou melhor, o horizonte do objeto; seja o objeto uma coisa material, um objeto abstrato, como uma entidade matemática, ou um objeto social, uma organização ou algo difuso. Essa primeira percepção não é clara e parece ser decorrente de algo que nos chamou a atenção no objeto. Mas não é assim: o que se apresenta já é fruto de uma conceitualização. Simplesmente porque é impossível perceber algo de que não tenhamos o conceito. Embora o conceito seja ainda tosco e tenhamos apenas uma tese ingênua sobre o objeto, ele já faz parte de nosso mundo, de nossa vivência.

Nesse estágio, temos uma intuição do objeto. A intuição é a visão intelectual do objeto conhecido. Intuir é "tender para", (*intensio* quer dizer dirigir-se a algo), visar algo. Essa acepção nada tem a ver com a acepção ordinária de intuir — deduzir irracionalmente. O objeto "aparece" para a consciência como evidente, como fenômeno. Denomina-se fenômeno, o manifesto, a auto-apresentação de uma coisa, de uma generalidade, de um valo que se dá intuitivamente, imediatamente. Para que algo — qualquer objeto — se manifeste, a consciência tem de estar predisposta a intuí-lo, tem de ter essa "intensão".

Todo objeto é objeto para um sujeito. A intencionalidade é a consciência de alguma coisa, é essa disposição do sujeito que toma consciência do fenômeno, do objeto tal como manifesto. Para a fenomenologia o marco central da experiência é essa estrutura denominada "intencionalidade", que correlaciona todas as coisas experimentadas com o modo como são experimentadas (Ihde, 1986:23).

Temos, então, uma atitude natural, uma tese ingênua sobre o objeto. Nós o compreendemos. A compreensão é a união do pensamento e da intuição (antecipada pelo pensamento). Nós o visamos e o representamos como fenômeno, como algo que não está dado em presença. Mas essa compreensão é frágil. O conceito que temos do fenômeno ainda é incerto. O método fenomenológico tratará de tornar essa conceitualização rigorosa, até que o conhecimento se dê o mais completamente possível.

Há fenômenos que jamais foram "descobertos", outros que o foram, mas que se encontram velados pelas imperfeições de sua descoberta, pelo esquecimento, pelas distorções do tempo (Heidegger, 1974, §7). O objeto da intuição pode ser qualquer um. As únicas condições para aplicarmos o método fenomenológico são:

- que o objeto faça parte de nosso mundo de referência (de nosso "mundo da vida");
- que seja uma unidade, ainda que uma unidade formada de múltiplos elementos;
- que seja descritível, mesmo que, inicialmente, essa descrição seja imperfeita e nebulosa.

Objeto no modo se ser dado (descrição fenomenológica)

Até esse momento da investigação fenomenológica a nossa ação foi passiva. Algo, sobre o qual temos uma ingênua tese, nos chamou a atenção e a nossa consciência se voltou para ele. Vamos dar agora o primeiro passo no sentido de conhecer esse fenômeno. Esse passo consiste em proceder a uma descrição despida de preconceitos, a uma "redução fenomenológica".

A redução fenomenológica é a colocação entre parênteses da realidade tal como a concebe o senso comum; da realidade como existindo independentemente da consciência. A redução é uma abstenção, uma desconexão. Ela é necessária para a construção, sem pressupostos, de uma tese lógica. A redução não é uma abstração do todo para concentrar-se em uma parte, nem o estreitamento de um foco. O que fazemos ao "reduzir" é tomar o fenômeno sem conexões prévias. Husserl (1950:113, I) diz que com redução não há perda, não se retira nada do objeto. Reduzir é tirar do objeto o que não está nele. O que obtemos com a redução é o objeto mesmo. (Husserl, 1957:250).

Na fenomenologia não se deduz no sentido matemático ou lógico do termo. A redução fenomenológica não visa a sugerir ou confirmar hipóteses. Não há nem dedução nem indução. A fenomenologia não se eleva jamais acima do fenômeno. Ela o descreve. Os fenomenólogos não se prendem a teses formais. Abordam as questões de uma determinada maneira, mas não aderem a proposições fixas (Levinas, 2001:157).

A redução fenomenológica é difícil de ser alcançada em sua totalidade, mas não nos devemos deixar paralisar por isso. A bem da verdade, o próprio Husserl jamais chegou a se mostrar satisfeito com ela (Spiegelberg, 1971:690). Afinal, nossa mente pode muita coisa, mas não há esforço do intelecto que nos livre do que somos e do que sabemos. Não é crível que eu deixe de "(...) recorrer ao estoque das experiências pré-interpretadas constituído por sedimentação na minha própria vida consciente" (Shütz, 1975:16). Por isso, o que, nas suas versões mais práticas, o método recomenda é que, para "pôr entre parênteses" o fenômeno, procedamos como nas operações matemáticas, isto é:

- destaquemos o objeto do seu contexto;
- evitemos discutir a existência de seu conteúdo (porque se nos ativermos à discussão sobre a existência ou não do fenômeno nunca avançaremos em sua análise);
- não consideremos o que sabemos ou supomos sobre ele (não devemos procurar compreender o objeto a partir da visão de outros, nos livros e memórias de pesquisa, senão que devemos ir ao objeto [ir às coisas mesmas] por nós mesmos).

O fenômeno nos é dado de modos diferentes — como esquema, ato lingüístico, símbolo, relação, quantidade. Havendo intuído algo, nós o designamos imediatamente e o exprimimos mediante um signo, em geral um signo lingüístico (damos-lhe um nome). Esse signo deve ser distinto de outros, uma vez que deve significar o objeto, seus atributos e sua posição em relação a outros objetos. Uma descrição é uma predicação e é uma classificação. Colocamos entre parênteses as suposições e teorias sobre o objeto e descrevemos os predicados e suas conexões com outros objetos (a classe ou as classes a que o objeto pertence).

Em geral o termo com que designamos o objeto é uma expressão construída (como um neologismo) ou uma expressão composta. Não é preciso que nos preocupemos muito com a designação do objeto nesse estágio porque adiante iremos fazer uma revisão da expressão que utilizamos. Alguns cuidados, no entanto, são recomendáveis. Devemos evitar as metáforas e as analogias. A descrição por negação (o que o objeto não é) pode ser útil neste estágio, mas irá requerer maior trabalho quando da descrição definitiva, além de tender a gerar confusão nas etapas posteriores de análise.

A descrição fenomenológica busca o significado do finito como tal, de forma que as imperfeições do objeto também o definem. As imperfeições do objeto e do conhecimento que temos dele são, portanto, constituintes do fenômeno. Por exemplo, se um dado sentimento é obscuro, a descrição fenomenológica tomará a obscuridade como atributo desse sentimento. Se a angústia não tem objeto, a ausência do objeto — o nada, o vazio — integra a descrição da angústia. Se o que lembramos é sempre modificado pelo presente, a fenomenologia não falará de uma falsa lembrança; mas entenderá a distorção como integrando a natureza essencial do lembrado (Levinas, 2001:132-158).

Visamos, então, a esse "algo" que designamos automaticamente. A experiência inicial do objeto, que Husserl denomina de "antepredicativa" (anterior à formulação em conceitos e em juízos), marca o conhecimento que passamos a desenvolver sobre o objeto. A visada sobre o objeto, por mais abstrato que ele seja, dá-se nesse mundo. Isto é, operamos no mundo que aí está e no qual estamos. Estudamos e descrevemos objetos deste mundo e neste mundo (Dartigues, s.d.:79). A ciência, ao excluir os predicados axiológicos e culturais dos objetos, opera em um mundo sem vida (Husserl, 1989). O mundo em que opera a fenomenologia é um mundo vivo, um mundo da vida, de nossa vida, de seres humanos dotados de emoções e sentimentos.

Mesmo na física mais abstrata, o investigador se relaciona com as pessoas, com o ambiente onde pesquisa e se expressa em uma linguagem que pode ser traduzida em termos cotidianos como "luz", "espaço". A percepção que temos do triângulo é intelectual, diferente, em natureza, da percepção sensível que experimentamos de um edifício. O matemático trabalha quase exclusivamente com percepções intelectuais; o médico, com percepções sensíveis. Nas ciências humanas e sociais, levamos ao escrutínio da consciência uma profusão de percepções de toda natureza. Claro está que a maioria dos objetos com que trabalhamos são objetos ideais, como sociedade, organização, política etc. Mas é preciso lembrar que os objetos ideais repousam sobre a percepção sensível. Desenhamos um triângulo para entendê-lo, contamos "coisas", não números: a sociedade é composta por pessoas reais. Essa primeira visada desse algo a que demos uma designação provisória, por mais imaterial que ele seja, tem uma raiz no empírico, no mundo em que vivemos e agimos.

Diferenciação: visadas (modos de ver)

A fenomenologia é uma exploração sistemática tanto do que se manifesta como do modo como se manifesta. Entende que a verdade é o desvelamento daquilo que, a partir de si mesmo, encontra-se velado. A descrição fenomenológica não é como a descrição da botânica; é um desvelamento, uma revelação das determinações do fenômeno, daquilo que faz o fenômeno ser o que é (Heidegger, 1974, §7).

Para podermos proceder corretamente à redução fenomenológica temos de considerar tanto o objeto como o modo pelo qual o representamos. Os modos como o objeto é dado indicam as visadas, os atos intencionais, possíveis. Primeiro, há uma "intencionalidade operante", a visada do objeto em ato, sem reflexão. Depois, uma "intencionalidade temática", que consiste em distinguir o objeto dos outros objetos, uma situação de outras situações, em diferenciar o objeto em estudo.

Visamos o objeto tematizando-o. Procuramos saber sobre o objeto e saber sobre o saber desse objeto. A visada intencional resulta em um "preenchimento intuitivo" de uma autodoação intuitiva de objetos. Ela é anterior a toda presença e a toda representação intuitiva. Visamos algo que talvez possa se dar como objeto (Almeida, 1980:12). Quando tomamos consciência do fenômeno, nós o fazemos de uma determinada maneira. Podemos, por exemplo, tomar uma pirâmide como uma figura da geometria ou como um símbolo do Egito antigo. É o objeto que determina os modos de o representarmos. Os modos de visar uma casa e de visar um número não são os mesmos. É o conteúdo e a categoria do objeto que determina a forma de ser visado.

A objetividade da fenomenologia vem de um movimento deliberado de objetivação, de tratar o conceito despido de seus acidentes. Toda objetividade se constitui na consciência. Os valores são experimentados, não inventados. Mas é preciso fazer emergir o fenômeno, sem o que ele não existirá. Para isso são úteis os instrumentos e as técnicas que facilitam a argúcia intelectual. É óbvio que um cientista treinado verá o objeto de forma diferente de outras pessoas. Mas terá, certamente, mais dificuldades em se livrar das teorias e pressupostos (pré-supostos). O processo fenomenológico é sempre o mesmo: romper a unidade de correlações para criar uma outra forma de ver, para criar uma nova significação. O hábito técnico tanto ajuda como atrapalha essa tarefa.

Ao visarmos o objeto nós o expressamos para nós mesmos.[3] A função expressiva funda-se na efetuação de um ato intencional (antecipação de um objeto segundo uma maneira determinada de identificá-lo) que, como já vimos, prescinde da existência do objeto (Husserl, 2003b, §9, p. 12-14). Podemos perfeitamente considerar como nosso objeto uma coisa que não existe, como uma sereia, por exemplo, ou uma coisa imaterial, como o ato de organizar. O conhecimento que construiremos será sobre um objeto, ainda que esse objeto só exista na mente. O ato intencional não é uma atividade representativa, mas um modo de efetuar uma operação (de identificação, de determinação etc.). A expressão não é a palavra emitida, mas o significado despido de sua circunstância.

Os atos intencionais (as visadas) não são desconexos. Eles se relacionam uns com os outros. Cada visada induz a uma outra, completa as demais. Cada visada indica outras visadas possíveis que formam o contexto imediato, mediato e remoto do objeto. O contexto do objeto (o seu horizonte) apresenta-se agora formado por co-objetos co-intencionais. Intencionais porque não esperamos ver uma árvore plantada em uma nuvem, mas na terra que faz parte do horizonte da árvore. Da mesma forma, não esperamos ver um objeto social sem que haja uma estrutura de relações internas e externas que o acompanhe.

A cada visada intencional o objeto é examinado de uma forma diferente (Husserl, 2003b:568-589). A visada ou a representação que fazemos do fenômeno é um modo de efetuar um ato sintético segundo uma regra. É uma operação em que avançamos sobre a tese ingênua que tínhamos do objeto e começamos a conferir-lhe um significado, em que separamos o objeto de seu contexto para identificá-lo e depois o reunificamos (sintetizamos) como objeto com um significado.

As visadas são predicativas e relacionais. Nas visadas predicativas, tentamos responder quais são os atributos do fenômeno; nas visadas relacionais, quais são as suas relações possíveis e quais as formas categoriais que podemos lhe atribuir (conjuntivas [e]; disjuntivas [ou] etc.).

As múltiplas visadas são necessárias porque o fenômeno — o objeto tal como se manifesta à nossa consciência — aparece-nos como um todo, como uma unidade. Mas não o vemos em sua totalidade. Quando olhamos uma pirâmide, há sempre uma face que não podemos ver. Podemos dar a volta na pirâmide e visá-la de outra forma; mas

---

[3] É a sucessão de atos intencionais que nos livra das percepções não-intencionais (culturais e psicológicas) que levamos ao objeto, mas será sempre o objeto tal como se manifesta — o fenômeno — que estudaremos. O objeto em si não pode ser alcançado (Husserl, 1950:331; 362).

imediatamente outra face estará oculta para nós. O mesmo acontece com qualquer objeto. Supomos que uma empresa tenha um líder; porém, examinando de outro ângulo, podemos constatar que não é assim, que ela é dirigida por um conselho. A aparência do objeto tal como o vemos intuitivamente pode estar deformada. Olhando de frente, as faces de um cubo nos aparecem como trapézios. A "face financeira" de uma empresa pode deformar a visão de sua face econômica. Vemos indistintamente o que está à margem do ponto focal. Se nos concentramos no exame do processo produtivo de uma indústria, suas relações externas com clientes, fornecedores, concorrentes, parceiros e reguladores nos aparecem desfocadas, envoltas em uma névoa que mescla o desinteresse momentâneo com a ignorância. Dependendo da incidência da luz, os limites do lado de um sólido nos aparecem difusos. As fronteiras de uma empresa (seus limites em relação aos fornecedores e aos clientes) podem não ser claras. Enfim, para caminhar no sentido de uma descrição correta do fenômeno, é preciso visá-lo de diferentes maneiras.

O quadro 1 exemplifica alguns dos modos de visar mais freqüentes nas ciências humanas e sociais.

Quadro I
Modos de visar

Modo	Descrição
Hermenêutica	O que se lê sobre x
Autotransposição imaginativa	O pesquisador no lugar do outro, o pesquisador como x ou agente de x
Autopercepção	O que os atores x ou os agentes de x declaram de x
Observação/percepção	Como o pesquisador vê x

Identificação: o objeto no modo de visada

Como vimos, todo ato consciente é intencional, isto é, está dirigido a um correlato objetivo, ainda que possa não ser real.[4] Por exemplo: todo ouvir corresponde a algo ouvido; todo organizar, a algo organizado etc. O fenômeno é o objeto tal como representado na consciência. É o objeto nos modos de visada. Havendo procedido à redução e visado o objeto de várias maneiras, avançamos um passo crítico do método. Temo-lo agora diante de nossa análise, de nosso escrutínio. É um fenômeno.

---
[4] Visar é "compreender a regra que estipula por quais determinações um objeto pode ser identificado" (Husserl, 2001).

Quer dizer que o objeto já não é mais uma representação ingênua; mas um fenômeno, algo que começa a ter um significado. Algo (o objeto) que significa de determinada maneira e que, na fenomenologia, recebe o nome de *noema*. Ele é, simultaneamente, uma forma, um conteúdo intencional apreendido. Tem um sentido de ser. Pode ser possível, existente, duvidoso e assim por diante. Ao que integra o fenômeno a fenomenologia denomina de *noese*.

O fenômeno é, assim, um complexo noético-noemático. Noemático como objeto tomado pela consciência. Noético porque encerra uma intenção significadora. *Noese* é a atividade da consciência, a atividade da esfera dinâmica do espírito (o *nous*). É a maneira de apreender o objeto. É a qualidade posicional (ou tética), o modo como o ato de tomar consciência é efetuado: asserção, enunciado de uma possibilidade, dúvida, expressão de um desejo etc.

Mediante a visada (o ato intencional) e a redução fenomenológica (a ignorância deliberada de toda teoria, de todo significado, de toda opinião, de todas as crenças), temos o fenômeno identificado. Mas o significado do fenômeno ainda precisa ser completado. Antes de prosseguirmos, cabe insistir em uma recomendação, essencial na metodologia fenomenológica: *descreva, não explique* (Ihde, 1986:34) A descrição está presente em cada passo do método e o remata. O que as reduções visam a eliminar são as explicações, as idéias, os pressupostos, os conceitos que estão detrás do objeto analisado, que dão as razões, as causas ou que tratam o fenômeno de qualquer outra maneira que não seja a que ele aparece, por que "se manifesta", em que ele se faz presente, em algo que pode ser descrito, denominado e, portanto, entendido.

Variação

O método fenomenológico é marcado por dois momentos intimamente ligados: a visada da consciência e a produção de um sentido. Para que possamos dar um sentido ao fenômeno, vamos proceder a uma segunda redução: dita eidética. Vamos reduzir, isto é, purificar o fenômeno de tudo que comporta de não-essencial, de fático. Nós o faremos segundo o processo variacional, o processo da "variação imaginária". Mediante esse processo, iremos variar a forma de tomar o fenômeno e verificar quais atributos são permanentes e quais são contingentes. O nosso propósito é de separar o que é invariante e o que é essencial (eidético) do que é acidental no fenômeno. Isso nos permitirá conferir significado às determinações que constituem o objeto no modo de ser visualizado, ou seja, o objeto como um horizonte noético-noemático.

A variação não invoca a experiência. Ela é plenamente intelectual. A experiência (o empírico) pode ser o ponto de partida, mas não é determinante da essência do fenômeno; porque existem outras fontes de significado, como exemplificado no quadro 2.

Quadro 2
As fontes dos significados

Empírica	Cultural	Fenomenológica	Lingüística
O vivido, o relatado, o observado	Cultura técnica: até que ponto x é natural ou é cultural?	Heidegger sobre tecnologia, por exemplo	Análise de conteúdo

Ao procedermos à redução fenomenológica, encontrávamo-nos frente a um "fluxo incessante de fenômenos singulares" — *never-returning phenomena* — (Husserl, 2003a, I, §75). Destacamos desse fluxo o fenômeno e procuramos pensar nele de várias formas. Agora, ao fazermos variar o objeto real[5] ou ideal tal como se nos apresenta segundo os vários modos de ser visado, procuramos o conteúdo essencial desse objeto. Variando x, queremos saber o que está "conceitualmente presente" (ibid.:397) em todos os x. A variação eidética consiste em modificar o pensamento das características de um objeto mental.

A pergunta que nos fazemos agora é o que significa x? Sabemos que x tem propriedades e que umas são essenciais, isto é, que, se estiverem ausentes, x não será x, e outras são acidentais: x será x mesmo sem elas. Os fenômenos têm propriedades que se implicam (ser vermelho implica ser colorido, que implica ser visível) e propriedades que se excluem (ser vermelho implica não ser um número primo). Essas propriedades são necessárias, não necessitam ser demonstradas. Não é necessário revelar que ser uma organização empresarial implica conter elementos econômico-financeiros, enquanto ser um ente intramolecular implica não ser uma empresa.

Fazendo variar x, procedemos a duas buscas distintas e complementares:

- buscamos clarificar o que x é, concentrando-nos em seus atributos, em seus predicados essenciais;
- buscamos classificar x, concentrando-nos em suas relações essenciais (Ihde, 1986:32).

Não é questão de itemizar à exaustão os predicados de x, mas de eliminar os predicados que só estão presentes em alguns x e não em todos os indivíduos x. Ao iniciarmos o processo variacional, nosso primeiro impulso é recorrermos ao que sabemos de x, à experiência que temos de x, à memória do que aprendemos de

---

[5] O que usualmente chamamos de real são apenas as entidades particulares sensíveis espaço-temporais. A fenomenologia considera como "real" tudo o que não é uma ficção, uma aparência ou uma conjectura. Isto é: o que realmente existe, seja algo perceptível ou seja algo abstrato, como uma entidade matemática.

outros sobre *x* e do que pensamos sobre *x*. Mas nada disso nos serve no método fenomenológico. A redução consiste exatamente em desconsiderar toda teoria, toda experiência, toda memória de *x*. Consiste em nos concentrarmos intelectualmente nas propriedades essenciais de *x* (Pietersma, 2000:74).

Aqui é preciso atenção: a técnica da redução eidética difere frontalmente da técnica da indução. É grande o risco de confundirem-se as duas técnicas, principalmente quando o objeto em estudo é uma relação. Mas basta recordar que, no método fenomenológico, não nos atemos à experiência. A variação fenomenológica é imaginária (Merleau-Ponty, 1960:98) enquanto os exemplos ou casos da variação indutiva realmente se realizam. Por outro lado, a indução (Mill, 1974) consiste em extrair, por abstração, de uma pluralidade de fatos o caráter comum e descobrir, em uma cadeia de fatos, as causas e as conseqüências. O método fenomenológico examina unidades (o fenômeno) e não pluralidades. Analisa uma "coisa" e não um conjunto de coisas. Ainda que o objeto que estuda possa ser plural, conter muitos elementos, será examinado como um todo. A técnica da variação serve para extrair o supérfluo, o não-essencial desse todo. Ela não procura causas ou conseqüências, mas apenas outras unidades co-relacionadas com a unidade em estudo.

A variação é uma técnica de análise que a fenomenologia tomou emprestada do associacionismo de Berkeley (Dartigues, s.d.:31). Dizia ele que existem todos cujas partes podemos separar. Podemos separar a cabeça do todo (ser humano), como o departamento de finanças de uma empresa. Mas existem partes que são inseparáveis, como a cor, que não pode ser percebida sem uma extensão, sem um suporte. Posso seccionar uma organização empresarial de muitas maneiras, mas não posso separar a estrutura organizacional da empresa. Não existe uma organização que não tenha uma estrutura que espelhe as relações entre os seus elementos componentes. Por mais frouxa, inarticulada e ininteligível que seja a organização, o atributo (estrutura) é essencial ao conceito (organização).

Tomando intencionalmente o fenômeno de várias maneiras, podemos aproximar-nos da essência do fenômeno. Para sabermos o que é invariante em um conceito, temos de aplicá-lo várias vezes segundo uma "variação de exemplos livre e imaginativa" (Husserl, 1938, §87). Não se trata de analisar indefinidamente, mas de muitas formas: as que o fenômeno (o complexo noema-noese) pede ou reivindica. A variação não traz um novo objeto, mas a compreensão do objeto. A identificação do objeto não envolve a sua comparação com outros objetos. Tornamos o objeto evidente, evidenciado, mediante a correção do ato intencional (Husserl, 2003b:640, 762). O evidente é o verdadeiro, mas não é só a verdade. Ele está isolado do resto da nossa experiência (Husserl, 1957, §59 e 105-6). O que a variação nos permite é ajustar a expressão a um sentido, a um conteúdo intencional (Husserl, 2003b:1, 2, 411 e seguintes).

O "sentido" é o objeto no "como noemático" (no seu sentido de apreensão). Por exemplo: o sentido econômico da "motivação" é completamente diferente do sentido psicológico e do sentido humano. Compreender que o trabalhador motivado produz mais e melhor não nos informa sobre o que o motiva ou sobre o que a motivação significa para ele. O quadro 3 dá uma indicação das questões que podemos levantar quando fazemos x variar.

Quadro 3
Variação

Atributos	Quais os atributos revelados pelas visadas de x?
Sentido	Qual o sentido de x no contexto de x?
Essência	Quais os atributos invariantes nas variações de x?

A intuição eidética é uma constatação; a fenomenologia, uma experiência. Mas não uma experiência formal e repetitiva, ou mesmo passível de repetição, como acontece nas ciências exatas e da qual o empirismo e o pragmatismo modernos pretendem impregnar o entendimento do psicológico e do social. Esse engano Husserl ironizou, denominando-o de "matematização dos fenômenos" e de "geometria do vivido". (Merleau-Ponty, 1960:102). É uma experiência da razão em busca do essencial. A variação nos serve para reconhecer a essência do fenômeno, isto é, para reconhecer o que faz o fenômeno ser singular quanto à percepção e à imaginação. Variar é tomar cada situação particular do fenômeno como um exemplo.

O vermelho da rosa é diferente do vermelho do pôr-do-sol, e ambos são diferentes do vermelho do sangue. Apreendemos o vermelho, a singularidade essencial do vermelho, "vendo-o" em várias circunstâncias particulares. Com isso terminamos por reter o que é essencial e descartamos o suporte em que a cor vermelha se nos manifestou. Fazemos o mesmo no processo variacional:

- retiramos o atributo ou a relação e vemos se o fenômeno permanece;
- substituímos por outro atributo ou por uma relação diferente (conectamos o fenômeno a uma classe similar) e vemos se ele permanece.

O processo de fazer variar o fenômeno não pode ser, claro está, infinito. Sabemos de antemão que a objetivação do objeto nunca pode ser dada como completa. Que há sempre uma possibilidade de visar o objeto de outro modo (Husserl, 1957:159-160). Supomos a aquisição definitiva do conhecimento sobre o objeto, mas isso só se dá em relação a um horizonte. Sempre poderemos retornar ao objeto (Husserl, 2001, §27). Então, quando paramos de fazer x variar? Na prática, paramos quando o objeto se sustenta ante uma análise crítica (Husserl, 2003a, I, §24).

Detemo-nos ante o impossível, ante o impensável. Alcançar a essência é ter a "consciência da impossibilidade", a consciência de que é impossível à consciência pensar de mais um outro modo (Dartigues, s.d.:31).

O objeto no "como" de suas determinações

Tendo feito variar o fenômeno, pudemos reter o que nele é essencial. O resultado da variação é uma explicação do fenômeno a partir de suas determinações, não de suas causas. Reduzir não significa construir um modelo diminuto da realidade, com a função de imitá-la, simulá-la, e recriar o mundo observável. Ao cabo da redução eidética, deparamo-nos com uma "complexidade irredutível". Isso quer dizer que não há modelo possível mais simples do que o próprio fenômeno.

Temos, agora, uma nova intuição, não mais uma tese ingênua, senão uma consciência do fenômeno na medida em que ele emergiu da superposição dos atos intencionais de variação. A síntese noético-noemática configura as determinações do fenômeno. É uma síntese predicativa uma vez que as determinações são descritas como fatores qualitativos que constituem o horizonte interno do fenômeno. Mas é, também, uma síntese relacional, porque as determinações informam sobre o seu horizonte externo (o seu campo) no qual outros objetos são co-percebidos e as determinações são descritas como formas categoriais.

Essa atribuição de sentido é, inevitavelmente, valorativa; o que não quer dizer que este seja um julgamento fundado na emoção ou no sentimento. As verdades correspondem aos atos cognoscentes e os valores correspondem aos atos valorativos. Mas a lógica pode examinar a possibilidade de um valorar correto (racional). O preferir correto é uma norma segundo a qual é racional preferir o bem ao mal (ética); o belo ao feio (estética). No lógico, há o verdadeiro e o falso; no axiológico, existem três possibilidades — o positivo, o negativo e o neutro — e somente três (princípio do quarto excluído) e assim por diante.

Podemos ter uma vivência sem valorá-la; mas não podemos ter uma vivência sem percebê-la ou recordá-la. O ato valorativo pressupõe atos dóxico-teóricos (perceber, representar, recordar, fantasiar etc.), atos "fundantes", isto é, atos que fundam outros atos. São "fundados": o valorado, o desejado, o decidido, o feito etc.[6] Os atos dóxico-teóricos, fundantes, são imprescindíveis na constituição do fenômeno — dizemos uma percepção correta, uma estrutura equilibrada, uma distribuição assimétrica etc. A expressão "constituição" aparece no último estágio da fenomenologia transcendental de Husserl. A idéia de que os objetos da consciência são "aquisições" de atos constituintes é extremamente complexa e requer um grande

---

[6] Correlato intencional do ato valorativo (Husserl, 2003a, I).

aprofundamento filosófico. Seguindo a maioria dos fenomenólogos, damos aqui a acepção de constituir como a forma em que o fenômeno se estabelece deliberadamente na consciência (Spiegelberg, 1971:688).

Constituir o objeto não tem por finalidade justificar o emprego de conceitos ou de categorias, ou, como diz Kant, a sua dedução. A constituição fenomenológica é uma re-constituição do ser concreto do objeto, um retorno a tudo que foi perdido e esquecido na visada, que não é uma reflexão, mas uma técnica (Levinas, 2.001:161).

Após duas reduções e a atribuição de um sentido, o que, na primeira aproximação, era um objeto difuso é agora um fenômeno constituído. Resta, para finalizar o nosso trabalho, dar-lhe uma expressão adequada.

Ajuste da expressão ao sentido

Dar um sentido à x é encontrar a intenção de x, contida em x. É descrever como x se situa no meio humano que lhe dá sentido. Há um sentido, uma intenção racional em x, isto é, há uma racionalidade detrás de x porque nós a demos ao, metodicamente, constituí-lo como fenômeno. Conferimos significados e a significação é resultante dos diversos atos de compreensão da expressão noético-noemática.

"Exprimir, para o sujeito falante, é tomar consciência. Ele não exprime somente para os outros; exprime para saber o que ele mesmo tem em vista" (Merleau-Ponty, 1960:73). Pode haver expressão sem comunicação, mas não o contrário. A expressão é uma relação inteligível entre a palavra e o fenômeno: "Uma expressão representa vicariamente um objeto quando pode exercer a função de sujeito de predicações verdadeiras" (Husserl, 2003a, I, §3, I.L. II, 1, 25).[7]

Ao dar expressão ao fenômeno não partimos do zero. Longe disso. Durante todo o processo de estudo, utilizamos alguma forma de expressá-lo. A expressão significativa contida no pensamento antecipado que orientou a visada dependeu, para ser entendida, de um simbolismo qualquer, de uma linguagem, como a língua ou como os signos que integram os diagramas [mentais] designativos da ordem [do organizar]. O ato intencional é um modo determinado de usar signos [lingüísticos] para visar um objeto, para antecipar uma presença intuitiva. É da ordem do significado e do querer-dizer.

O que faremos agora é ajustar o sentido dessa expressão ao fenômeno para que possamos descrevê-lo claramente. Dominamos uma idéia quando podemos proferi-la. O discurso coerente é o signo de validação do conceito. Uma significação está adquirida quando podemos armazená-la, recordá-la, transmiti-la aos outros e a nós mesmos a qualquer momento que queiramos ou precisemos (Merleau-Ponty,

---

[7] Uma palavra não tem outro significado do que lhe dá o que a profere (Almeida, 1980:10).

1974:12). Descrever não é narrar. O que interessa não é o vivido (as vivências), mas o conteúdo invariante, o sentido apreendido, o conteúdo significativo do pensamento — um conteúdo de sentido noético, um conteúdo intencional compreensível. Algo que "faça sentido".

Conceito

Esse algo que faz sentido, que tem um significado é o conceito. É uma discriminação dos atributos acidentais e essenciais. Um inventário dos conceitos expressivos do significado obtido pela redução eidética. A descrição é fundamental no método fenomenológico: "para o sujeito falante, exprimir é tomar consciência; [ele] não exprime somente para os outros, exprime para que ele próprio saiba o que visa"; "enquanto falo, sou para mim mesmo um outro 'outro' e, à medida que compreendo, já não sei mais quem fala e quem escuta" (Merleau-Ponty, 1974:334).

Os elementos básicos de uma descrição podem ser listados sob a forma de perguntas que devemos responder:

- Quais os elementos constituintes de x?
- Como x se relaciona com os fenômenos adjacentes?
- Em que classe de fenômeno x se enquadra?
- Que nome você dá a x? Qual a expressão?
- Quais as estruturas de relação de x?

O termo "vivência", que utilizamos para esclarecer o primeiro movimento do método fenomenológico, serve bem para resumir o trajeto que teve início com a intuição primária do objeto até chegarmos ao amadurecimento ou "cristalização" da descrição conceitual do fenômeno. O processo de investigação fenomenológica é "natural", é comparável às nossas vivências cotidianas, ao que acontece quando entramos em um edifício, por exemplo. Ao entrarmos pela primeira vez em um edifício comercial, a nossa vivência dele é nula. Assim, o nosso primeiro sentimento é o de desorientação, mas logo nos damos conta dos pontos de referência: os corredores que devemos percorrer à direita ou à esquerda, o lugar dos elevadores etc. Com o tempo, a nossa vivência nos leva a distinguir particularidades. Vamos preenchendo o vazio de nosso conhecimento. Quando entramos num edifício pela primeira vez, sabíamos de antemão existirem saídas secundárias, caixas de correio, mas só as conhecemos verdadeiramente quando abandonamos a atitude passiva e adotamos a atitude ativa, isto é, quando, intencionalmente, procuramos conhecer o edifício. Chegará o momento em que o conheceremos tão perfeitamente que o poderemos descrever para nós mesmos e para os outros que nele precisem orientar-se. Chegará o momento em que teremos alcançado o seu conceito.

Desfecho e interpretação

O quadro 4 resume o conjunto de movimentos, itens e definições que podem constituir o programa de investigação segundo a orientação fenomenológica que procuramos esclarecer.

Quadro 4
Resumo do método

Vivências		Eu que pensa	
Objeto a ser (em potência)		Horizonte	Antecipação do sentido
Intuição pré-objetiva		Percepção	Ir às coisas mesmas
Objeto no modo se ser dado: descrição fenomenológica		Colocação entre parênteses	Suspensão de toda suposição
Diferenciação: visadas (modos de ver)	Predicativas	Intencionalidade (ato de *intensar*; intencional)	Conferir significado
	Relacionais		
Identificação: o objeto no modo de visada		Percebido, julgado, lembrado etc.	
Variação		Regras interpretativas ("sentidos")	
O objeto no como de suas determinações	Síntese predicativa	Apreende o objeto como unidade imediata de certas qualidades [todo]	Constituição do objeto
	Síntese relacional	Apreende um fator qualitativo [parte]	
Ajuste da expressão ao sentido			
Conceito		Denominação	Expressão do significado
Desfecho e interpretação		Análise do fenômeno x e exploração das suas relações potenciais	

O resultado da investigação fenomenológica é a descrição compreensiva do fenômeno, de seu conceito. Com a descrição do fenômeno concluímos a trajetória do método. No entanto, dois comentários a essa afirmação devem ser feitos. O primeiro diz respeito à gratuidade da fenomenologia; o segundo, ao processo interpretativo, que é posterior ao método propriamente dito.

Como a mais rigorosa das ciências, a fenomenologia não tem e não pode ter compromisso com a serventia do que descreve a não ser na medida em que toda a compreensão, todo entendimento de um objeto é útil para a compreensão e para o entendimento do mundo e do estar no mundo. Não significa que o conhecimento adquirido não tenha utilidade prática; mas que, como para toda epistemologia, para toda ciência que se quer como tal, o conhecimento é anterior e independente do que com ele se possa fazer.

É freqüente se opor a fenomenologia ao empiricismo. Mas essa oposição não tem cabimento, porque os ideais gnosiológicos que os animam são distintos. O empiricismo procura estabelecer relações constantes entre objetos e dar uma explicação das leis ou das relações constantes, isto é, da sucessão ou simultaneidade dos objetos. Por isso necessita de muitas observações. A epistemologia fenomenológica, por seu lado, fundamenta-se em outra preocupação. Embora partindo do empírico, ela sustenta que a constância que encontramos ao fim das investigações empíricas é construída pelo espírito, o que significa, em última instância, que a fenomenologia sustenta que de um grande número de casos não se pode extrair uma lei, que a verdade é verdadeira antes de ser testada, e não verdadeira porque foi verificada. A questão da fenomenologia é a de saber o que o objeto significa, não o que o objeto é (o que Husserl, em *La crise des sciences européennes et la phénoménologie transcendentale*, chama de "objetivismo da ciência"), muito menos o de especular sobre a sua gênese. No empiricismo, primeiro temos uma idéia do que investigamos e, em seguida, procedemos a uma investigação verificadora (experimento)[8]. Na fenomenologia, vamos direto "às coisas mesmas", procuramos a idéia clara e precisa, a que é anterior e independente de verificação.

Outra comparação é a que coteja a fenomenologia com as correntes historicistas. Os partidários dessas correntes pedem às ciências humanas que as reconheçam como ciências, que estejam referidas quanto ao estabelecimento de regularidades e de similitudes e em conformidade com uma lei que torna possível predizer fenômenos individuais e processos históricos. Os fenomenólogos pensam que isso é uma herança do pensamento do século XIX. Sentem que cada vez é mais sustentável a posição dos que julgam que o fenômeno histórico é único, não autoriza previsões a partir de regularidades e muito menos que delas se infira uma lei universal. Dessa forma, o máximo que podemos tirar da história é o conhecimento sobre o que aconteceu (Gadamer, 1994:4-5).

---

[8] Relações obtidas entre uma variável dependente ou uma ou mais variáveis independentes (a que é manipulada). Pode ser provocada (induzida) ou retrospectiva (análise da ocorrência). Para a fenomenologia a experiência nos estudos sociais é viciada (por outro grupo de variáveis, as variáveis intervenientes), isto é, nem aquela que se enfoca, nem a(s) manipulada(s) ou da(s) qual (quais) se observa modificações, mas por variáveis não-controláveis, comuns à natureza dos fenômenos sociais.

Ainda assim, desde seus primeiros escritos, Husserl insiste sobre o alinhamento entre a "esfera do ideal" e os fatos históricos; porque o empírico encerra as essências e a crítica não é senão a emergência do que já está dado. Husserl nega a existência de um espírito geral (da época ou do lugar) e a possibilidade de que existam apenas espíritos titulares, cada um com a sua perspectiva do mundo. O que há é uma comunidade de espíritos coexistentes e verdadeiros uns para os outros, isto é, não há um espírito geral, mas comunidades de espíritos, em que o observador (o filósofo) também se inclui. A verdade que extraímos do processo fenomenológico é absoluta no sentido de que é a resultante presente de todos os fatos e de todas as ocorrências que conhecemos. Independentemente de sua anterioridade, no ápice da reflexão alguma coisa ganha significação: uma experiência é transformada em sentido e torna-se verdadeira. Mas essa mesma verdade é relativa porque "a verdade é um outro nome para a sedimentação, que é a presença de todos os presentes no nosso". Isto é: não há verdade que seja maior do que a do momento presente, como foi em cada presente de nosso passado e será em cada presente de nosso futuro (Merleau-Ponty, 1960:11).

A experiência é possível no campo dos fenômenos sociais não porque haja repetição dos fatos, mas porque a estrutura se repete e não a ocorrência. O estruturalismo, do qual a fenomenologia é uma das fontes, sustentará que é possível criar um modelo a partir de traços da estrutura repetida. Mas a fenomenologia continua a sustentar que o exame das estruturas dos fenômenos sociais não é confiável porque as variáveis intervenientes são de tal ordem e em tal disparidade que não é possível assegurar que a mesma estrutura estará se repetindo.

Qualquer que seja a confrontação — empiricista ou historicista — que se faça, o saldo do processo investigatório fenomenológico não será um conhecimento verificável no sentido que o positivismo lógico empresta ao termo.[9] O seu produto é uma descrição de um fenômeno. Alguns filósofos e grande parte dos cientistas que seguem o método fenomenológico não se dão por satisfeitos com o que estimam ser uma limitação, por isso buscam uma interpretação, uma hermenêutica do fenômeno. Heidegger, Sartre e Gadamer, por razões e caminhos diferentes, deram os contornos dessa possibilidade que transcende o método propriamente dito.

O método fenomenológico é descritivo. Para alguns, ele se completa na própria descrição, na revelação das coisas que descreve. Para outros, especialmente para Heidegger e seus seguidores, a descrição só se completa com a interpretação. Metodologicamente, Heidegger vai mais longe do que Husserl e alcança o que ele denominou de "construção fenomenológica", a construção de um sentido que cada

---

[9] Um enunciado tem significado se — e somente se — sua verdade ou sua falsidade puder ser comprovada mediante observações empíricas.

um dá ao mundo e a si mesmo. A interpretação é necessária porque a filosofia heideggeriana não se ocupa propriamente do ser humano, mas do "ser-humano", do "ser do humano". Distante do propósito filosófico, o processo interpretativo pelo método hermenêutico, pela análise da linguagem utilizada para significar os objetos e pela crítica do empirismo lógico não parece ser apropriado à discussão das ciências da gestão. A interpretação ou a hermenêutica é um esforço de descoberta do "sentido", do significado não-manifesto do fenômeno. Não há passos que indiquem como interpretar. A interpretação não é uma inferência[10] ou um raciocínio sobre hipóteses. A hermenêutica fenomenológica é uma interpretação possível (lógica) de uma verdade, não de um fato. É o resultado de um esforço intelectual dirigido a apreender um objeto. Interpretar é traduzir (ser intérprete) de algo em forma inteligível; é "elucidar os significados obscuros", como queria Santo Tomás de Aquino (II-II ae, q. 120, ost 1, ad. 3). É "articular o compreendido", auto-explicar a compreensão da vida (Heidegger, 1974, §77). É uma tarefa que cada um de nós poderá dispor-se a realizar para além do método, à sua maneira e nos limites dados pelo objeto e pela razão.

Referências bibliográficas

AQUINAS, Thomas. *Summa theologica*. London: Encyclopædia Britannica, IMC, 1952.

BERNET, Bernet; KERN, Isso; MARBACH, Eduard. *An introduction to husserlian phenomenology*. Illinois: Northwestern University Press, 1993.

DARTIGUES, André. *O que é a fenomenologia*. São Paulo: Centauro, s.d.

Diversos. Les arbres en fleurs et la phénoménologie. *Sciences Humaines*, n. 103, p. 44-46, mar. 2000.

GADAMER, Hans-George. *Truth and method*. New York: Continuum, 1994.

GURWITSCH, Aron. *Esquisse de la phénoménologie constitutive*. Paris: Vrin, 2002.

HEIDEGGER, Martin. *El ser y el tiempo*. México: Fondo de Cultura Económica, 1974.

_____.*Basic writings*. San Francisco: Harper, 1993.

HUSSERL, E. *Expérience et jugement*. Paris: Presses Universitaires de France, 1938.

_____. *Idées directrices pour une phénoménologie pure et une philosophie phénoménologique*. I. Paris: Tel, 1950.

_____. *Logique formelle et logique transcendantale*. Paris: Presses Universitaires de France, 1957.

---

[10] Operação de afirmar a verdade de uma proposição em decorrência de sua ligação com outras anteriormente reconhecidas como verdadeiras.

_____. *La crise des sciences européennes et la phénoménologie transcendentale*. Paris: Gallimard, 1989.

_____. *A idéia da fenomenologia*. Lisboa: Edições 70, 2000.

_____. *Meditações cartesianas*. São Paulo: Madras, 2001.

_____. *Idées diretrices*. Paris: Presses Universitaires de France, 2003a.

_____. *Recherches logiques*. Paris: Presses Universitaires de France, 2003b.

IHDE, Don. *Experimental phenomenology*. EUA: State University of New York Press, 1986.

_____. *Technology and the lifeworld*. Indiana: University Press, 1990.

LEVINAS, Emmanuel. *En découvrant l'existence avec Husserl et Heidegger*. Paris: Vrin, 2001.

LYOTARD, Jean-François. *A fenomenologia*. São Paulo: Difusão Européia do Livro, 1967.

MERLEAU-PONTY, Maurice. *Éloge de la philosophie*. Paris: Gallimard, 1960.

_____. *Sobre a fenomenologia da linguagem*. São Paulo: Abril Cultural e Industrial, 1974.

MILL, John Stuart. *A system of logia, ratiocinative and inductive*. Toronto: University of Toronto Press, 1974.

PIETERSMA, Henry. *Phenomenological epistemology*. Oxford: Oxford University Press, 2000.

SCHUTZ, Alfred. *On phenomenology and social relations*. EUA: University of Chicago Press, 1975.

SPIEGELBERG, Herbert. *The phenomenological movement*. Haia: Martinus Nijhoff, 1971.

WITTGENSTEIN, Ludwig. *Investigações lógicas*. São Paulo: Abril Cultural e Industrial, 1974.

PARTE II

Aplicações da pesquisa qualitativa em administração

Capítulo 6

Geração de modelos teóricos a partir de estudos de casos múltiplos: da teoria à prática

*Luiz Antonio Joia**

Introdução

O uso da metodologia de estudos de casos na área de ciências sociais aplicadas já é largamente disseminado. Seja para contestar teorias estabelecidas — estudos de casos contestatórios (Yin, 1994) —, seja para explorar novas áreas do conhecimento — estudos de casos exploratórios (ibid.) —, ou ainda, para avaliar intervenções (Morra e Friedlander, 1999), os estudos de casos vêm-se tornando cada vez mais freqüentes como metodologia de pesquisa utilizada em trabalhos científicos, o que

---

* Doutor em ciências em engenharia de produção pela Coordenação de Programas de Pós-Graduação de Engenharia da Universidade Federal do Rio de Janeiro (Coppe/UFRJ), professor da Ebape/FGV, coordenador acadêmico do Mestrado em Gestão Empresarial da Ebape/FGV, consultor e avaliador do Banco Mundial na área de tecnologia educacional aplicada ao desenvolvimento do capital humano, membro do conselho editorial do *Journal of Intellectual Capital* e do *Electronic Government*, coordenador do e:lab (Laboratório de Pesquisa em TI aplicada à Gestão Pública e Empresarial) da Ebape/FGV e membro do comitê técnico do grupo de trabalho 8.5 (sistemas de informação na administração pública) da International Federation for Information Processing. E-mail: luizjoia@fgv.br. O autor agradece a Aristides Andrade Cavalcanti Neto, seu ex-aluno e orientando de mestrado na FGV/Ebape, pelo levantamento de parte substantiva dos dois casos citados nesse texto.

pode ser comprovado pelo trabalho seminal de Scandura e Williams (2000), que estudaram longitudinalmente as principais metodologias de pesquisa aplicadas a artigos publicados em três das mais importantes revistas da área de administração, isto é, *Academy of Management Journal, Administrative Science Quarterly* e *Journal of Management*.

No entanto, não obstante a sua importância, os estudos de casos caracterizam-se pela dificuldade em generalizar (o que também se entende por validade externa), tornando-os presas fáceis de avaliadores rigorosos de trabalhos científicos que, salvo em estudos de casos contestatórios ou revelatórios (Yin, 1994:38-41), questionam, muitas vezes impiedosamente, as conclusões a eles associados, ainda que, no contexto da pesquisa, repilam, por conseqüência, a sua própria aplicabilidade.

Por outro lado, num mundo em que mudanças radicais e descontínuas se tornam o padrão *de facto*, os gestores se vêem obrigados a tomar decisões vitais, com poucas informações e num espaço de tempo cada vez mais limitado.

Nunca os conceitos de "homem administrativo" e "racionalismo limitado" de Simon (1957), em contraposição ao de "homem econômico" e "determinismo tecnológico" dos economistas políticos ingleses (Smith, 1982), se tornaram tão importantes como no mundo de hoje. O conceito de heurística, portanto, passa a ser usado de forma crescente em pesquisas qualitativas (Lind et al., 1993; Gigerenzer e Todd, 2000; Gupta et al., 2000), de modo a que se encontre senão necessariamente a melhor solução, mas a que seja adequada. Portanto, o gerenciamento e o uso adequados do racionalismo limitado do tomador de decisão (Simon, 1957) passam a ser peças fundamentais na atual arena de negócios.

O objetivo deste capítulo é indicar como estudos de casos múltiplos podem ser usados para o desenvolvimento de modelos heurísticos úteis aos gestores nessa atual era de incertezas. Para tal, a partir da teoria de estudos de casos e de heurística, apresenta-se metodologia para a geração de modelos heurísticos de tomada de decisão e resolução de problemas.

O texto divide-se em duas vertentes: teoria e práxis. Na vertente teórica, faz-se uma revisão da metodologia de estudos de caso, do conceito de heurística e modelos heurísticos. A seguir, ligam-se os conceitos teóricos discutidos e apresenta-se uma metodologia de geração de modelos heurísticos a partir de estudos de casos múltiplos. Na vertente prática, apresentam-se dois estudos de casos relativos à implantação de empreendimentos G2G (*government-to-government*) e o conseqüente modelo heurístico gerado, relativo à implantação de processos G2G.

Finalmente, são apresentadas conclusões e recomendações, assim como discutidas as limitações inerentes à metodologia de modelos heurísticos.

Heurística e modelos heurísticos

Heurística: conceito e aplicações

O termo *heurística* vem do grego *heurískô*, que significa "descobrir". O termo é também muitas vezes associado à expressão "regra de bolso", e pode ser um efetivo meio de lidar com ambientes empresariais complexos, como os que hoje se apresentam (Eisenhardt, 2001).

A heurística tem sido o foco de estudos na área da psicologia social (Kahneman e Tversky, 1973), sendo mais recentemente aplicada à área de gestão empresarial (Gigerenzer e Todd, 2000).

Para entender a lógica subjacente ao desenvolvimento e à aplicação de modelos heurísticos, é fundamental uma definição mais clara de heurística.

Desde o Iluminismo, as tomadas de decisão têm-se baseado em premissas embasadas na racionalidade, à medida que se supõe que, se uma pessoa aje racionalmente, seu comportamento pode ser totalmente explicável quanto aos objetivos que ela pretenda atingir (Allison, 1971).

Na década de 1950, Herbert Simon destrói o mito da existência do "homem econômico" ou do "ator racional", que enfrenta um problema bem definido e tem habilidade, tempo e recursos para selecionar uma bem definida alternativa, sobre a qual tem toda a informação necessária e que conduziria à função de maior retorno. Alternativamente, Simon (1957) propõe que as pessoas não buscam a melhor solução para um problema de forma racional. Em vez disso, elas buscam uma solução "suficientemente boa" para uma dada situação, à medida que exista uma racionalidade limitada. Esse seria, então, o "homem administrativo".

Em ambientes complexos e altamente dinâmicos, pessoas e grupos raramente conseguem reunir-se, antes de tomar uma decisão, munidos de todas as informações relevantes associadas a um problema. Assim, Perrow (1972) afirma que modelos subjetivos e simplificados da situação constroem-se baseados em experiências passadas, de modo que, normalmente, soluções usadas no passado são replicadas no presente. Dessa maneira, a heurística provê as simplificações necessárias para a tomada de decisões em tempo hábil, visto que a falta de um conjunto perfeito de informações é uma realidade cada vez maior nos dias de hoje.

A heurística é bastante usada em jogos — como o xadrez — e na área de inteligência artificial (Gupta et al., 2000). Em ambas as situações, uma solução rápida tem de ser buscada sem que se possam testar todas as alternativas possíveis, se é que as mesmas podem ser previstas. Assim, o passado passa a tentar explicar o presente, com os tomadores de decisão usando seus modelos mentais e processos cognitivos.

Duas linhas de pensamento têm se desenvolvido nessa área: uma que procura evitar o uso da heurística (Kahneman e Tversky, 1973), e outra que estimula o seu uso de forma mais extensiva (Gigerenzer e Todd, 2000).

A primeira escola é dominada pelos psicólogos sociais e cognitivistas que, a partir de 1970, desenvolveram amplos estudos na área e identificaram possíveis tendenciosidades no uso da heurística (Kahneman e Tversky, 1973) que, confrontadas com métodos analíticos, não poderiam ser classificadas como erros derivados apenas da variabilidade amostral. Essas tendenciosidades estão associadas ao que os autores chamam de "erros cognitivos, isto é, atalhos usados pelos tomadores de decisão a partir de suas *schemata* (modelos mentais), que bloqueariam a busca da melhor solução, levando a conclusões falaciosas e a erros de julgamento".

Por outro lado, outros acadêmicos têm criticado a noção de que a heurística deva ser evitada a qualquer custo, fundamentalmente porque tanto o levantamento de todas as premissas preexistentes, como a coleta correta de todos os dados relevantes, associados a determinada situação, raramente podem ser efetivados — se é que podem. Condições de racionalidade pura conduziriam a uma previsão do correto curso das ações, eliminando dos gerentes a necessidade de, reflexivamente, interpretar seus ambientes de negócios.

Como foi dito, a racionalidade limitada obriga o executivo a simplificar suficientemente a complexa situação a ser enfrentada, de modo que soluções contextuais, em tempo real, possam ser tomadas.

Devido ao limitado repertório cognitivo de um tomador de decisão típico, confrontado a cada dia com uma enorme quantidade de decisões a tomar, "métodos aproximados são usados para lidar com muitas das tarefas profissionais" (Simon, 1993:6). Nessas circunstâncias, heurísticas bem desenvolvidas podem ser um meio altamente eficaz e efetivo de tomar decisões. A heurística pode-se mostrar útil se diminui o tempo despendido para completar uma exaustiva investigação, assim como se fornece julgamentos parciais ou totais com freqüência. Dessa forma, a heurística pode ser uma propiciadora para o uso de habilidades cognitivas limitadas (Harvey, 1998).

Gigerenzer e Todd (2000) advogam o desenvolvimento de heurísticas simples, porém capazes de generalizar bem novas situações e enfrentamentos organizacionais. Os autores propõem que a heurística é útil em três atividades: guiar a busca de informação; interromper a busca; tomar a decisão. Em vez de buscar a melhor solução, os tomadores de decisão, com sua racionalidade limitada, "apostam" em heurísticas simples para desenvolver e eliminar regras lógicas.

Finalmente, a teoria racional inclui, também, a suposição epistemológica de que existe uma verdadeira realidade. Porém, se a realidade é construída socialmente em um contexto cultural e institucional (Berger e Luckmann, 1996), é particularmente difícil acreditar que a teoria da escolha racional seja capaz de encontrar a solução perfeita. Segundo Rorty (1981), é impossível ao administrador abstrair-se da realidade e juntar todas as informações pertinentes à tomada de decisões objetivamente. O curso adequado das ações é hoje nebuloso, já que a realidade muda mais rapidamente do que as habilidades cognitivas dos gestores. Percebe-se, então, que o uso da heurística é mais do que nunca necessário nos dias de hoje e que nem tudo que seja racional pode ser considerado, obrigatoriamente, irracional ou errado (Gigerenzer, 1997).

Modelos heurísticos

Modelos são aproximações da realidade desenvolvidos pelo homem (Stevenson, 1986:5). Nesse contexto, modelos heurísticos são aqueles baseados em regras lógicas, obtidas por tentativa e erro, ao longo de várias observações; isto é, modelos baseados em heurísticas.

O conceito de modelo heurístico desenvolvido por Winter S. em seu artigo *Knowledge and competence as strategic assets* é o adotado neste estudo. Como afirma Winter (1987:172-173):

> Um modelo heurístico corresponde a um grau de definição de problema que ocupa uma posição intermediária na seqüência entre uma lista longa e indiscriminada de coisas, que podem importar de um lado, e um modelo teórico de controle bastante elaborado do outro. Em um modelo heurístico, há espaço para uma ampla gama de formulações mais específicas do problema — mas também existe estrutura suficiente fornecida pelo próprio modelo para guiar e focalizar a discussão. Por outro lado, uma variedade rica de modelos heurísticos diferentes pode representar abordagens plausíveis para um problema apresentado.

Com base nessa formulação e a partir do conceito de "oportunismo controlado" — desenvolvido por Eisenhardt (1989) e aplicável a sistemas complexos adaptativos, não-lineares e dinâmicos —, modelos heurísticos, capazes de evoluir e de se adaptar a novas ambiências, podem ser desenvolvidos.

Um modelo heurístico sugerido e adotado é um entre os muitos que poderiam ser desenvolvidos para representar a realidade a ele associada. Tal fato representa um esforço para superar o efeito de "paralisia por análise" (Ansoff, 1984), extremamente comum quando se lida com situações turbulentas e realidades intangíveis, levando a discussões intermináveis e não a resultados práticos. Um modelo é bom não por causa do excessivo rigor que aplica a si mesmo, medido pelo número de variáveis levadas em consideração, mas sim pelo fato de modelar e expressar adequadamente a realidade que enfrenta. Complexidade não é necessariamente sinônimo de bons resultados; e é preciso ter-se alguma flexibilidade quando se lida com tópicos para os quais exige-se uma boa dose de senso crítico (Joia, 2000).

A metodologia de estudo de caso

A metodologia de estudo de caso é particularmente adequada para responder a perguntas do tipo "como" e "por que" e é bem apropriada para gerar e construir teoria em uma área onde há poucos dados ou teoria e sobre a qual o pesquisador não tem total controle (Yin, 1994). Também permite que o pesquisador use o "oportunismo controlado" para responder, de maneira flexível, às novas descobertas feitas enquanto se coletam novos dados (Eisenhardt, 1994).

Segundo Morra e Friedlander (1999:3), pode-se definir um estudo de caso como:

> um método de aprendizagem acerca de uma instância complexa, baseado num amplo entendimento dessa instância, obtido por uma descrição extensiva e análise dessa instância como um todo e no seu contexto.

Os pesquisadores apresentam diferentes classificações para os tipos de estudos de casos (Yin, 1994; Morra e Friedlander, 1999); mas, de maneira geral, sobressaem três tipos básicos:

- descritivos — quando o objetivo é basicamente descrever uma situação com profundidade, buscando ilustrar e dar realismo a ela, pela maior quantidade de dados e informações coletadas;
- explanatórios — quando se busca explicar o relacionamento entre os vários componentes do caso, tentando avaliá-lo por meio de relações causais;
- exploratórios — quando a situação ainda é por demais nova, objetivando gerar hipóteses que possam ser testadas por investigações futuras.

As validações dos estudos de casos são derivadas da teoria psicométrica de Nunnally (1967) e envolvem (Yin, 1994):

- validação do constructo — comporta a definição dos indicadores e das medidas adequadas para a medição do constructo; é importante frisar que a expressão constructo deve ser entendida como equivalente a personalidade (*trait*) na citada teoria psicométrica de Nunnally; nos estudos de casos, o constructo deve ser compreendido como a mudança efetuada na ambiência (Yin, 1994);
- validação interna — necessária apenas para estudos de casos explanatórios ou causais, já que busca relacionar causa e efeito no estudo de casos; nesse momento, triangulação, testes estatísticos, reconhecimento de padrões, entre outros, podem ser usados;
- validação externa — a definição do grau de generalização associado ao estudo de casos, e por isso, a validação mais controversa, visto que raramente é possível analisar todos os casos associados a uma dada situação;

- confiabilidade — a explicação e a documentação das ações tomadas para o estudo de casos, para que outro pesquisador, seguindo os passos do anterior, chegue aos mesmos resultados.

Das definições acima, conclui-se que o estudo de caso não pode ser classificado como uma metodologia de pesquisa qualitativa (Schwartz e Jacobs, 1979; Strauss e Corbin, 1991). Na verdade, um *mixer* de evidências qualitativas e quantitativas usualmente é necessário para fundamentar o estudo de casos.

Certamente, estudos de casos múltiplos são preferidos a estudos de casos simples, não obstante a grande quantidade de trabalho, recursos e tempo que a análise de muitos casos pode exigir do pesquisador. Usam-se estudos de casos simples quando representam instâncias críticas ou revelatórias, ou instâncias de contestação a teorias consagradas (Yin, 1994; Morra e Friedlander, 1999). Ainda, segundo Stake (1994), estudos de caso simples podem ser usados para questionar-se uma teoria ou refiná-la. Adicionalmente, Patton (1990) sugere o uso de estudos de casos simples em questões exploratórias. A partir daí, múltiplos estudos de casos poderiam ser desenvolvidos.

O uso de triangulação mostra o encaminhamento do estudo de casos para algum *framework* teórico (Yin, 1994; Morra e Friedlander, 1999). Segundo Patton (1990), há vários tipos de triangulação, como a de dados, a de investigadores, a de perspectivas ou teorias e a de métodos. No fundo, o objetivo é que, analisando-se o estudo de casos sob diferentes pontos de vista e a partir de diferentes vieses, se possa concluir algo, consistentemente.

Tais fatos explicam o uso crescente de estudos de casos desenvolvidos por especialistas, para a avaliação de empreendimentos de diferentes naturezas. O Banco Mundial, por exemplo, por meio da OED (*Operations Evaluation Department*), procede pelos estudos de casos a inúmeras avaliações de projetos por ele financiados (Morra e Friedlander, 1999). Desse modo, torna-se possível a construção de modelos teóricos que expliquem o sucesso ou o fracasso desses empreendimentos (Rice, 1997).

Modelos heurísticos a partir de casos múltiplos

Conforme afirmam Lipset e colaboradores (1956:419-420), o objetivo dos estudos de casos é generalizar, e não particularizar. Isto, somado ao fato de ser essa uma metodologia usada para análise de eventos contemporâneos sobre os quais não se tem controle, sinaliza a simbiose desse processo com a de geração de modelos heurísticos.

A figura 1 apresenta a metodologia de geração de modelos heurísticos, a partir da análise de estudos de casos múltiplos. Em particular, considera-se que dois casos foram analisados. Se um número maior de casos for estudado, a figura deverá ser ampliada proporcionalmente, de modo a conter os demais casos investigados.

A partir da comparação dos resultados obtidos e dos múltiplos estudos de casos, o pesquisador busca reconhecer padrões, de modo a que um modelo que possa representar os acontecimentos venha a ser construído. Desnecessário dizer que, quanto maior o número de casos e unidades de análises, maior a possibilidade de triangulação. No entanto, é importante que esses casos tenham algo em comum; do contrário, o excesso de informações levantadas pode levar o pesquisador a sofrer de paralisia por análise (Ansoff, 1984), motivado por sua incapacidade de ver tendências e entender quais pontos devem realmente ser focalizados por serem relevantes.

Sem dúvida, um pouco da teoria de sistemas complexos, por meio do conceito de "coerência de sinais", acaba por ser usada, seja tácita ou explicitamente, de modo a que mapas causais e relações explanatórias sejam buscadas (Lissack e Roos, 1999; Sanders, 1998).

A partir dos fatores críticos associados à avaliação dos casos (Morra e Friedlander, 1999), desenvolve-se o modelo heurístico que, posteriormente, é testado de modo a verificar se o mesmo explica os fatores críticos de sucesso que propiciaram a sua própria criação. Nesse *loop*, o modelo pode ser refinado ou mantido intacto. Da mesma forma, o modelo heurístico também sofre influência do referencial teórico, podendo realimentá-lo.

Figura 1
Método de pesquisa

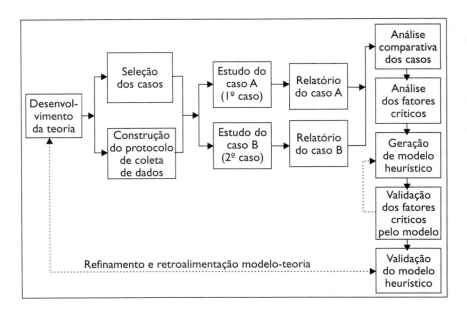

Da teoria à prática

Para que se possa compreender como modelos heurísticos podem ser gerados a partir de múltiplos casos, apresenta-se uma aplicação real da metodologia proposta. Dois estudos de casos, versando sobre a implantação de projetos de governo eletrônico, são analisados, de modo a tornar possível a geração de um modelo heurístico que explique e torne viável a implantação com sucesso desses projetos entre órgãos públicos, isto é, G2G (*government-to-government*).

São analisados os projetos G2G entre o Banco Central e o Senado Federal, e entre o Banco Central e os tribunais de Justiça. O primeiro foi considerado um fracasso; enquanto o segundo atingiu plenamente seus objetivos.

Nessa análise, ambos os casos versam sobre o mesmo tema e têm um elo em comum — o Banco Central —, possibilitando o reconhecimento de padrões e a análise de sensibilidades. Para maior detalhamento dos casos, sugere-se a leitura da dissertação de mestrado de Aristides Andrade Cavalcanti Neto (2002), orientada pelo autor.

O caso Bacen-Senado

Em 1999, por ocasião de uma crise cambial, o Brasil teve de fechar um acordo de financiamento com o Fundo Monetário Internacional (FMI). Esse acordo, depois de formulado, precisou ser aprovado pelo Senado Federal brasileiro, segundo ordena a Constituição Federal. Em uma atitude política para mostrar a transparência do acordo, o presidente e o diretor de política econômica do Banco Central à época perceberam que era importante que o Senado — instituição responsável por fiscalizar o Banco Central — ficasse a par do cumprimento das metas e de alguns índices da economia brasileira que estavam sendo informados ao FMI. Essas metas e informações econômicas foram divulgadas, posteriormente, à sociedade brasileira. Porém, em uma atitude de confiança política, o Banco Central resolveu antecipar esses dados aos senadores da República.

Depois de uma análise, avaliando diversas possibilidades, observou-se que era necessário usar uma tecnologia que permitisse interligação eletrônica entre o Senado e o Banco Central. Foi identificada a possibilidade de usar-se a internet e alguns de seus serviços para disponibilização das informações. A utilização de e-mail era inviável, devido à insegurança na transmissão das informações por meio desse serviço. A solução mais adequada era, então, a construção de um website, de acesso restrito, com os mesmos requisitos de segurança que permeiam os sistemas do Banco Central, ao qual somente os senadores teriam acesso. Nesse website, seria possível disponibilizar as informações no tempo certo e com a apresentação necessária ao público-alvo.

Durante a implantação do processo e nos meses subseqüentes, acompanhando e monitorando as atividades, o Banco Central enfrentou alguns problemas que acabaram por dificultar o sucesso do mesmo:

Política de segurança

Pela natureza das informações que estavam sendo divulgadas, a questão da segurança era um requisito básico e crítico do processo. Qualquer falha no controle do acesso poderia permitir uma difusão indevida de informações sigilosas, podendo ocasionar prejuízos para o Banco Central e, até mesmo, para o país. Além disso, falhas na segurança poderiam afetar a imagem do Bacen, assim como a do Senado Federal.

Além do acesso por meio de identificação baseada em senha, o sistema tinha, como medida de segurança, a criptografia das informações pelo certificado digital de 40 bits. Contudo, essas medidas não eram suficientes para garantir que o sistema fosse imune a violações por *hackers*. Dessa forma, novas medidas foram necessárias. Uma delas foi restringir o acesso ao website para que somente do Senado Federal fosse possível utilizar o sistema.

Outra medida de segurança adotada foi a de que apenas os senadores teriam identificações que permitissem o acesso ao sistema. Com tal política de segurança definida, não seria possível para o senador designar um assessor de sua confiança para ter acesso às informações.

Essas medidas adicionais acabaram por influenciar negativamente o processo. A definição de que os acessos só poderiam ser feitos do Senado Federal impediu que os senadores pudessem analisar as informações em seus estados de origem ou, até mesmo, de suas residências em Brasília. O maior fluxo de senadores no Senado ocorre entre terça e quinta-feira; assim, a necessidade de dar prioridade a outros assuntos, nesse período, acabou sendo um empecilho para os senadores fazerem uso do processo.

Uma solução alternativa seria que o senador delegasse a um assessor a tarefa de analisar as informações; mas existiam restrições relativas à política de segurança definida que não lhe permitiam fazê-lo. De certa forma, isso acabava sendo uma contradição no processo. As informações disponibilizadas, além de possuírem uma natureza gerencial, apresentavam, também, um viés técnico. Assim, para maior compreensão das mesmas, um senador deveria ter um assessor que o ajudasse na análise.

Cultura do Senado

Apesar de processos eletrônicos serem comuns no Bacen, não houve uma análise do grau de aceitação de processos eletrônicos no Senado Federal. A análise da cultura de uma instituição acaba por ser mandatória, a partir do momento que é necessário verificar o grau de aceitação de processos informatizados e que valores são atribuídos a eles na organização.

O processo foi concebido de modo a que somente os próprios senadores pudessem ter acesso ao mesmo, conforme visto anteriormente. Depois do processo ter sido implantado, observou-se que, pela cultura do Senado, não cabia aos senadores a utilização de sistemas de informação. Qualquer uso de sistemas de informação — até mesmo os sistemas de movimentação bancária pessoal — que se fizesse necessário por parte de um senador era, na maioria dos casos, levado a cabo por um assessor.

Esse fator advém, principalmente, do fato de que cabe aos senadores um papel de tomada de decisão e de conversas políticas. Qualquer suporte necessário a esse objetivo cabe ao *staff* do senador. A recomendação do Banco Central de que a senha de acesso do processo fosse privativa do senador fez com que muitos não a repassassem para seus assessores, uma vez que faz parte dessa cultura o formalismo legal. O ideal para os senadores seria indicar um assessor; o que não era possível nesse processo. Essa imposição de operar diretamente o processo G2G acabava por atribuir ao senador uma tarefa de menor valor na cultura do Senado.

A ausência de um trabalho efetivo sobre a cultura subjacente do Senado, principalmente quando se implanta um novo processo eletrônico, mostrou-se um fator crítico. Observa-se que não houve um trabalho motivador sobre os valores que o processo significaria para a cultura do Senado ou para mostrar que esse novo processo estaria aumentando o valor das tarefas que o parlamentar executava, principalmente pelo papel fiscalizador do Banco Central, o que poderia proporcionar maior motivação para a utilização do mesmo.

Capacitação

A capacitação é outro fator crítico para um empreendimento G2G, à medida que, para se utilizar um novo processo, é preciso estar-se apto a fazer uso da tecnologia inerente ao processo. Além de fazer uso da tecnologia, o trabalho de capacitação também deve divulgar as melhores práticas relativas à utilização do processo.

Como estratégia de capacitação, foi decidido que, depois da solenidade de lançamento do processo, uma equipe técnica do Bacen faria a entrega das senhas de acesso aos senadores, por meio de contatos individuais. Esse trabalho objetivava fazer uma divulgação do processo.

Contudo, observou-se que as demais questões relativas à capacitação não foram observadas. Apesar da tecnologia web não exigir um alto grau de qualificação para sua utilização, notou-se que alguns senadores ainda tinham dificuldade em utilizar essa tecnologia. Isso se deve, entre outros fatores, ao fato de os senadores não fazerem uso da tecnologia da informação para as suas atividades e não sentirem necessidade de fazê-lo, uma vez que isso cabia aos seus assessores.

Além disso, por ser um processo novo, tanto para o Banco Central como para o Senado Federal, não havia conhecimento de quais seriam as boas práticas de utilização. Dessa forma, havia dificuldade em guiar os senadores, bem como os funcionários que estariam trabalhando indiretamente no processo. A orientação feita aos senadores era baseada em conhecimentos de processos desenvolvidos em paradigmas totalmente diferentes.

Resultados atingidos

O sistema em questão não tinha por objetivo ter um grande número de acessos, uma vez que se destinava a um público bem restrito e de interesse sazonal. Ou seja, conforme o momento econômico que o país estivesse passando é que os senadores poderiam ter interesse, maior ou menor, em acessar o sistema para buscar alguma informação.

Nos primeiros três meses, observou-se que mais de 90% dos senadores acessaram, pelo menos uma vez, o sistema. Contudo, ao longo do tempo, observou-se um forte declínio de utilização do mesmo, comprovado pela figura 2.

Figura 2
Número de acessos dos senadores entre agosto e dezembro de 1999

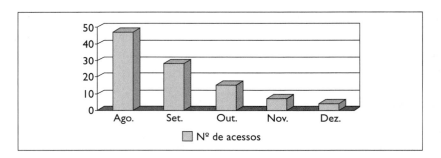

Os fatores abordados anteriormente influenciaram, negativamente e de forma relevante, o processo. O último acesso registrado de um senador ao sistema foi no dia 28 de janeiro de 2000. Ao longo dos últimos três anos, o Banco Central vem atualizando diretamente as informações do site, sem obter nenhum acesso por parte do Senado.

Apesar da aproximação que esse processo representou entre o Banco Central e o Senado Federal, verifica-se que os resultados obtidos não foram satisfatórios, uma vez que:

- o Senado não está utilizando mais o processo para exercer sua função fiscalizadora do Banco Central e, assim, ficar a par do cumprimento das metas determinadas para o país;
- o Banco Central não mais possui um canal de acesso direto aos senadores, pelo qual poderia divulgar informações relevantes;
- os custos financeiros para a manutenção do processo persistem, sem que o Bacen obtenha nenhum retorno para esse investimento;
- os funcionários alocados em atividades de suporte ao processo acabam sendo necessários em outras atividades igualmente importantes no Banco Central.

Diante desses resultados, o Banco Central analisa a possibilidade de desativar o processo. Entretanto, fatores como a perda do canal de interligação e o ato político que isso pode representar ainda pesam no momento de se tomar a decisão.

O caso Bacen-Judiciário

Quando se faz necessário em um processo judicial, o juiz pode mandar bloquear ou desbloquear valores contidos em uma conta corrente, determinar a falência ou a extinção de uma pessoa jurídica, ou, ainda, solicitar informações, como saldos ou extratos de contas. No momento de expedir a ordem, a qual geralmente se destina a todas as instituições financeiras que podem abrigar depósitos à vista, o juiz a destina ao Banco Central para que a repasse às instituições financeiras. Vários juízes enviam ordens para o Banco Central devido à interligação eletrônica existente entre este e o Sistema Financeiro Nacional — SFN.

O ano de 1999 demonstrou a inviabilidade de o Banco Central continuar a exercer essa atribuição de forma manual. O processo existente até então consistia em receber os diversos ofícios em papel e transcrevê-los para o sistema de comunicação do Bacen com o SFN (Sisbacen). Por ser manual, o processo de transcrição apresentava falhas, até mesmo havendo sido registrados casos de distorções de ordens judiciais. Após o Bacen enviar a ordem judicial, sob a forma de uma mensagem eletrônica no Sisbacen, utilizando a tecnologia de *mainframe*, um funcionário da instituição financeira lia a mensagem. Depois de efetivado o cumprimento da ordem, o funcionário respondia ao juiz, sob a forma de ofício em papel.

Em 2000, o Banco Central recebeu do Poder Judiciário uma média de 300 ofícios por dia, totalizando 71.675 ofícios no ano, como se verifica na figura 3 abaixo. Nesse mesmo ano, um contingente de 23 pessoas, em tempo integral, já não conseguia atender aos ofícios judiciais, tempestivamente, ocasionando problemas de eficácia.

Figura 3
Solicitações judiciais recebidas pelo Bacen — 1992 a 2001

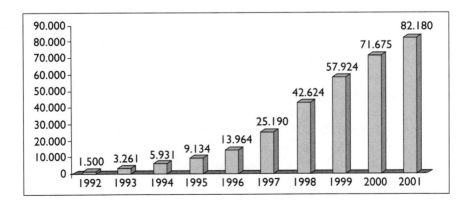

Os custos financeiros do Banco Central para atender a essas solicitações, incluindo gastos com materiais e salários de funcionários, entre outros, totalizaram aproximadamente, R$2 milhões em 1999. O custo aproximado de cada solicitação chegava a R$35. A solução encontrada foi utilizar a capilaridade da internet, uma vez que a grande maioria dos tribunais do país já dispõe de acesso à internet para seus funcionários e juízes. Para isso, seria desenvolvido um sistema com interface web, visando ter interação com os juízes, para envio de ordens judiciais. Outra vantagem na utilização de um sistema web seria a possibilidade de não se instalar software específico nos computadores dos juízes que utilizassem o processo, diminuindo, em muito, os custos de atualização e de manutenção, como mostra a figura 4.

Figura 4
Arquitetura do sistema de atendimento das solicitações do Poder Judiciário

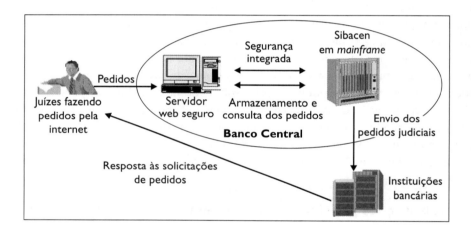

O processo que foi sendo implantado entre o Bacen e o Poder Judiciário encontrou alguns problemas similares aos enfrentados pelo processo BacenSenado. Entretanto, a maneira como foram encarados os problemas no BacenJud, baseada no aprendizado obtido com o caso do BacenSenado, acabou por influenciar fortemente o sucesso dessa empreitada.

Como o processo BacenJud também configura um típico processo G2G, analisar como os fatores críticos do G2G foram trabalhados pode explicar as razões pelas quais os resultados obtidos, até agora, com esse processo são considerados plenamente satisfatórios.

Política de segurança

O processo BacenJud, devido à sensibilidade inerente aos assuntos jurídicos, tem, na questão segurança, um requisito básico e central. Qualquer falha no controle do processo pode permitir que informações protegidas por sigilo de Justiça sejam divulgadas, ou ainda, que pessoas não-autorizadas determinem ordens judiciais para todo o sistema financeiro.

Assim como no BacenSenado, o sistema BacenJud possui acesso por meio de identificação baseada em senha. Contudo, esse sistema possui algumas medidas diferenciadas: em vez da utilização de certificado digital de 40 bits, utilizou-se um certificado digital de 128 bits. Essa medida propiciou um grau de confiabilidade maior, permitindo que um juiz pudesse ter acesso ao sistema de qualquer local do tribunal ou de sua residência.

Também foi definido, a princípio, que somente os juízes teriam identificações que permitissem acesso ao sistema. Contudo, observou-se pouco depois que alguns juízes estavam relutantes em digitar as informações necessárias para uma ordem judicial. Sendo assim, o sistema foi reformulado para que indicassem assessores para digitar as informações necessárias às ordens judiciais, cabendo aos juízes o papel de efetivar ou assinar a ordem.

Essas medidas acabaram por influenciar positivamente o processo. A definição de que o acesso poderia ser feito tanto dos tribunais como das residências propiciou uma flexibilidade de trabalho muito grande aos juízes. Para alguns que trabalham em comarcas no interior do país, as quais possuem pouca infra-estrutura em relação às comarcas de capitais, o processo é uma possibilidade de utilizar um serviço ágil e eficaz, uma vez que alguns deles trabalham em suas próprias residências que dispõem de estrutura tecnológica mais adequada.

Para os juízes que já estavam familiarizados com os processos eletrônicos e com o acesso à internet, o sistema permitiu-lhes o preenchimento de formulários, em vez da redação da ordem, em um editor de texto. Contudo, para outros o papel de redigir cabe a algum assessor e eles apenas assinam a ordem, depois de conferi-la. Sendo assim, foi definido que a política de segurança não poderia excluir esses juízes; ou seja, a política de segurança deveria proporcionar um alto grau de confiabilidade ao sistema, mas também permitir flexibilidade, de modo a contemplar diferentes estilos de trabalho. Logo no segundo semestre de 2001, o sistema iniciou o processo de reformulação para contemplar não só os juízes que poderiam preencher diretamente os formulários, mas também permitir que os assessores preenchessem-nos, cabendo ao juiz, em um outro momento, somente assinar a ordem.

Cultura do Poder Judiciário

No caso específico do BacenJud, a cultura tornava-se mais crítica, à medida que, além da do Bacen, existia a influência da cultura dos diversos tribunais, cada um com suas peculiaridades. Diferentemente do que ocorreu com o BacenSenado, o Banco

Central observou o grau de aceitação dos processos eletrônicos em alguns tribunais. Verificou-que existia um alto grau de diversidade de informatização de processos entre os tribunais, apesar de quase todos já disporem de computadores com acesso à internet.

Constatou-se, pela utilização do sistema na esfera da Justiça comum, que os tribunais que tinham maior índice de informatização associado a seus processos internos eram os que mais utilizavam o sistema, principalmente aqueles situados no Rio de Janeiro, em Brasília e no Paraná. Os tribunais onde os processos de trabalho eram menos informatizados — tribunais do Norte e Nordeste — eram aqueles com os menores índices de utilização do sistema. A maioria desses tribunais nem chegou a utilizar o sistema, mesmo dispondo da infra-estrutura tecnológica necessária.

Com a reformulação para contemplar a figura do assessor, o sistema poderia, então, permitir diferentes modos de utilização do processo. Essa flexibilidade permitiu-lhe maior receptividade, tanto em tribunais onde o uso de processos informatizados cabia aos juízes, quanto naqueles onde o uso cabia a assessores. Essa questão foi importante, principalmente pelo fato de alguns juízes alegarem não ter tempo para digitar as informações necessárias. Assim, com a mudança, manteve-se o valor e o *status* das tarefas que o juiz exerce no tribunal, segundo a cultura de cada um.

Diferentemente do que ocorreu com o BacenSenado, houve um esforço para integrar as diferentes culturas ao implantar-se o novo processo eletrônico. O principal trabalho foi o de mostrar o valor que esse processo representaria, principalmente na questão de *status* para o juiz. Com a utilização do novo processo, as ordens do juiz chegam de forma mais ágil a todo o sistema financeiro, fazendo com que sejam cumpridas rapidamente. O novo processo cria para o juiz a imagem de que suas ordens são cumpridas mais rapidamente. Essa idéia acaba agregando valores que o destacam perante os demais. Além disso, ao utilizar o novo processo, o juiz não mais necessita da intervenção do Banco Central para transcrever as ordens, uma vez que, com o processo, o juiz ordena diretamente ao sistema financeiro, tendo o Bacen apenas como um veículo de interligação. A questão da autonomia na execução das ordens judiciais é extremamente relevante na cultura dos diversos tribunais. Ao destacar, durante a implantação, os valores que estavam sendo agregados ao juiz, o Bacen conseguiu motivar alguns tribunais e juízes a utilizar o sistema. Para alguns tribunais — como o Tribunal de Justiça de Brasília — houve uma normatização interna para que todas as ordens judiciais contempladas pelo sistema fossem feitas somente pelo novo processo. Assim, o tribunal buscava uma posição de destaque frente aos demais, uma vez que o Bacen ainda mantém, em paralelo, a sistemática tradicional em papel.

Capacitação

Constatou-se, junto a diversos tribunais, que a maioria dos juízes e funcionários dos tribunais possuía conhecimentos básicos de informática. Entretanto, um processo de capacitação vai além do conhecimento instrumental; envolve, também, a divulgação das boas práticas de utilização.

Como foi decidido que cada tribunal possuiria o seu próprio gestor, o processo de capacitação seria iniciado por esse funcionário. Quando um tribunal indica o gestor, esse se dirige para uma das regionais do Bacen para receber a sua senha. Ao chegar a uma das dependências do Bacen, ele recebe, também, um treinamento sobre o funcionamento de todo o sistema, tanto das funcionalidades que lhe cabem, como sobre disponibilizadas para os juízes. O objetivo é que esse gestor seja um facilitador no tribunal para outros gestores e para os juízes.

Contudo, apesar do sistema ter sido construído utilizando-se uma interface web, de fácil manuseio, o Bacen constatou a necessidade de fazer palestras para juízes, de modo a explicar a finalidade do processo e as boas práticas de utilização. A verificação da necessidade dessas palestras aconteceu pela observação de que tribunais — mais especificamente o Tribunal Regional Federal e o Tribunal de Justiça do Rio de Janeiro —, apesar de possuírem índices relevantes de processos informatizados, apresentavam baixos índices de utilização do sistema. Em outubro de 2001, o Bacen fez uma apresentação do processo para os tribunais acima citados, em que buscou esclarecer todo o processo, demonstrando, até mesmo, a melhor forma de utilizá-lo. Antes da apresentação, os dois tribunais tinham menos de 10 juízes cadastrados com, aproximadamente, seis solicitações realizadas pelo novo processo. Nos dois meses subseqüentes à apresentação, o número de juízes cadastrados saltou para aproximadamente 130. Os índices de utilização do sistema por esses tribunais continuam crescendo. Como exemplo, pode-se citar o Tribunal de Justiça do Estado do Rio de Janeiro, como se vê na figura 5.

Figura 5
Número de solicitações realizadas pelo Tribunal de Justiça do Rio de Janeiro entre ago. 2001 e fev. 2002

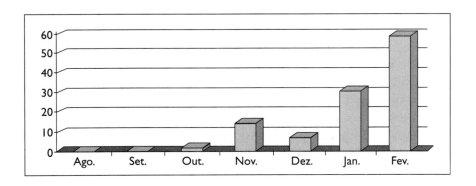

Verifica-se pelo gráfico um crescimento no número de solicitações realizadas, por meio do novo processo, pelo Tribunal de Justiça do Rio de Janeiro. O baixo número de pedidos feitos no mês de dezembro pode ser explicado porque, nesse mês, ocorre recesso judicial. A evolução do crescimento do número de solicitações acaba sendo uma evidência empírica do efeito positivo das apresentações realizadas. Diante desse fato, o Bacen decidiu dar continuidade à realização de novos eventos, principalmente nos tribunais onde há maior número de demandas judiciais.

Principais benefícios

Esse novo processo trouxe vários benefícios, tanto para o Bacen como para o Poder Judiciário. Primeiro, a melhoria na eficiência do cumprimento das ordens judiciais, pois, no processo tradicional, o tempo entre o ofício ser assinado e o momento em que chega ao sistema financeiro é de cerca de cinco dias. Já ocorreram casos em que ofícios, por ausência de informações, levaram até 20 dias para serem cumpridos. Prazos tão longos tornam determinações judiciais — como bloqueio de ativos financeiros — ineficazes, uma vez que os ativos podem não se encontrar mais nas respectivas contas. Com o novo processo, o tempo máximo entre o momento em que o ofício é preenchido no sistema e aquele em que as instituições financeiras recebem os arquivos é de, no máximo, 24 horas. Esse tempo dá ao cumprimento das solicitações judiciais uma maior eficiência.

A agilidade proporcionada pelo novo processo advém não somente do baixo tempo de entrega das solicitações. Uma vez que as solicitações são entregues em meio eletrônico, existe a possibilidade de as instituições financeiras construírem ou adquirirem sistemas para cumprir as ordens judiciais automaticamente e emitir respostas. Junto a cada solicitação judicial é informado o e-mail do juiz. Dessa forma, as instituições podem dar ciência ao juiz, mais rapidamente, do cumprimento da solicitação judicial. Outro ponto de agilidade do novo processo é o acompanhamento da solicitação. O sistema permite verificar quando a solicitação é entregue a uma instituição financeira. Assim, caso passe um determinado prazo sem receber resposta da instituição financeira, o juiz pode contatar a instituição e pedir informações sobre a solicitação judicial emitida.

Quanto ao custo, o novo processo diminuiu não só os gastos para o Bacen, como também para o Poder Judiciário. No caso do Bacen, os principais custos consistem na estrutura montada para atender às solicitações. Em um primeiro momento, essa estrutura não foi desfeita, uma vez que existem, ainda, pedidos feitos fora do novo processo. Mas, com a nova sistemática, a pressão por expandir essa estrutura foi atenuada. Estima-se que o custo total de uma solicitação pelo processo tradicional seja da ordem de R$35. No meio eletrônico, esse custo é inferior a R$2. Para o Poder Judiciário, os custos também foram reduzidos com a nova sistemática.

Os gastos associados à postagem, pessoal para gerenciar os ofícios, entre outros, foram significativamente diminuídos.

Fatores-chave de sucesso a partir da comparação dos casos

A partir das observações do pesquisador e da análise de questionários distribuídos, pode-se deduzir que os fatores críticos de sucesso associados a empreendimentos G2G seriam os detalhados a seguir.

Segurança

Como a Internet tem se tornado uma ligação extremamente importante entre as agências governamentais, é fundamental evitarem-se problemas associados à segurança de dados, tais como violação de servidores por *hackers* e queda nas comunicações. Os prejuízos derivados desses problemas são mais do que financeiros, já que podem causar perda de confiança e diminuição na aceitação do sistema pelos usuários, podendo levar à interrupção de uso da ligação digital (Endler, 2001).

Em processos G2G, a questão da segurança é ainda mais relevante, já que informações confidenciais podem ser tornadas públicas. A maioria dessas informações é protegida por lei, segundo a legislação brasileira.

Assim, como mostrado genericamente acima, torna-se claro que segurança é um dos fatores-chave do sucesso para um empreendimento G2G. Uma falha de autenticação pode permitir, por exemplo, que qualquer pessoa emita uma solicitação judicial e exponha a vida privada de cidadãos, assim como informações governamentais sigilosas possam vir a público (como no caso do acordo do Brasil com o FMI). Vários tribunais fizeram questão de ver como funcionava o processo, antes de se decidirem a participar do empreendimento G2G.

Cultura organizacional

Um outro fator que influencia o sucesso do modelo de governança eletrônica é a cultura do órgão público onde o empreendimento é desenvolvido. Novos processos de governança eletrônica, em diferentes níveis da administração pública, demandam mudanças na cultura organizacional.

A influência da cultura é ainda mais relevante quando dois diferentes órgãos públicos estão trabalhando juntos. As mudanças requeridas na cultura organizacional, de modo a integrar processos internos distintos, demandam um senso claro de liderança e funcionalidade. Essa necessidade, por sua vez, obriga a que uma direção certa seja traçada e seguida, e que avaliações adequadas sejam feitas de modo a tornar processos inovadores viáveis para as organizações em questão.

Kling (1980) desenvolveu uma abordagem bastante útil para avaliar a introdução e a implantação de sistemas de informação, assim como a resistência/aceitação humana que tão freqüentemente acompanham essa iniciativa. Propõe que pessoas ou grupos resistam/aceitam sistemas devido à interação entre as características associadas às pessoas e as associadas aos sistemas. Essa teoria, segundo Kling (1980), é fácil de ser observada, mas difícil de ser definida. A palavra fundamental é, portanto, "interação". Novos sistemas de informação podem prescrever uma divisão de funções e responsabilidades, em relação às já existentes; assim como podem estruturar novos padrões de interação que se conflitam com os já estabelecidos e com a própria cultura organizacional dominante. Diante dessa perspectiva, sistemas podem ser vistos como elementos propiciadores para a criação de uma nova cultura organizacional. Visões variantes associadas à teoria da interação encontram-se em Ginzberg (1975) e Keen (1980).

Nota-se que as idéias acima não identificam nem o sistema nem a organização como responsáveis pela aceitação/rejeição de um sistema informatizado, mas sim a interação entre ambos.

Uma segunda variante da teoria da interação pode ser chamada de "versão política". A rejeição e a aceitação são explicadas como resultado da interação entre as características de projeto/usabilidade do sistema e a distribuição de poder e *status* na organização, definida objetivamente — em termos de poder vertical ou horizontal e dimensões do *status* profissional — ou subjetivamente, em termos de simbolismo.

A teoria da interação explica claramente o que ocorreu nos tribunais de Justiça, no que tange à implantação do sistema BacenJud, já que os juízes perceberam sua interação com o sistema como de valor e um veículo para aumento de seu poder e *status*. Tal fato, no entanto, não ocorreu no Senado, onde os senadores não viram nenhum valor associado a poder e *status* no uso do BacenSenado.

Adicionalmente, pode ser observado que os tribunais que já possuíam uma cultura de uso da informática associada aos processos judiciais assimilaram o novo *modus operandi* muito rápida e naturalmente, já que havia interação entre os atores e a tecnologia da informação. Por outro lado, tribunais sem acesso à internet ou que raramente usavam informática nas suas atividades diárias resistiram grandemente em fazer parte da rede associada ao sistema, isto é, do processo G2G. Da mesma forma, tal fato ocorreu com os senadores da República. Nesse caso, o processo de interação entre ator e sistema precisaria ser totalmente construído.

Como apresentado acima, o sucesso do uso de um novo processo G2G depende da cultura das organizações envolvidas, ou seja, nesse texto, da cultura do Senado e dos tribunais de Justiça.

Treinamento

Novas tecnologias, novos processos e novos modelos de governança eletrônica requerem a aquisição de novos conhecimentos, não apenas para as pessoas envolvidas diretamente no processo, mas também para aquelas responsáveis por sua gestão. Conseqüentemente, empresas públicas devem avaliar cuidadosamente o capital humano, prevendo a capacitação dos envolvidos antes da disseminação de processos G2G.

Quando o processo envolve mais de uma organização, todos os envolvidos devem implantar programas de capacitação, de modo a incrementar e nivelar o conhecimento das equipes envolvidas.

Capacitação insuficiente pode levar ao uso inadequado de um processo eletrônico, impedindo que os potenciais benefícios advindos do mesmo possam surgir.

No caso dos tribunais de Justiça, não obstante o sistema ter sido desenvolvido na web, com uma interface altamente amigável, o Banco Central entendeu ser necessário fazer apresentações do mesmo para os juízes em todo o país, de modo a que eles entendessem como o sistema funcionava e quais eram as melhores práticas associadas a esse novo *workflow*.

Em outubro de 2001, o Banco Central começou a fazer palestras para juízes lotados em um estado da Federação onde menos de 10 magistrados tinham se cadastrado no sistema e menos de oito requisições haviam sido feitas até aquele momento. Nos dois meses seguintes às apresentações, 130 juízes haviam se cadastrado no sistema e cerca de 100 processos haviam sido gerados. Entrevistas feitas pelo pesquisador mostraram que o uso do sistema tem crescido, provando a eficácia da estratégia de capacitação associada, no caso, a novos empreendimentos G2G.

Quanto ao Senado Federal, como nenhum treinamento foi realizado, nenhuma melhoria foi observada. Pelo contrário, sem domínio do sistema e das melhores práticas associadas a processos G2G, os senadores rapidamente desistiram de usá-lo.

Assim, consolidando as informações, entrevistas e questionários, vê-se que segurança do acesso e da informação, cultura organizacional e treinamento podem ser considerados os elementos-chave para o sucesso de um empreendimento G2G, conforme mostrado na figura 6.

Figura 6
Fatores-chave do sucesso em empreendimentos G2G

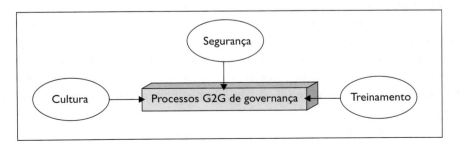

O modelo heurístico

Os dados levantados e as observações realizadas levaram o pesquisador a entender os fatores críticos de sucesso em projetos G2G, amadurecendo a idéia de consolidar os resultados em um modelo heurístico de implantação G2G, que tivesse uso genérico.

Como já visto, Eisenhardt (1989) mostra como estudos de caso podem ser usados para validar modelos, e Winter (1987) explicita o que é um modelo heurístico. De posse dessas duas fontes de consulta e linhas metodológicas e recorrendo a modelo proposto por Christensen (1997) para entender o surgimento de inovação nas organizações, o pesquisador desenvolveu o modelo heurístico g-RPV[1] (recursos — processos — valores), aplicável a G2G. Esse modelo explica os fatores críticos de sucesso já apresentados, associados tanto ao caso do Banco Central do Brasil e tribunais de Justiça, como ao caso do Banco Central do Brasil e Senado Federal.

Recursos

Como recursos, entende-se tudo aquilo que possa ser comprado e/ou capacitado. Pessoas, hardware, software, ativos fixos, recursos monetários se enquadram nessa categoria e podem ser contratados ou dispensados, comprados ou vendidos, depreciados ou melhorados. Sem dúvida alguma, o fator crítico de sucesso "treinamento" se encaixa totalmente nesse item. Da mesma forma, parte do fator crítico de sucesso "segurança" também aqui se enquadra, ainda que parcialmente, à medida que, para estabelecê-lo, ativos tangíveis são necessários.

No caso do Banco Central e do Poder Judiciário, como já dito, tornou-se imperativa a capacitação de profissionais, assim como a implantação de uma infra-estrutura tecnológica que permitisse que a segurança desejada fosse alcançada, o que não ocorreu no caso do Senado Federal.

Processos

Organizações criam valor quando funcionários transformam *inputs* de recursos — pessoas, equipamentos, tecnologia, informação, energia, capital — em produtos e serviços de valor agregado ao cliente/cidadão. Os padrões de interação, coordenação, comunicação e tomada de decisão, pelos quais elas atingem sua missão são processos (Garvin, 1998). Cada ente público possui seus processos produtivos, os quais fazem parte da cadeia de valores do mesmo (Porter, 1980), conceito que tam-

---
[1] Esse modelo deriva fortemente da idéia de Christensen (1997:162-166).

bém hoje vem sendo usado na área governamental (Andersen, 1999). Os empreendimentos G2G geram impacto nos processos produtivos desses órgãos, levando-os a ter de inová-los e/ou flexibilizá-los. Paralelamente, cada vez mais torna-se imperativo não só que as organizações entendam seus processos produtivos, como também analisem a ligação dos mesmos com os de seus principais parceiros (Hammer, 2001).

Percebe-se, claramente, que o fator crítico de sucesso "segurança", associado aos estudos de casos analisados, enquadra-se, parcialmente, nesse item, já que, além da infra-estrutura computacional necessária, a adaptação de processos produtivos já existentes tornou-se imperiosa para que esse fator crítico propiciasse o sucesso da empreitada.

Valores

Os valores de uma organização dizem respeito aos critérios adotados por ela para a tomada de decisões e a definição de prioridades. Os valores de uma organização formam os padrões subjacentes que definem como os funcionários alocam suas prioridades, julgam se uma ordem é atrativa ou não, decidem se um cliente/cidadão deve ser atendido ou deixado de lado, percebem se um novo *modus operandi* é vantajoso ou perigoso. Isto é, no escopo desse texto, os valores definem se os funcionários trabalharão a favor ou contra o empreendimento, ajudando-o ou sabotando-o (ainda que passivamente).

Sem dúvida alguma, o fator crítico de sucesso "cultura" se enquadra totalmente nesse item, chegando a confundir-se com ele.

De modo a perceber-se, claramente, o modelo g-RPV proposto e a sua interação com os fatores críticos de sucesso encontrados, apresenta-se a figura 7.

Figura 7
Modelo heurístico proposto e suas interfaces

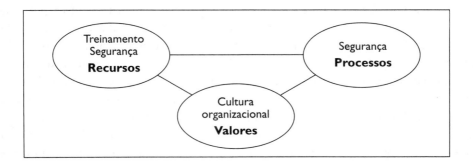

Conclusões e recomendações

O objetivo deste capítulo foi analisar a exeqüibilidade de gerar modelos heurísticos a partir de estudos de caso múltiplos e aplicá-los à realidade.

Entretanto, é preciso apresentar as críticas ao método proposto, segundo a visão de alguns acadêmicos. Essas críticas devem ser conhecidas como forma de avaliarem-se as limitações do método, assim como para preparar potenciais usuários dessa metodologia para as eventuais respostas aos pareceristas de seus futuros artigos científicos. Podem ser consolidadas em três grandes correntes (Kahneman e Tversky, 1973):

- representatividade — o julgamento do gestor baseia-se em quão similar o evento em análise é de algo que já exista na sua mente; essa busca para categorizar eventos ou indivíduos, segundo estereótipos, algumas vezes leva à desconsideração de probabilidades aprioristicas ou estatísticas descritivas;
- disponibilidade — o julgamento é feito segundo a facilidade com que eventos semelhantes são trazidos à mente (isto é, quão disponíveis eles estejam); no entanto, às vezes, eventos que tenham influenciado o tomador de decisão de forma radical e/ou pessoal vêm à mente mais facilmente do que outros — o que configura tendenciosidade;
- ajustamento e ancoragem — avaliações podem ser ajustadas a partir de um ponto de ancoragem (ou de partida); esse ponto pode provocar tendenciosidade no julgamento e na tomada de decisão, levando a decisões errôneas.

Cabe a cada acadêmico interpretar essas críticas à luz do contexto do problema abordado e refutá-las ou aceitá-las.

Por fim, a área de gestão empresarial vem, ao longo do tempo, buscando dar um maior rigor científico às suas pesquisas. Por não ser classificada como ciência exata ou engenharia, essa área sofre de imprecisão e incerteza na consideração de todos os fatores relevantes que podem influenciar um fenômeno administrativo. Entretanto, modelos quantitativos cada vez mais proliferam nas várias facetas da administração de empresas. De Churchill (1979) e Jacoby (1978) na área de marketing, a Robey e Markus (1998) na área de gestão da informação, há uma busca por mais rigor. Tal fato é salutar. Ressalte-se, no entanto, que, por se tratar de ciência social aplicada, a administração de empresas é bastante suscetível ao fenômeno conhecido por Gigo (*garbage in garbage out*), que indica que, muitas vezes, complexos modelos matemáticos e estatísticos são usados, enquanto que vetores indutores do fenômeno ou não são considerados ou não podem ser medidos com acurácia. Ou seja, os dados nada têm a ver com a realidade e, depois de tratados analiticamente, conduzem a resultados obtidos com extrema sofisticação, porém que em nada simulam o fenômeno real; apenas a modelagem matemática. Nesse contexto, os modelos heurísticos, com sua leveza, flexibilidade e pouca pretensão, podem, às vezes, ser mais adequados do que sofisticados modelos matemáticos e estatísticos.

Sem dúvida alguma, a sabedoria está em descobrir-se o *outlet* mais adequado para uma pesquisa cuja metodologia se fundamenta em heurística. De um modo geral, acadêmicos que desenvolvem modelos heurísticos e os submetem a revistas ou congressos reconhecidos por seu excessivo rigor acadêmico devem saber que correm perigo. Infelizmente, nem todos os *scholars* entendem e/ou aceitam a aplicabilidade de modelos heurísticos. Assim, o lugar certo para o trabalho certo é a pedra de toque na publicação de artigos que usem essa metodologia. Como a gestão empresarial se vê cada vez mais questionada a se integrar à realidade empresarial, e como mudanças radicais na área de negócios, propiciadas principalmente pela tecnologia da informação, são o padrão *de facto*, o cenário atual demanda, cada vez mais, não a melhor solução, mas uma solução factível e adequada.

Enfim, a racionalidade limitada e a tomada de decisão *just-in-time* são enormes propiciadores do uso de modelos heurísticos gerados a partir de estudos de casos múltiplos. Resta aos desbravadores mostrarem à torre de marfim acadêmica, por vezes intolerante e irascível, essa realidade inexorável. O mundo real dos negócios sempre entendeu e conviveu com modelos heurísticos; é chegada a hora da academia descer do seu pedestal e olhá-los com mais respeito, sob o risco de descolar-se da práxis empresarial, tornando-se, simplesmente, irrelevante.

Referências bibliográficas

ALLISON, G. *Essence of decision*. Boston: Little & Brown, 1971.

ANDERSEN, K. V. Reengineering public sector organisations using information technology. In: HEEKS, R. (Ed.). *Reinventing government in the information age*. London: Routledge, 1999. p. 312-330.

ANSOFF, H.I. *Implanting strategic management*. Englewood Cliffs, NJ: Prentice-Hall, 1984.

BERGER, P.; LUCKMANN, T. *The social construction of reality*. New York: Doubleday, 1966.

CAVALCANTI NETO, A. A. *Fatores relevantes na construção de processos "government-to-government" no Banco Central do Brasil*. 2002. Dissertação (Mestrado em Gestão Empresarial) — Ebape/FGV, Rio de Janeiro.

CHRISTENSEN, C. M. *The innovator's dilemma*. Cambridge, Harvard Business School Press,1997.

CHURCHILL JR., G. A. A paradigm for developing better measures of marketing constructs. *Journal of Marketing Research*, v. 16, p. 64-73, Feb. 1989.

EISENHARDT, K. M. Building theories from case study research. *Academy of Management Review*, v. 14, p. 532-550, 2001.

_____. Strategy as simple rules. *Harvard Business Review*, v. 79, n. 1, p. 107-116, 2001.

ENDLER, A. *Governo eletrônico — a Internet como ferramenta de gestão dos serviços públicos*. Disponível em: <http://read.adm.ufrgs.br/read14/artigo/artigo1.pdf>. Acesso em: 26 dez. 2001.

GARVIN, D. The process of organization and management. *Sloan Management Review*, Summer 1998.

GIGERENZER, G. Bounded rationality: models of fast and frugal inference. *Swiss Journal of Economics and Statistics*, v. 133, n. 2, p. 201-218, 1997.

_____; TODD, P. *Simple heuristics that make us smart*. New York: Oxford University Press, 2000.

GINZBERG, M. J. Implementation as a process of change: a framework and empirical study. *Rept. Cisr-13, Center for Information System Research, MIT*, Cambridge, 1975.

GUPTA, J.; SEXTON, R.; TUNC, E. Selected scheduling heuristics using neural networks. *INFORMS Journal on Computing*, v. 12, n. 2, p. 150-162, 2000.

HAMMER, M. The superefficient company. *Harvard Business Review*, p. 82-91, Sept. 2001.

HARVEY, J. Heuristic judgment theory. *Journal of Economic Issues*, v. 32, n. 1, p. 47-64, 1998.

JACOBY, J. Consumer research: a state of the art review. *Journal of Marketing*, v. 42, p. 87-96, Apr. 1978.

JOIA, L. A. Measuring intangible corporate assets: linking business strategies with intellectual capital. *Journal of Intellectual Capital*, v. 1, n. 1, p. 68-84, 2000.

KAHNEMAN, D.; TVERSKY. A On the psychology of prediction. *Psychological Review*, v. 80, p. 237-251, 1973.

KEEN, P. G. W. *Information systems and organizational change*. Cambridge: MIT, 1980. (Rept. CISR-46.)

KLING, R. Social analyses of computing: theoretical perspectives in recent empirical research. *Comp. Surv.*, v. 12, n. 1, p. 61-110, 1980.

LIND, E. et al. Individual and corporate dispute resolution: using procedural fairness as a decision heuristic. *Administrative Science Quarterly*, v. 38, n. 2, p. 224-251, 1993.

LIPSET, S. M.; TROW, M.; COLEMAN, J. *Union democracy: the inside politics of the international typographical union*. New York: The Free Press, 1956.

LISSACK, M.; ROOS, J. *The next common sense*. London: Nicolas Brealey, 1999.

MORRA, L.; FRIEDLANDER, A. C. *Case study evaluations.* Washington, DC: World Bank, 1999. (Working Paper Series, 2.)

NUNNALLY, J. C. *Psychometric theory.* New York: McGraw-Hill, 1967.

PATTON, M. Q. *Qualitative evaluation and research methods.* 2. ed. Newbury Park: Sage, 1990.

PERROW, C. *Complex organizations.* New York: Scott, Foresman, 1972.

PORTER, M. E. *Competitive strategy: techniques for analyzing industries and competitors.* New York: Free Press, 1980.

RICE, E. B. *Paddy irrigation and water management in southeast Asia.* Washington D.C.: World Bank, Operations Evaluation Department, 1997.

ROBEY, D.; MARKUS L. M. Beyond rigor and relevance: producing consumable research about information systems. *Information Resources Management Journal,* v. 11, n. 1, Winter, p. 7-15, Idea Group Publishing, 1998.

RORTY, R. *Philosophy and the mirror of nature.* Princeton, NJ: Princeton University Press, 1981.

SANDERS, T. I. *Strategic thinking and the new science.* New York: The Free Press, 1998.

SCANDURA, T. A; WILLIAMS, E. A. Research methodologies in management: current practices, trends, and implications for future research. *Academy of Management Journal,* v. 43, n. 6, p. 1.248-1.264, 2000.

SCHWARTZ, L.; JACOBS, J. *Qualitative sociology: a method for the madness.* New York: The Free Press, 1973.

SIMON, H. *Models of man: social and rational.* New York: Wiley, 1957.

_____. Strategy and organizational evolution. *Strategic Management Journal,* v. 14, p. 131-142, 1993.

SMITH, A. *Wealth of nations.* London: Liberty Fund, 1982.

STAKE, R. Case studies. In: DENZIN, N. K.; LINCOLN, Y. S. (Eds.). *Handbook of qualitative research.* Thousands Oaks: Sage, 1994.

STEVENSON, W. J. *Estatística aplicada à administração.* S.l.: Harbra, 1986.

STRAUSS, A.; CORBIN, J. Grounded theory methodology: an overview. In: DENZIN, N.; LINCOLN, Y. S. (Eds.). *Strategy of qualitative inquiry.* London: Sage, 1998. p. 158-183.

WINTER, S. Knowledge and competence as strategic assets: In: KLEIN, D. (Ed.). *The strategic management of intellectual capital.* S.l.: Butterworth-Heinemann, 1987. p. 165-187.

YIN, R. *Case study research: design and methods.* 2. ed. Thousand Oaks: Sage, 1994.

Capítulo 7

Grupo focal: método e análise simbólica da organização e da sociedade

Marco Aurélio Ruediger*
Vicente Riccio**

Introdução

Neste capítulo, procuramos discutir a utilização dos grupos focais como instrumento de análise qualitativa de alto poder analítico. O grupo focal caracteriza-se pela possibilidade de intervenção em tempo real no curso da análise e de confrontar as percepções de participantes, em suas similitudes e contradições, a respeito de um tema, ou grupo de temas, relacionados com o objeto de pesquisa. Enfatiza-se por meio dessa técnica não apenas as percepções individuais, mas também aquelas oriundas das interações do coletivo, expressas nas estruturas discursivas e na defesa ou crítica de temas e aspectos relevantes da pesquisa. Para ilustrar a propriedade do

---

* Doutor em sociologia pelo Instituto Universitário de Pesquisa do Rio de Janeiro (Iuperj), professor adjunto da Ebape/FGV, coordenador do Mestrado em Administração Pública da Ebape/FGV, consultor e coordenador dos projetos da Ebape/FGV junto à Secretaria de Desenvolvimento Econômico e Social da Presidência da República, afiliado ao National Center of Digital Government da John F. Kennedy School of Government — Harvard University. E-mail: ruediger@fgv.br.

** Doutor em sociologia pelo Iuperj, professor visitante na Ebape/FGV. E-mail: vriccio@fgv.br.

uso da metodologia de grupos focais, pode-se recorrer ao exemplo de um programa de televisão com forte impacto social e às diversas alternativas metodológicas de abordagem analítica sobre o mesmo.

Uma alternativa seria, dependendo do interesse da pesquisa, proceder à análise com base em dados relativos ao índice de audiência no horário nobre, a partir de um recorte voltado para o nível de escolaridade ou renda de um público específico do programa, apenas para citar alguns caminhos possíveis. O que tais abordagens têm em comum é o modelo de análise, baseado em *surveys*, nos quais os levantamentos são realizados a partir de amostragens significativas de uma população específica, por meio da utilização de questionários, codificação de variáveis e instrumentos estatísticos. Ou seja, o recorte dos fenômenos estudados é definido *a priori*. Nesse caso, da metodologia quantitativa, a análise ocorre a partir de números e de suas relações, que se baseiam em experimentos típicos das ciências naturais. No cerne de tal perspectiva, encontram-se as variáveis dependentes afetadas por variáveis independentes, conforme definido a seguir (Alasuutari, 1996:11):

> Na análise quantitativa, a argumentação é baseada em relações medianas e o ponto de partida para tudo isso é a busca por diferenças entre unidades de observação em termos de variáveis dependentes. As unidades de observação podem contemplar indivíduos ou outros grupos populacionais, como pessoas de diferentes regiões ou países. As unidades de observação podem ser períodos de tempo ou produtos culturais, como jornais. O princípio, contudo, é sempre o mesmo: a análise quantitativa é baseada na descoberta de regularidades estatísticas na forma em que diferentes variáveis estão associadas umas com as outras.

Assim, no campo das ciências sociais, a pesquisa quantitativa vem sendo correntemente utilizada, por exemplo, no estudo de temas afetos à cultura política e à jurídica. Em seu trabalho sobre as atitudes dos indivíduos em relação ao sistema político, Almond e Verba (1965) recorreram também aos *surveys* para medir a competência cívica de diferentes países; pois, nesse caso específico, os números eram instrumentos fundamentais para a explicação do fenômeno sob análise. Tal modelo de análise, desde a obra de Friedman (1987) — *The legal system* —, é notadamente o mais utilizado em pesquisas sobre aspectos subjetivos em relação à lei.

No caso da cultura política brasileira, pode-se indicar o estudo realizado por Carvalho (2000) sobre pesquisa realizada na Região Metropolitana do Rio de Janeiro, que recorreu aos instrumentos da metodologia quantitativa para analisar a atitude de indivíduos em relação a direitos civis e políticos e seu grau de participação cívica. Voltada para a investigação da relação estabelecida pelos entrevistados entre direitos e a idéia de cidadania, a pergunta específica sobre o tema questionava a percepção acerca de tipos particulares de direito, sendo estruturada com seis possibilidades de resposta,[1] cuja combinação, nos resultados finais, foi o meio utilizado pelo pesquisador para construir a explicação do fenômeno sob investigação.

Outros exemplos poderiam ser facilmente elencados para mostrar que a administração, a ciência política e a sociologia vêm, constantemente, recorrendo à metodologia quantitativa para analisar questões relativas ao mundo contemporâneo.

Mais recentemente, contudo, e de forma crescente, algumas dessas pesquisas começaram a recorrer à metodologia qualitativa para a compreensão de alguns fenômenos que não podem ser definidos *a priori*, buscando contornar uma inquestionável limitação dos *surveys*: a tendência à generalização e a dificuldade em interpretar percepções de caráter mais simbólico. Em tese, se o objetivo é explicar uma singularidade, a generalização estatística não se mostra o método mais adequado de análise (Alasuutari, 1996).

Desenvolvida a partir do cruzamento de diversas disciplinas, campos e objetos, a pesquisa qualitativa pode ter sua cronologia resumida em cinco fases específicas: tradicional (1900-1950), modernista (1950-1970), espaços intercalados (1970-1986), a crise de representação e pós-modernismo (a partir dos anos 1990). A metodologia qualitativa foi-se estruturando e se revigorando a partir desse processo histórico, podendo ser sintetizada da seguinte forma (Denzin e Lincoln, 1998:3):

> A pesquisa qualitativa é focada em multimétodos, envolvendo uma perspectiva interpretativa e naturalista de seus problemas. Isso significa que os pesquisadores qualitativistas estudam os problemas em seus espaços, tentando fazer sentido ou interpretar os fenômenos em termos de significados que as pessoas lhes trazem. A pesquisa qualitativa envolve a coleta de uma variedade de materiais empíricos — estudos de caso, experiências pessoais, introspecção, história de vida, textos visuais, interativos, históricos e observacionais — que descrevem a rotina, os momentos e os significados problemáticos da vida dos indivíduos.

A pesquisa qualitativa, por suas características, favorece a adoção de diversos métodos que se entrelaçam no desenvolvimento da investigação. Uma entrevista em profundidade permite verificar situações específicas, marcadas por traços subjetivos, que não seriam adequadamente apreendidos por um *survey*. A dor pela perda de um ente querido na porta de um hospital, certamente, ganha amplitude distinta quando analisada a partir de uma entrevista em profundidade. O índice de desemprego em uma região metropolitana pode ser visualizado por cortes estatísticos precisos, mas as angústias causadas por tal situação são, conforme dito anterior-

---

[1] Políticos, civis, sociais, outros, não sabe e não respondeu.

mente, melhor apreendidas por meio de uma entrevista em profundidade ou de um grupo focal composto por indivíduos que estejam compartilhando da difícil situação. Dessa compreensão é possibilitada maior precisão na codificação e, eventualmente, uma intervenção sobre o problema analítico.

Nesse aspecto, a pesquisa qualitativa se diferencia da análise quantitativa, pois procura observar e explicar um evento singular e, ao fazê-lo, não trabalha as particularidades individuais como "variáveis distintas". O exemplo do trabalho de Carvalho (2000) é interessante para a compreensão das diferenças entre as duas formas de análise. No *survey* citado anteriormente, 46,3% dos entrevistados responderam que o brasileiro é pouco confiável, estabelecendo uma generalização. O aprofundamento da investigação pela via qualitativa poderia levar à definição dos mecanismos pelos quais se estabelece a confiabilidade entre os indivíduos, captando interferências subjetivas como a cor da pele, o linguajar e o nível social dos atores envolvidos na interação. Em suma, as interatividades entre indivíduos, seja na busca de emprego, no protesto contra a situação do transporte coletivo ou na discussão de um crime ocorrido nas cercanias do bairro, são marcadas por particularidades que abrem um espaço extremamente rico para a pesquisa qualitativa. Essa, ao contrário do *survey*, não busca uma generalização, mas o retrato de um momento capaz de levar à compreensão de um fenômeno mais amplo. Não raro, utiliza-se o grupo focal para nortear a construção do *survey*, em etapa posterior, garantindo-lhe maior precisão.

O *modus operandi* das técnicas de análise qualitativa pode ser dividido em duas fases: purificação das observações e decifração dos enigmas. Na primeira, tematiza-se o objeto por diversos ângulos e opta-se por uma abordagem. A seguir, procede-se à análise dos dados iniciais, que são acomodados a uma teoria já existente ou utilizados para construção de uma nova teoria (Alasuutari, 1996).

Inicia-se, então, a fase de decifração dos problemas, por meio da interpretação dos dados levantados na pesquisa. Na análise qualitativa, o ato de decifrar significa que, na "base das pistas e dicas disponíveis, dá-se uma explanação interpretativa do fenômeno estudado" (Alasuutari, 1996:16). Nesse momento, as observações que permeiam a pesquisa são combinadas, podendo-se utilizar a etnografia, as entrevistas de profundidade e demais instrumentos de análise. O material resultante da coleta é, por suas características, multifacetado, comportando diversos ângulos de análise.

Mais especificamente o grupo focal, objeto de discussão neste texto, é caracterizado pela introdução, por parte do moderador, de tópicos de discussão relacionados com o objeto em estudo. Tal material permite o surgimento de um amplo espectro de interpretações, a partir de opiniões individuais sobre o tema que, por vezes, polarizam-se ao serem expostas ao coletivo. Tal método não significa o abandono da sistematização teórica mais rigorosa, mas, sim, a análise balizada pelos parâmetros escolhidos em uma estrutura flexível o suficiente para explorar nuanças pouco percebidas *ex ante* — e o contraditório — em tempo real.

Desenvolveremos a seguir a discussão desse método particular de pesquisa, inicialmente, delineando a forma do método propriamente dito, versando sobre a preparação do grupo focal e a estrutura física de trabalho, elementos fundamentais na correta aplicação da técnica. Em seguida, aprofundaremos alguns aspectos teóricos importantes e, posteriormente, apresentaremos recortes de dois casos oriundos de aplicações empíricas do método de grupo focal realizado pelos autores. Finalizando, teceremos breves comentários sobre a ética do trabalho e a seleção dos participantes.

A preparação do grupo focal e a estrutura física de trabalho

A metodologia de grupo focal abrange a elaboração de perguntas abertas para explorar e entender atitudes, opiniões, percepções e comportamentos dos segmentos estudados, por meio de um questionário semi-estruturado, vinculado a um grupo inicial de hipóteses. Enfatizamos que, em se tratando de percepções, não há resultados "certos" ou "errados", mas sim resultados adequados ou não ao esclarecimento do problema analítico. Nesse sentido, não se procura projetar estatisticamente as informações,[2] mas apenas estar atento à autenticidade das opiniões emitidas durante a discussão, com atenção especial em evitar os mecanismos de persuasão e constrangimento entre os participantes e na tendência que entrevistados eventualmente apresentam em dar respostas atípicas (consideradas como *outlines*) — sejam elas "politicamente corretas", excessivamente críticas, ou mesmo de concordância automática com as outras de participantes mais persuasivos do grupo —, atitude conhecida na bibliografia como "síndrome de respostas".

O trabalho com o grupo focal, especificamente, compreende uma discussão aparentemente informal na qual de sete a 10 participantes (por grupo) são convidados, de acordo com o perfil determinado pelos objetivos da pesquisa, e discutem o tema de estudo, como dissemos, de forma semi-estruturada, guiados por um profissional de moderação. A discussão é assistida pela equipe de pesquisa — e eventualmente por outros observadores/clientes — isolada em uma sala espelhada, e será descrita em termos mais precisos na próxima seção.

A equipe de pesquisa, eventualmente, promove interferências em tempo real (*real time*), por meio de perguntas endereçadas por escrito ao moderador, com o objetivo de elucidar e aprofundar o curso da investigação, em uma dialética com as respostas e opiniões omitidas.

Não há, como observamos, um questionário rigidamente estruturado, mas sim um roteiro semiflexível, construído de acordo com os objetivos da pesquisa, o que visa permitir que várias questões sejam melhor discutidas, aprofundadas, ou adicionadas no

---

[2] O que é feito em uma etapa posterior por meio de *surveys*, que são orientados com maior precisão pelas respostas e interpretações da fase qualitativa.

decorrer do processo analítico. Eventuais percepções ou relações não previstas, ou percebidas inicialmente pela equipe de pesquisa, são bem-vindas quando agregam valor ao quadro teórico ou à percepção do mundo real, desde que vinculadas ao escopo analítico. Os questionamentos, sendo pertinentes à formulação de hipóteses sobre o problema teórico, podem orientar uma nova adequação dos marcos conceituais do trabalho, não no sentido de reescrevê-los, mas sim de torná-los mais precisos.

Dessa forma, as respostas podem induzir tanto a novas perguntas introduzidas no roteiro em curso pelo mediador, ou ainda, aumentar a precisão conceitual do trabalho quando da análise do conjunto dos resultados. Respostas ou colocações retóricas de um ou mais indivíduos que tornem a discussão tautológica, que levem a acirramentos exacerbados, ou, ainda, que intimidem os outros participantes, devem ser desestimuladas pelo mediador, que não poderá perder o controle dos limites da discussão quanto a esses aspectos. Por outro lado, percepções mais finas, não esperadas — figuras de linguagem, deslocamentos, ou a implicação dos participantes no discurso por eles pronunciado, além das imagens utilizadas —, deverão ser observadas quanto às possibilidades dos símbolos ali apontados e de suas representações mais complexas percebidas nas vinculações semióticas (Eco, 2002) das estruturas discursivas expressas pelos participantes. Ao moderador cabe introduzir o tema, ouvir a discussão e explorá-lo, instigando os participantes a uma reflexão mais aprofundada.

Em geral, o início dos trabalhos com grupo de foco pode causar um pouco de apreensão aos participantes; mas, após os primeiros 20 minutos, relaxam e tendem, em boa parte do tempo, a diminuir o estranhamento que sentem pelo ambiente, fazendo com que, no calor da discussão, as percepções fluam, fornecendo os elementos necessários ao desenvolvimento do método e ao propósito da pesquisa. A sessão de trabalho deve iniciar-se pela explicação abreviada do método e, de forma transparente, explicitar que está sendo gravada, sendo que, detrás do espelho (figura a seguir), encontram-se alguns pesquisadores — o encontro pessoal entre estes e os participantes não é desejável — de forma a ganhar a confiança dos pesquisados. O passo seguinte — a aplicação efetiva do roteiro — deve traçar inicialmente contornos mais genéricos sobre o contexto da pesquisa, de forma quase lúdica, "aquecendo a discussão", e dando chance ao moderador de perceber comportamentalmente os diversos participantes, para, progressivamente, ir aumentando a precisão da discussão, chegando finalmente ao núcleo central da análise. Uma plaqueta com o nome do respectivo participante deve ser colocada em frente de cada um, até mesmo do moderador. O tempo estimado é de até duas horas. Finalmente, o ambiente não deve estar quente ou frio demais, e os participantes precisam sentir-se à vontade. Para tanto, bebidas não-alcoólicas devem ser servidas e alguns salgados e petiscos também. Pede-se que ninguém deixe o celular ligado e pergunta-se, antes de se iniciar o trabalho, se alguém necessita ir ao toalete, pois interrupções, embora toleradas, não são produtivas e devem ser evitadas.

Uma sala profissional de grupo focal compreende um conjunto de duas áreas distintas, separadas por um vidro espelhado, por onde os pesquisadores podem observar o comportamento dos participantes e o desenrolar das discussões sem serem por eles percebidos, de forma a não influenciar o ambiente de discussão. Na sala de mediação e discussão (1), ficam os participantes, além do mediador e um assistente, em geral encarregado do relatório, que será posteriormente complementado com trechos oriundos das gravações em vídeo e som. Na sala de observação (2), ficam os pesquisadores e convidados, em geral representantes dos clientes, ou alunos que estão aprendendo o método. As perguntas adicionadas, quando introduzidas, o são por meio de um assistente (nunca os próprios pesquisadores) na forma de um bilhete manuscrito com instruções sobre o ponto que se quer explorar ou, ainda, da pergunta direta que se deseja fazer. O moderador inclui esse ponto na discussão de forma não-abrupta, ou seja, deixa fluir a discussão e, mais à frente, volta ao ponto, formulando a pergunta ou induzindo por uma nova chave a questão. O relatório final compreende as respostas, os trechos gravados e as observações analíticas, feitas *a posteriori,* além das anotações dos pesquisadores. A figura representa uma sala profissional padrão de grupo focal.

Sala profissional padrão de grupo focal

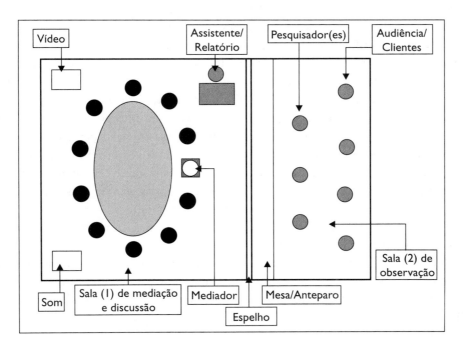

Aspectos teóricos relevantes e estudo de casos

A crescente importância do uso de métodos qualitativos de análise, em especial dos grupos focais, funda-se na crítica aos limites dos *surveys* e na "característica inevitável de estudos baseados em questionários", cujos achados são "necessariamente limitados pelo julgamento de relevância ou pela imaginação do pesquisador quando da compilação dos dados" (Schoreder, 1999:41). Na percepção dos críticos, por melhor estruturados que sejam, os questionários não têm a capacidade de "domar" as infinitas possibilidades interpretativas dos indivíduos; porque, por suas características, a percepção simbólica do fato ou do objeto permite que experiências sejam compartilhadas ao mesmo tempo, porém em espaços e significados por vezes distintos. Imagens de imigrantes ilegais pulando de navios em busca do "sonho americano", retirantes esfarrapados da seca ou personagens de uma novela, são vistos em uma infinidade de locais, por um número indefinido de indivíduos. Logo, ao mesmo tempo que compartilham percepções comuns sobre o objeto, comportam também uma variada gama de interpretações a respeito de seu conteúdo, numa diversidade reconhecida pelos estudos de recepção, que procuraram dar voz a tal público, evidenciando a reconhecida incapacidade da abordagem quantitativa para cobrir território tão complexo a partir do ângulo de percepção exclusivo do analista.

Assim, o *approach* qualitativo ganha espaço, em razão da necessidade de se abrir o campo de análise da cultura na estrutura de comunicação de massas da sociedade contemporânea, verificando-se, nessa tendência, uma forte presença de pesquisas etnográficas. No caso dos estudos de comunicação, o modelo mais enfático dessa lavra é o de codificação/decodificação desenvolvido por Stuart Hall, cuja idéia básica consiste na percepção de que o significado é gerado de acordo com repertórios comunicativos do codificador, os quais, por sua vez, são interpretados segundo os instrumentos do decodificador (Schoreder, 1999). Essa tradição passou a explorar os significados dos discursos a partir dos métodos empíricos oriundos das ciências sociais, ressaltando o caráter instigante da recepção, em razão "da maneira ativa e criativa pela qual os espectadores estabelecem suas próprias significações e constroem sua própria cultura, em lugar de absorver passivamente as significações pré-digeridas que lhes são impostas" (Ang, 1992:79). Deve-se também considerar os trabalhos de Umberto Eco (1997) e Pierce (2000) que buscam verificar pela semiótica a forma como se comunica e se estrutura o conhecimento do mundo por meio de símbolos, percebidos diferentemente por grupos e culturas. Parte-se do entendimento de que a compreensão dos sujeitos sobre o mundo e os fatos sociais é intermediada por estruturas simbólicas que organizam as percepções e a ação (Migueles, 2003).

A seguir, passaremos em revista dois casos de aplicação de grupos focais. No primeiro, verificaremos a construção metodológica anterior à utilização do grupo de foco, que o legitima como método escolhido de análise da percepção mediática de um *reality show*. No segundo, iremos mais diretamente à aplicação objetiva do método, que busca verificar as percepções de gestores sobre aplicação tecnológica nas organizações públicas. Nesse último exemplo, detalharemos alguns recortes relativos aos relatórios oriundos desses casos.

Caso I — Considerações metodológicas prévias na construção de grupos focais da percepção sobre eventos midiáticos

O programa do Ratinho e a percepção do justo[3]

O propósito que norteou o trabalho que deu origem a esse segmento buscou verificar as percepções populares sobre o justo construídas diariamente e seu reflexo em um *reality show*, em um contexto de crescente judicialização das relações sociais. O programa do Ratinho, foco da referida análise, apresenta um conteúdo centrado no tema da justiça, a partir de situações que não se restringem à tematização do crime, incorporando elementos aqui chamados de civil e social. As situações de maior visibilidade do programa têm forte apelo popular, tocando em temas relevantes para a sociedade brasileira contemporânea. Lá se encontram o aumento abusivo da criminalidade nos grandes centros urbanos (lei penal), as questões de paternidade mal resolvidas em razão da insolvência econômica de parcela considerável da população pobre do país (lei civil) e a intensa demanda por direitos sociais (realização das normas programáticas), ou seja, situações que se traduzem em julgamentos cotidianos dos indivíduos a respeito da ação do Estado como agente de coordenação política e social. Trata-se de julgamentos morais apresentados de maneira hiper-realista, que garantem visibilidade ímpar às misérias e desgraças humanas.

Aqui, considerou-se previamente a aplicação do método, a validação da adoção da recepção e da etnografia como formas de se compreender o papel da mídia no mundo contemporâneo. Por essa chave, a interpretação dos códigos midiáticos por parte dos receptores passa a representar o núcleo de análise que orientou a construção do desenho do grupo focal. Para tal, uma revisão teórica foi realizada de forma a auxiliar a decisão quanto ao método a ser utilizado, e, uma vez tomada essa decisão, elencar critérios e orientar a aplicação do método escolhido, no caso o grupo de foco.

No cerne da adoção da metodologia qualitativa, encontra-se a busca de uma abordagem do fenômeno da mídia que não esteja voltada para a confiabilidade ab-

---

[3] A descrição contida nesse segmento foi extraída da Riccio (2003).

soluta de seus achados ou para generalizações sobre o comportamento do espectador, mas sim para entendimentos coerentes da realidade, baseados nas diversas leituras possíveis sobre o que é veiculado pelos meios de comunicação de massa. Tal perspectiva, contudo, não ficou imune às críticas positivistas, centradas, principalmente, no questionamento da confiabilidade de seus resultados, a partir de uma suposta incapacidade da metodologia de produzir dados precisos sobre a realidade. A resposta a essa crítica teve como fio condutor o argumento de que a opção pela análise qualitativa guia-se não pela busca de verdades absolutas e passíveis de generalização, mas de achados que ajudem a compreender com mais profundidade determinadas questões da sociedade (Schoreder, 1999:49):

> Em um jargão mais preciso, a pesquisa qualitativa tem maior validade, pois os informantes podem pôr seus itens na agenda, pesquisadores podem investigar e os dados são contextualizados. A pesquisa quantitativa, ao contrário, tem maior confiabilidade, em razão de seus procedimentos mais formalizados de coleta de dados e análise, que aumentam a probabilidade de se obterem códigos e dados consistentes. Seus achados têm maior representatividade, em razão das amostras maiores e das técnicas aleatórias muitas vezes utilizadas para perscrutá-los.

Essa distinção, contudo, não valoriza um método em detrimento de outro, sendo ambos utilizados em análises de pesquisa e, muitas vezes, complementares entre si. Na realidade, boa parte das pesquisas busca a combinação das duas perspectivas de trabalho, a fim de elevar os padrões de confiabilidade e validade da investigação. Um ponto importante a considerar seria o de que a abordagem etnográfica não é aqui abandonada, mas amplia-se o foco de estudo, buscando-se incorporar a ela elementos reflexivos da recepção, assim como o seu contexto social. Dessa forma, a pesquisa não se sustenta sobre um viés puramente psicológico, mas procura aprofundar sua relação com a argumentação sociológica, além de compreender uma "cultura" estruturada cotidianamente. Ou seja, o marco teórico do presente caso pautou-se pela idéia de "estudar o texto da entrevista" — ou quaisquer textos de transcrições sobre o assunto — "em função de suas qualidades" (Alasuutari, 1999:14). Procurou, portanto, assegurar um sentido sociológico à interpretação do fato social, perspectiva que é estimulada no grupo.

Pela sua formatação, os discursos apresentados no programa conferem ao objeto desta pesquisa características apropriadas a uma investigação qualitativa. Quando Ratinho critica o Estado por não permitir a exposição pública de um menor que necessita de auxílio médico urgente — proibição calcada no princípio abstrato de preservação da imagem —, abre-se o dilema do rei Salomão: a qual mãe dar a criança? Como decidir o que é justo ou não? Essas perguntas trazem consigo diversas possibilidades de interpretação, pois o dilema, por suas características, é marcado por subjetividades, incertezas e pluralidades de significados. Assim, o referido trabalho analisou o conteúdo de Ratinho por meio de uma perspectiva calcada nos princípios da terceira geração dos estudos de recepção: o conteúdo e seu contexto social.

O programa, comandado pelo Ratinho, combina uma fórmula baseada em entretenimento e questões de interesse público, sendo, em diversos momentos do show, definido pelo próprio apresentador como um circo popular. Em outros momentos, contudo, Ratinho diz que a atração é um tribunal de pequenas causas de grande relevância social, em função das questões de natureza pública constantemente reafirmadas na transmissão. Adicionalmente, defende que a televisão brasileira necessita de programas populares voltados para a ajuda aos mais necessitados.

A base teórica desta pesquisa, desenvolvida por Ewick e Silbey (1998), trata da construção cotidiana da legalidade e das experiências individuais em relação ao mundo do direito oficial. A relação dos indivíduos com o plano do direito estatal define-se em função de relações de proximidade e afastamento, baseadas em dois grupos distintos: o dos agentes do Estado[4] e o dos leigos, ou do cidadão comum, não-especialista em questões do direito. No caso específico da mídia, quando se avalia posicionamentos, a literatura coloca, em campos opostos, a lógica dos operadores do direito, que detêm o conhecimento técnico das doutrinas e códigos, e a dos jornalistas e demais profissionais dos meios de comunicação de massa, construída a partir do preceito da instantaneidade. A idéia central, quando se amplia a discussão para o espectador, é a de que a formação técnica, no caso dos operadores, leva os profissionais à socialização de uma série de valores, entre os quais o monopólio estatal da justiça e do processo como instrumento de efetivação do direito. Já o cidadão comum, embora desprovido de tal formação, também elabora concepções próprias a respeito do justo, baseadas na moral, nos costumes, na religião e em outros elementos de seu cotidiano.

De que forma, então, o estudo de recepção pode ser útil na análise de um programa que mobiliza categorias sobre o certo e o errado? Como o conteúdo em análise não se situa no show promovido por Ratinho, mas nos temas relacionados com a questão da justiça, dois grupos surgem como potenciais: o de operadores do direito e o de espectadores sem formação jurídica.

Um interessante estudo levado a cabo por Tulloch (1995) a respeito das comunidades de fãs de ficção científica auxilia a compreensão da perspectiva adotada neste trabalho. A análise do seriado *Doctor Who* está focada no processo de sentido existente nas audiências. Em vez de trabalhar diversos grupos profissionais distin-

---

[4] Os agentes do Estado são aqueles que têm formação jurídica ou algum grau de conhecimento técnico em direito, necessário ao exercício de sua profissão.

tos, Tulloch (1995:68-69) centra sua amostra em grupos de estudantes de sociologia e engenharia mecânica para discutir um texto (programa) que trata das mudanças sociais como resultado de progressos científicos. Ou seja, o objetivo é perceber os contornos valorativos existentes nesses dois grupos em relação ao conteúdo da série. A seleção da amostra comportou uma distinção quanto ao estudo pioneiro de Morley (1999), realizado em 1980, acerca das leituras políticas e ideológicas do show britânico *Nationwide*:

> Em primeiro lugar, os grupos de audiência para o projeto *Doctor Who* foram todos escolhidos em razão da *audiência real* do programa, e não como um simples e conveniente sinalizador de discursos ideológicos. Em outras palavras, esses grupos focais continham fãs tradicionais ou recentes de *Doctor Who* ou seguidores. Em segundo lugar, diferentemente de Morley, os métodos usados foram desenhados para detectar as diferenças de significado não somente entre os grupos, mas dentro dos grupos individuais de audiência (...). Em terceiro lugar, sempre se desejou aumentar o foco ideológico para um mais genérico, comparando, em termos de resposta da audiência, o que se chamava de período de ação e paródia da série.

Os dois grupos selecionados para a pesquisa,[5] divididos entre estudantes de nível superior de ciências sociais e de engenharia mecânica, assistiram separadamente a um episódio de *Doctor Who, the monster of Peladon*, e discutiram o seu conteúdo ideológico. Os estudantes adotaram posições fundadas em sua formação teórica. Um deles, de nome Con, da área de ciências sociais, perguntado a respeito do conservadorismo do episódio, afirmou que a idéia de um herói cheio de "autoridade" permeava o filme. Ou seja, teve capacidade de construir afirmações mais abstratas, demonstrando a influência da formação profissional na leitura do episódio (Tulloch, 1995).

Já os estudantes de engenharia mecânica não apresentaram respostas tão articuladas, fazendo com que questões mais "abstratas" tivessem de ser estimuladas pelo entrevistador. A leitura política realizada por esse grupo não foi tão eficaz quanto a dos estudantes de ciências sociais, o que não os impediu, todavia, de reconhecer elementos sociais em *Doctor Who* (Tulloch, 1995). Para os propósitos deste trabalho, é importante observar que a leitura realizada pelos estudantes de ambos os grupos está relacionada com o seu repertório intelectual e as suas vivências cotidianas.

Outra pesquisa, adotando a metodologia de estudos de recepção, foi desenvolvida por Hermes (1997), que procurou reconstruir a maneira pela qual mulheres e homens trabalhavam o conteúdo das revistas femininas, tornando-o significativo em seus cotidianos. A cultura popular — da qual as revistas fazem parte — é muitas

---

[5] Todos eram do sexo masculino.

vezes uma atividade secundária, ligada a um passatempo sem maiores compromissos.[6] Assim, a leitura desse tipo de revista tem de se adequar à rotina pessoal dos indivíduos, podendo ocorrer em diversos momentos: durante uma viagem de ônibus, na fila do banco ou na hora do almoço.

Hermes (1997:25-26) critica o "leitor-ideal", simples decodificador, presente nos estudos iniciais de recepção, visto como um produtor ativo de significados. Os significados são construídos de acordo com o contexto no qual os textos estão inseridos. A leitura do texto que decorre desse contexto pode ser marcada por interpretações que privilegiem a sua estrutura ou que sejam contrárias à mesma. Assim, a leitura depende dos conhecimentos e experiências dos leitores. Ao adotar essa perspectiva, o autor estrutura seu trabalho da seguinte forma:

> Empreguei dois tipos diferentes de estratégia para analisar como as revistas femininas são usadas e interpretadas e de que maneira se tornam significativas. Desejei mostrar a natureza específica e contextual do uso e a interpretação das revistas femininas ao focarem histórias de vida específicas. Esse movimento particular demonstra como o uso e a interpretação da mídia existem por graça do ingovernável e imprevisível, mas em retrospecto compreensível e interessante das escolhas e atividades dos leitores.

O uso cotidiano das revistas femininas, sem a preocupação com o "leitor-ideal", foi considerado em razão das diferenças de gênero. A pesquisa pretendeu reconstruir o conhecimento disponível que os indivíduos utilizavam em suas conversas diárias. A operação da pesquisa deu-se por intermédio de 80 entrevistas em profundidade, realizadas com homens e mulheres da Grã-Bretanha e da Holanda, levando-se em conta distinções étnicas.

Qual seria a relação dessas pesquisas com a análise do programa do Ratinho? Como dito anteriormente, este trabalho pretendeu realizar um estudo de recepção a respeito do programa, em especial nas questões de natureza pública mais evidente. Para se atingir tal objetivo, partiu-se primeiro para uma análise do conteúdo, seguida da definição da amostra.

Na análise do conteúdo pelo autor do trabalho, não se procurou esgotar o material da amostra e fornecer um texto acabado para a pesquisa, pois a pretensão

---

[6] A satisfação com o consumo de tais produtos culturais está relacionada com o fato de que "a leitura cotidiana é prazerosa porque é feita em nosso próprio tempo, quando não existem obrigações, nem chefe para dizer o que fazer. Nosso próprio tempo, por definição, é o tempo roubado do sistema, gasto sem controle, fora das estratégias que separam espaços e demarcam regras. Você não deve memorizar a leitura diária ou lembrá-la, você o faz apenas por seu próprio prazer e, portanto, em momentos que se esquecem" (Hermes, 1997:19).

não era fazer a leitura em nome do receptor, mas analisar empiricamente o objeto e filtrar o conteúdo relacionado com o tema do justo. Diante da percepção de que o programa é uma mistura de tribunal de pequenas causas com circo popular, a leitura textual realizada procurou selecionar os momentos do show em que se sobressaíam as questões de natureza pública e, a partir daí, confrontar o material coletado com as pesquisas já realizadas sobre o tema.

Essa leitura, como visto, indicou a presença de três tipos de discurso sobre o justo — penal, civil e social — que, no palco, aparecem associados a diferentes tipos de sanção, dependendo da situação apresentada. O discurso penal normalmente se apresenta em quadros que relatam atentados contra a integridade das pessoas — homicídios, seqüestros, roubos e estupros — e remete à idéia de punição dura como resposta imediata ao ato ofensivo à comunidade. O discurso civil vem à tona em questões como as que envolvem família, vizinhança e relações de consumo, normalmente resolvidas no próprio programa, em razão de sua natureza pública. Por fim, o discurso social freqüentemente gira em torno de denúncias de que o Estado deixa de cumprir, ou o faz de forma ineficiente, a obrigação constitucional de prover determinados tipos de serviço aos cidadãos.

A partir das características elencadas, uma questão persistiu para a pesquisa: como operacionalizá-la? Levando-se em conta a natureza do conteúdo, pode-se observar que o programa é socialmente significante, a despeito de seu caráter de entretenimento. Mas, ao expor questões em que o justo e o injusto aparecem, bem como imagens relacionadas com a questão da justiça — advogados, juízes, servidores públicos, exames de peritos —, o programa abre um espaço de investigação em torno de dois grupos — operadores do direito e público sem formação jurídica —, selecionados para a pesquisa de recepção proposta neste trabalho. Assim, o procedimento adotado foi o grupo focal, que permitiu apreender como um determinado conjunto de pessoas reage aos estímulos de um tema específico (Gaskell, 2002:75):

> o objetivo do grupo focal é estimular os participantes a falar e a reagir àquilo que outras pessoas no grupo dizem. É uma interação social mais autêntica, um exemplo da unidade social mínima em operação, e como tal os sentidos ou representações que emergem são mais influenciados pela natureza social da interação do grupo, em vez de se fundamentarem na perspectiva individual, como no caso da entrevista em profundidade.

Como o objeto de análise é o conteúdo do programa que trata do tema da justiça, os grupos, como dito anteriormente, foram divididos entre os que possuem formação em direito e os que não a detêm. Essa distinção se justifica pelos valores que cada grupo tende a sustentar em relação ao direito oficial e à legalidade.[7] Os profissionais têm formação específica que valoriza os princípios do monopólio estatal da justiça e do processo como instrumentos adequados para a resolução de conflitos. Ao participarem diariamente do processo de *enforcement* das instituições jurídicas e da aplicação da lei no caso concreto, os operadores do direito contribuem para a formação do repertório prático a partir do qual eles próprios estabelecem o entendimento sobre o sistema judicial e o exercício da jurisdição.[8]

A prática legal, por suas características, reafirma constantemente a necessidade de manutenção da autoridade estatal e do respeito à ordem jurídica constituída. Dessa forma, o grupo dos profissionais em direito é extremamente importante para o desenvolvimento da pesquisa, visto que o repertório prático de seu cotidiano os habilita a discutir as situações apresentadas no programa. Além disso, deve-se ressaltar que o exercício do direito — em especial no sistema romano-germânico — baseia-se, fundamentalmente, na palavra escrita, indo da elaboração técnica dos códigos e das leis à formulação das petições. Essa forma de argumentação profissional exclui a utilização da imagem[9] e da instantaneidade, característica típica da mídia televisiva.

O outro grupo de análise foi composto, por sua vez, de indivíduos sem formação jurídica, mas que têm o hábito de assistir ao programa pelo menos uma vez por semana. Essas pessoas têm conhecimento do repertório utilizado pela atração e vêem-na em sua unidade: entretenimento e temas públicos.

---

[7] "O grupo fornece critérios sobre o consenso emergente e a maneira como as pessoas lidam com as divergências. Em uma sessão grupal, as pessoas podem ser criativas, o pesquisador/moderador pode explorar metáforas e imagens e empregar estímulos de tipo projetivo. Na situação grupal, a partilha e o contraste de experiências constroem um quadro de interesses e preocupações comuns que, em parte vivenciadas por todos, são raramente articuladas por um único indivíduo. O grupo é, antes, mais como uma novela, uma perspectiva sobre a vida cotidiana mostrada apenas quando se assiste a todo o programa e não apenas pela contribuição de um único ator" (Gaskell, 2002:77).

[8] Carlsson e Baier (2002) discutem a auto-imagem interna do Judiciário sueco a partir das imagens produzidas pela instituição. Após analisar 254 fotografias do Centro Nacional de Administração e 117 fotografias de calendários do Judiciário, como também de 137 brochuras, os autores demonstram que tais imagens estão ligadas à concepção de formalismo e transmitem todo tipo de idéia de majestade, coerência e autoridade do sistema legal.

[9] "Em outras palavras, o direito negligenciou a comunicação visual, mesmo que ainda existam áreas do direito nas quais a comunicação correria lentamente para a utilização do visual. O fato de o direito vir sendo comunicado quase somente por meio de textos não é surpreendente. Devemos lembrar-nos do *status* de autoridade do direito em uma cultura escrita. Este *status* apresenta uma atração que nos torna ambivalentes a respeito da passagem do paradigma da impressão" (Carlsson e Baier, 2002:189).

A escolha do grupo dos espectadores baseou-se no fato da audiência do programa estar concentrada nas camadas C, D e E — segundo o critério Brasil de avaliação.[10] A mediana desse grupo situa-se na faixa D, o que justificou a formação do grupo focal neste segmento. Assim, um grupo composto por pessoas de classe D, espectadores de Ratinho, de ambos os sexos, entre 18 e 45 anos, foi a base da amostra qualitativa utilizada por Riccio no tocante aos indivíduos sem formação jurídica.

O estudo empírico de recepção foi realizado da seguinte maneira: formação de dois grupos focais (operadores do direito *versus* espectadores sem formação jurídica), estimulados, em duas sessões distintas, por meio de vídeos com o conteúdo do programa do Ratinho, cobrindo os discursos penal, civil e social. Posteriormente, o autor deste estudo analisou os discursos de cada grupo, a fim de demarcar seus pontos comuns e suas contradições a respeito da tematização do justo na mídia.

Caso II — Exemplo de resultado de grupo focal vinculado à percepção sobre inovação organizacional e tecnológica

O caso do governo eletrônico[11]

O objetivo deste segmento analítico é compreender o tipo de recorte que é oriundo do grupo focal e dá forma ao relatório final. Nesse caso, a percepção existente sobre a situação atual e as perspectivas do governo eletrônico no Brasil formavam o núcleo duro do trabalho de análise. Trata-se, nesse caso, em especial, da relação do governo eletrônico com os cidadãos, sob as diversas ópticas dos diferentes agentes envolvidos com o tema. Para esse fim, buscou-se inicialmente, conforme descrito, por meio de grupos focais, captar a percepção tanto de usuários, quanto de gestores envolvidos com o desenvolvimento de sistemas de governo eletrônico. Note-se que, nesse caso, uma seqüência prevista deste segmento foi o aprofundamento dessas percepções por meio de entrevistas em profundidade e um *survey* nacional. O grupo focal, teria, portanto, a função adicional de orientar o desenho do *survey*.

A descrição que se segue é, portanto, extraída de uma análise de duas seções com grupos focais realizadas em 2002. O primeiro, com a participação de usuários da internet — grupo I —, foi composto de homens e mulheres entre 25 e 45 anos,

---

[10] Critério utilizado pela Associação Nacional das Empresas de Pesquisa (Anep).

[11] A descrição contida neste segmento foi extraída do trabalho de Marco Aurélio Ruediger, "Governo eletrônico ou governança eletrônica: conceitos alternativos no uso das tecnologias de informação para o provimento de acesso cívico aos mecanismos de governo e da reforma do Estado", premiado no Concurso de Ensayos y Monografías sobre Reforma del Estado y Modernización de la Administración Pública (Clad, 2002).

moradores da cidade do Rio de Janeiro, pertencentes às classes sociais A e B (critério Brasil). O segundo foi composto de gestores de tecnologia da informação e comunicação — grupo II —, também pertencentes às classes sociais A e B (critério Brasil), os quais foram selecionados entre gestores do sistema de governo eletrônico em empresas-chave da esfera pública ou prestadoras de serviços públicos recentemente privatizados, como os de água, luz e telefonia. Como referência, observe-se que todos no grupo II tinham nível superior, mas com uma formação bastante heterogênea, incluindo engenheiros, economistas, administradores e profissionais de comunicação. Em geral, esse grupo encontra-se em uma faixa etária de 35 a 55 anos. Um fato importante a ser notado é que destes nenhum era originário estritamente de uma carreira de gestor governamental, tendo, portanto, uma trajetória alternada tanto na esfera pública quanto na esfera privada, o que se tornou um ponto adicional de observação pelos pesquisadores.

Previamente, haviam sido feitas entrevistas em profundidade, de forma a orientar a construção do roteiro do grupo focal, sendo que algumas das observações oriundas dessas entrevistas foram incorporadas ao relatório final, servindo como variável de controle explicativa, frente a algumas observações obtidas.[12] Note-se que uma dessas entrevistas em profundidade será aqui incorporada, dada a consistência das informações que disponibiliza, sendo utilizada antecipadamente nesse texto exclusivamente como contraponto dos resultados apreendidos no grupo dos gestores estaduais e municipais. O objetivo nesse caso é de mitigar determinadas percepções sobre a problemática abordada por um prisma regional e local, e pelo federal, este último estritamente composto de gestores de carreira estritamente da esfera pública. A seguir, alguns exemplos de recortes do relatório final:

> A questão da exclusão digital é apontada no discurso dos entrevistados desse grupo como fundamentada em duas causas. A primeira refere-se ao acesso à educação formal. A segunda remete-se a questões de ordem econômica. Entretanto, enquanto a primeira é nítida em suas causas, numa aceitação universalizada da relação entre educação e exclusão; no caso da segunda, essa percepção é um pouco mais difusa. Ela existe, mas há uma individuação da responsabilidade na acessibilidade, descartando-se uma perspectiva sistêmica que induza a sua falta.
>
> "Não adianta ter terminal. Tem muita gente que não sabe ler e escrever, que dirá 'navegar' exige muito mais conhecimento. E para mexer no terminal é preciso ter tempo."
>
> "Se as escolas começarem a utilizar, é um aprendizado. Hoje em dia minhas três filhas têm acesso à Internet. Para elas vai ser uma coisa natural. Isso tem que fazer parte da vida da pessoa."

---

[12] Deve-se dizer, entretanto, que esse procedimento não costuma ser usual, mas foi considerado nesse caso imprescindível a uma melhor caracterização das discussões.

"Hoje em dia no morro [referindo-se às favelas e áreas de baixo *status*] o pessoal está colocando Internet [referindo-se a ONGs], mas depende da vontade da pessoa estudar realmente, vontade de ter conhecimento. A pessoa tem contato com computador e tem vontade de ter um, não precisa ser um de dois mil reais."

"Não é o fato de ter acesso ou não, quem pode pagar [apenas] duas horas para acessar num McDonald's[13] vai utilizar de um modo diferente daquele (participante) que tem 24 horas de acesso numa velocidade boa."

O mesmo se verifica quando perguntados sobre a possibilidade de participação nos assuntos públicos. Enfatiza-se a necessidade de o governo facilitar o acesso e prover serviços, porém, novamente, tem-se uma individuação da responsabilidade na vontade de participação. Ou seja, muito embora acurada, a percepção carece de qualquer crítica à ausência estrutural de cultura cívica, ou ao provimento de políticas que incentivem o incremento dessa participação. Quando estimulados a refletir sobre a relação entre acesso generalizado e participação, respondem que a tecnologia em si pode facilitar a participação, mas não motivá-la. Entendem que grande parte da população não está habituada a participar da vida pública, ou reivindicar seus direitos. O brasileiro, como foi dito, é percebido como individualista, movido apenas por seus interesses pessoais.

"A Internet é um facilitador; com a Internet é muito mais fácil. Agora, se você tem interesse em participar, a Internet está facilitando; mas, se você não tem esse interesse, por mais facilidade que tenha, não vai adiantar."

Entretanto, e de forma contraditória, os participantes expressam uma ambigüidade sobre a percepção de individuação pela baixa responsividade cívica, afirmando que poderia ser incentivada uma participação mais efetiva. Mencionou-se, como exemplo, uma experiência bem-sucedida de participação popular, na forma de votação eletrônica, promovida pela Rede Globo de Televisão, intitulada "O melhor e o pior de meu bairro". A emissora disponibilizou quiosques equipados com totens em ruas centrais de cada bairro, convocando todos os moradores a participar por meio de ampla divulgação. Na percepção dos participantes, após retornarmos a esse ponto da discussão, o sucesso dessa iniciativa é uma prova cabal de que, se o governo tiver vontade política, poderá promover a educação política da população (Scokpol, Evans e Rueschemeyer, 1985) e impulsionar a organização da sociedade civil para que interaja com o governo de forma ativa.[14]

---

[13] No Rio de Janeiro, a rede McDonald's disponibilizou, em algumas de suas lojas, terminais para acesso à internet.

[14] Essa é uma discussão célebre que pode ser encontrada em diversos autores. O capital social poderia ser criado ou incentivado? Para uma melhor compreensão ver os trabalhos de Robert Putnam, Peter Evans e Theda Scokpol. Como se sabe, para o primeiro essa possibilidade seria pouco provável, enquanto que para os outros seria possível pela ação do Estado.

"A Internet é um facilitador não um motivador; ela sozinha não vai despertar o interesse."

"Facilita para quem tem acesso, mas tem que pensar que é uma minoria. Parece que é todo mundo mas não é [de fato]."

Todo esse quadro aponta, portanto, para o aspecto de se entender a problemática em questão, traduzida na falta de credibilidade e baixa energia que possuem as instituições estatais no Brasil e a percepção de que elas fazem parte de um "outro mundo", muito distante, no qual o povo não tem acesso ou capacidade de intervir e participar positivamente. Atualmente, essa percepção tem-se aprofundado, a despeito de todos os esforços que têm sido até agora empreendidos na modernização do Estado, que resultaram no Plano de Reforma do Aparelho de Estado, e que supõem fundamentalmente a mudança de um modelo de administração burocrática, no qual se priorizariam procedimentos voltados para o controle dos próprios mecanismos administrativos, para um modelo com ênfase na busca de eficiência, da gestão empreendedora, do controle de resultados e do foco no cidadão-cliente. Entretanto, esse esforço pareceu bastante atrelado a determinadas figuras de ponta da administração, falhando assim em sua institucionalização e legitimação como vertente mais profunda e transformadora da esfera pública.

Nosso entrevistado da esfera federal, observou nesse sentido que:

"Em algumas vezes o site do ministério [da reforma] logrou ser mais procurado do que o da receita, pois o ministro [Bresser] exigia que as pautas de reuniões com decisões sobre a reforma e, em especial, referentes àquelas decisões sobre o funcionalismo público, fossem todas publicadas na Internet. Uma vez que o ministro assim exigia e cobrava, verificando constantemente, outros órgãos passaram a também assim proceder."

Retomaremos essa discussão quando do próximo grupo de gestores. No momento, importa ressaltar que, apesar do grupo I, com 10 usuários, ser composto por pessoas pertencentes à classe média urbana e intelectualizada e economicamente ativa — classes A/B, moradores da cidade do Rio de Janeiro, entre 25 e 45 anos —, apenas um integrante acessou com freqüência sites do governo ou de empresas que prestam serviços públicos para fazer reclamações. Todos os outros, sem exceção, visitaram pontualmente esses sites, seja por descrédito na eficiência do procedimento, por percepção cultural negativa ou por simples desinteresse, como demonstram as citações abaixo:

"A gente tem que ver até que ponto o governo recebe isso: 80% das vezes você entra como anônimo e aquilo acumula. Como as pesquisas que a Globo faz. 'Quem jogou melhor Ronaldinho ou Rivaldo?' Tantos por cento gostam do Ronaldinho, tantos por cento gostam do Rivaldo. Vai depender do governo admitir essa possibilidade. Sinceramente não sei."

"O brasileiro não está acostumado a esse tipo de movimento. Não tem cultura de reclamar. Não acha que vai surtir efeito."

"Tinha que ter mais gente como ela (participante). Eu não me interesso, mas a partir do momento em que começo a observar o comportamento de outras pessoas com respostas positivas, pode ser que venha fazer. Se for desperdiçar as minhas energias sem retorno, não vou fazer."

Sobretudo, por desinteresse ou desinformação, conforme se evidencia nos depoimentos:

"Acho que a Internet é um meio adequado. Nunca fiz [reclamação], acho que por falta de conhecimento."

"Política e violência tem o tempo todo na TV; fala-se sobre isso; enche o saco. Você não vai entrar na Internet para isso."

"A pessoa quer praticidade. Às vezes até entra num site, num provedor que já tem essa informação sobre política e lê. Às vezes não sabe como entrar num site do governo."

Esse ponto de vista, aliado às condições culturais acima referidas — descrédito no governo, desinteresse nas coisas públicas, passividade, foco nos interesses pessoais —, resulta, repetidas vezes durante o trabalho com o grupo, na dificuldade de conduzir a discussão para o tema de estudo: as expectativas e demandas sobre o governo eletrônico no Brasil e sua capacidade de mudar as relações Estado-cidadão, proporcionando maior possibilidade de *accountability* e participação. Observa-se, nesse campo, uma visão conservadora do processo. O governo eletrônico é visto pela grande maioria dos participantes como um mero prestador de serviços sem filas.

Nessa perspectiva, o governo se aproxima, e muitas vezes se confunde, com a esfera privada. As relações entre Estado e cidadãos tendem a ser mediadas pelo mercado. O cidadão percebe-se no máximo como um cliente do Estado, sem dele se apropriar, sequer marginalmente. Pode-se pensar positivamente em ser esse um caminho para a conscientização de seus direitos na medida em que o cidadão aprende a exigi-los — seja com as empresas que os ofertam, seja diretamente com as agências reguladoras ou, em última instância, com os Procons[15] nos estados — surge a oportunidade de exercitar a cidadania de uma forma mais ampla, organizando-se e tendo uma atitude proativa diante das coisas públicas.

Por outro lado, pode-se pensar pessimisticamente que esse quadro pode vir a não favorecer a politização das relações com o Estado, afastando cada vez mais o cidadão da esfera pública, alçando-a ao campo das relações entre atores privados [...]

Conclusão

Duas observações finais se fazem necessárias. Os detalhes dos participantes dos grupos e suas imagens não devem ser publicamente exibidos. A imagem dos com-

---

[15] Órgão de defesa do consumidor que, em alguns estados, é disponibilizado também pela web.

ponentes do grupo e suas respectivas identidades devem ser preservadas e não divulgadas. Apenas ao cliente e, obviamente, aos pesquisadores as fitas de áudio e vídeo deverão ser disponibilizadas. O relatório deve ater-se às perguntas, às respostas e às possíveis interpretações, sem nomear os respondentes. A única informação adicional deverá ser sobre o recorte socioeconômico do grupo de trabalho, ou ainda, se necessário, sobre alguma característica cultural, étnica ou de gênero que seja importante ressaltar em termos do recorte pesquisado. De outra forma, o perfil que deverá ser exposto deve referir-se ao critério Brasil, com ressalvas e adequações estritamente necessárias. Além disso, devem-se evitar relações hierárquicas em cada grupo, tais como: chefe e subordinado; empresa e cliente; ou, ainda, pais e filhos. Nesses casos, é preciso fazer grupos focais diferenciados e explorar as similitudes e as diferenças internas e externas entre eles, mas garantindo perfis similares entre os componentes de cada grupo. A escolha dos grupos deve ser preferencialmente aleatória, baseada nos critérios estipulados na pesquisa. Daí dizer-se que o trabalho do grupo inicia-se na fundamentação teórica e completa-se pela elaboração do desenho e pela determinação precisa de seus componentes e do roteiro de perguntas.

O grupo focal tem-se mostrado cada vez mais uma ferramenta de alto valor para os pesquisadores. Sua capacidade de complementaridade com outras formas de pesquisa qualitativa e quantitativa, somada a sua formatação, que possibilita a exploração profunda de percepções e contradições, fazem deste método um elemento de grande valor e força na pesquisa empírica. O grupo focal pode ser aplicado a um espectro grande de estudos, desde o consumo até o processo político, seja em assuntos da área pública ou da privada. Entretanto, a seriedade na operação do mesmo é um elemento fulcral para a efetividade dos resultados e a credibilidade dos pesquisadores. O número de grupos, a amostra de participantes, bem como o correto desenho, aplicação e interpretação são, portanto, elementos indispensáveis, sendo que sua precisa elaboração resulta, sobretudo, do equilíbrio entre conhecimento teórico e experiência prática. Em suma, o correto ensino da técnica faz-se crescentemente necessário. Entretanto, a incorporação dessa disciplina em nossas escolas, nas bases aqui propostas, é ainda relativamente pouco difundida e, com poucas exceções, fiel ao rigor acadêmico. Nesse sentido, o método de ensino e aplicação consistente de grupo focal é um campo em processo de construção.

Referências bibliográficas

ALASUUTARI, Pertti. Introduction: three phases of reception studies. In: _____. (Org.). *Rethinking the media audience*. London: Sage, 1999.

_____. *Researching culture: qualitative methods and cultural studies*. London: Sage, 1996.

ALMOND, Gabriel; VERBA, Sidney. *The civic culture*. Boston: Little e Brown, 1965.

ANG, Ien. Culture et communication: pour une critique ethnographique de la consommation des médias. *Hermés*, v. 11-12, p. 73-93, 1992.

CARLSSON, Bo; BAIEZ, Matias. A visual self-image of legal authority: the temple of law. *Social and Legal Studies*, v. 11, n. 2, p. 185-209, 2002.

CARVALHO, José Murilo. Cidadania na encruzilhada. In: BIGNOTTO, N. (Org.). *Pensar a República*. Belo Horizonte: UFMG, 2000.

DENZIN, Norman K.; LINCOLN, Yvonna. *Collecting and interpreting qualitative materials*. London: Sage, 1998.

ECO, Umberto. *A estrutura ausente*. S.l.: Perspectiva, 1997 (Coleção Estudos).

_____. *Tratado geral de semiótica*. S. l.: Perspectiva, 2002.

EWICK, Patricia; SILBEY, Susan. *The common place of law: stories from everyday life*. Chicago, London: The University of Chicago Press, 1998.

FRIEDMAN, Lawrence M. *The legal system: a social science perspective*. New York: Russel Sage Foundation, 1987.

GASKELL, George. Entrevistas individuais e grupais. In: BAUER, M.; GASKELL, G. (Orgs.). *Pesquisa qualitativa com texto, imagem e som: um manual prático*. Trad. de Pedrinho Guareschi. Petrópolis: Vozes, 2003.

HERMES, Joke. *Reading women's magazines: an analysis of everyday media use*. Cambridge: Polity Press, 1997.

MIGUELES, Carmen. Trabalho, poder e subjectividade na gestão empreendedora. *Revista Portuguesa e Brasileira de Gestão*, Rio de Janeiro, v. 2, n. 2, p. 58-72, abr./jun. 2003.

MORLEY, David. To boldly to go...: the third generation of reception studies. In: ALASUUTARI, P. (Org.). *Rethinking media audience*. London: Sage, 1999.

PIERCE, Charles. *Semiótica*. S. l.: Perspectiva, 2000.

RICCIO, Vicente. *A tela da lei: Ratinho e a construção mediática do justo*. 2003. Dissertação (Doutorado) — Iuperj, Rio de Janeiro.

SCHOREDER, Kim. The best of both worlds? Media audience research between rival paradigms. In: ALASUUTARI, P. (Org.). *Rethinking media audience*. London: Sage, 1999.

TULLOCH, John; JENKINS, Henry. *Science fiction audiences: watching Doctor Who and star trek*. London: Routledge, 1995.

Capítulo 8

A utilização da construção de desenhos como técnica de coleta de dados

*Sylvia Constant Vergara**

Introdução

Entrevistas individuais, grupos focais, questionários, observação simples e participante constituem as técnicas de coleta de dados mais difundidas em trabalhos empíricos no âmbito da pesquisa qualitativa. Outras técnicas, como o teste de evocação de palavras (Tura, 1998) e as conversas do cotidiano (Menegon, 2000), não são tão popularizadas, porém têm sido debatidas, sobretudo no campo da psicologia social.

Este capítulo apresenta e propõe a utilização de uma técnica ainda pouco empregada na área de administração: a construção de desenhos. Com essa decisão, espera-se agregar uma contribuição ao campo. Trata-se de uma técnica que visa estimular a manifestação de dimensões emocionais, psicológicas e políticas, pouco privilegiadas por técnicas de cunho racional. Existem diversos motivos para a sua utilização. O motivo maior é ir além das palavras escritas ou do que os discursos orais podem revelar.

---

* Doutora em educação pela Universidade Federal do Rio de Janeiro, professora titular da Ebape/FGV, consultora em organizações públicas e privadas em arquitetura e desenvolvimento organizacional, desenvolvimento gerencial, universidade corporativa, ensino a distância e metodologia da pesquisa científica. E-mail: vergara@fgv.br.

Trabalhos com a construção de desenhos como técnica de coleta de dados podem ser observados em estudos sobre mudança organizacional (Silva e Vergara, 2000; Vince e Broussine, 1996), processos de fusão e aquisição (Caldas e Tonelli, 2001; Gould, Ebers e Clinchy, 1999), impacto das mudanças tecnológicas no ambiente de trabalho (Zuboff, 1988), bem como em ensaios teóricos (Meyer, 1991; Silva, 2001).

O capítulo abordará: a obtenção de dados por meio de imagens, apresentando outras técnicas de coleta de dados além da construção de desenhos; a construção de desenhos como técnica de coleta de dados, fornecendo exemplos de pesquisas já realizadas; as limitações dessa técnica; por fim, as considerações finais do estudo.

Coleta de dados visuais: algumas alternativas

A expressão "dados visuais" é utilizada em pesquisa qualitativa para designar os registros obtidos por meio de gráficos, mapas, desenhos, diagramas, fotografias, entre outras imagens.

Gráficos e mapas cognitivos (Brito e Bastos, 2002) são freqüentemente utilizados na apresentação dos resultados da pesquisa. Entretanto, no que concerne à coleta de dados, os procedimentos ainda estão muito limitados aos relatos verbais e escritos e à observação.

Esta seção apresenta três alternativas para a coleta de dados visuais, nas quais se inserem os desenhos. São focalizadas as fotografias, os diagramas e os esquemas de computador, descritos a seguir.

A utilização de fotografias na pesquisa qualitativa se dá tanto no âmbito dos trabalhos de campo quanto no da pesquisa documental. Flick (2002) menciona quatro possibilidades de utilização das fotografias como instrumentos para a coleta de dados, quais sejam:

- o pesquisador mostra fotografias para o entrevistado e pede-lhe que faça comentários, que as interprete;
- o pesquisador fotografa os sujeitos ou o ambiente a ser investigado e interpreta as imagens;
- o pesquisador solicita ao sujeito da pesquisa que mostre fotografias referentes a um tema específico;
- o pesquisador solicita ao sujeito da investigação que fotografe algo e conduz uma análise acerca do que foi fotografado.

Nas duas primeiras situações, cabe ao pesquisador selecionar as fotografias a serem interpretadas pelo entrevistado ou as registradas para a sua própria análise.

Nas outras duas situações, a decisão sobre o que mostrar ou o que fotografar é tomada pelo sujeito da pesquisa, não pelo pesquisador. Argumenta-se que delegar ao sujeito a tarefa de selecionar imagens permite ao pesquisador inferir acerca das percepções de cada um dos sujeitos. Nesse sentido, Loizos (2002:148) defende que "um estudo sobre o que é e o que não é fotografado pode ser sugestivo". Para o autor, ler os registros visuais presentes, bem como os ausentes, é uma tarefa de pesquisa possível.

Uma segunda alternativa para a coleta de dados visuais diz respeito aos diagramas. O diagrama é um tipo de imagem que combina recursos visuais, como setas, tracejados, figuras geométricas, com palavras, letras ou números. É uma técnica parcialmente estruturada pelo pesquisador, na medida em que as bases para a construção dos diagramas são, em geral, previamente estabelecidas.

A coleta de dados por meio da construção de diagramas foi uma das técnicas utilizadas por Meyer (1978) em uma pesquisa da qual participaram 19 hospitais. Foram investigadas as relações entre estratégia organizacional, percepções dos gestores com relação ao ambiente, tipos de ajuste, teorias de gestão e a influência dos membros da organização nas tomadas de decisão. A construção de diagramas teve como objetivo identificar as entidades mais significativas, relacionadas com o ambiente no qual o hospital estava inserido, bem como o impacto e a influência de cada uma delas nas ações do hospital, e vice-versa.

O emprego da técnica de construção de diagramas estimula o respondente a sintetizar suas percepções por meio de representações concretas, que podem ser complementadas pelo pesquisador por meio da realização de entrevistas ou da aplicação de questionários, o que foi feito por Meyer (1978).

A terceira técnica sugerida para a obtenção de dados por meio de imagens é a elaboração de esquemas de computador (Meyer, 1991). Essa técnica consiste na definição de um esquema genérico, pelo pesquisador, a partir do qual os sujeitos da pesquisa constroem suas representações. É, assim como a construção de diagramas, uma técnica parcialmente estruturada pelo pesquisador.

A utilização dessa técnica é descrita por Meyer (1991), ao apresentar uma pesquisa realizada por ele no setor de saúde. O esquema genérico foi delineado durante a pesquisa de campo, tendo como base três categorias: hospitais ou provedores de serviços, planos ou grupos de pacientes e a diversidade de produtos e serviços. Esse esquema foi apresentado aos gestores dos hospitais participantes para que elaborassem esquemas específicos, customizados, utilizando, para tanto, recursos da informática.

As técnicas aqui apresentadas são, como sugere o título desta seção, apenas algumas opções a serem exploradas no âmbito da pesquisa que não privilegia procedimentos estatísticos. Na seção seguinte, será exposto o foco do presente estudo: a construção de desenhos.

Coleta de dados visuais: a construção de desenhos

Ao contrário da pesquisa dita quantitativa, cujo enfoque é a verificação, ou seja, a confirmação ou não de hipóteses preestabelecidas, a pesquisa dita qualitativa trabalha num contexto de descoberta de conhecimentos, de exploração da visão de mundo dos sujeitos (Moreira, 2002). Nesse sentido, considerar a subjetividade nas organizações significa reconhecer que os indivíduos estão em ação e em interação, dotados de vida interior (Davel e Vergara, 2001). Contribui para "tornar compreensível a experiência humana em sua fonte mais complexa, rica e profunda" (Davel e Vergara, 2001:42).

Resgatar a dimensão subjetiva dos indivíduos requer técnicas de cunho interpretativo, de orientação fenomenológica. Sendo assim, "a tarefa do pesquisador é buscar compreender como a realidade se constrói por meio da experiência das pessoas envolvidas em determinada situação ou com um dado fenômeno" (Carvalho e Vergara, 2002:81).

Nesse contexto, utilizar a construção de desenhos como técnica de coleta de dados funciona como um catalisador (Vince e Broussine, 1996; Zuboff, 1988), ou seja, contribui para a manifestação da subjetividade dos indivíduos, de dimensões difíceis de serem expressas por meio de palavras. Resgatar essa subjetividade é o que se advoga ao propor a construção de desenhos.

A coleta de dados por meio de desenhos pode ser:

- não-estruturada — situação em que o sujeito tem liberdade para escolher o que desenhar;
- semi-estruturada — situação em que o pesquisador sugere um tipo de representação como, por exemplo, animais ou carros.

Podem, ainda, variar os procedimentos utilizados para a coleta, bem como para a interpretação e explicação das representações. Assim, os desenhos podem ser obtidos durante a realização de *workshops*, por meio de ações individuais ou coletivas, durante a realização de entrevistas individuais ou, ainda, por meio de questionários que contemplem tal proposta.

Silva e Vergara (2000), por exemplo, utilizaram a construção de desenhos como técnica de coleta de dados em uma pesquisa sobre o significado da mudança para funcionários de uma empresa estatal brasileira, em um contexto de quase-privatização. A pesquisa foi desenvolvida no âmbito de um programa de desenvolvimento gerencial, cujo módulo referente à gestão de pessoas foi dividido em duas fases: uma fase tutorial e uma presencial.

Na abertura da fase presencial, foi solicitado aos participantes, divididos em grupos de cinco pessoas, que elaborassem um desenho que representasse a impressão do grupo acerca da relação entre a empresa e seus empregados, naquele momento. Esse procedimento foi chamado pelos autores de dinâmica de construção coletiva de imagens. Após a construção dos desenhos, os participantes foram reunidos para que explicassem o significado das imagens. Desenhos, como uma lâmpada que brilha na escuridão, pessoas tentando apoiar uma árvore que ameaça tombar diante de um furacão, uma lagarta que se transforma em borboleta e um trem seguindo em direção a um túnel onde há uma luz em seu final, revelaram aspectos positivos, isto é, que poderiam favorecer a implementação das mudanças. Outros desenhos, como um prédio rachando, uma torre balançando, um furacão, uma tempestade, pessoas pulando de um barco que ameaça afundar, e um barco afundando com poucos botes salva-vidas disponíveis, revelaram aspectos negativos, ou seja, que poderiam prejudicar as mudanças pretendidas. A dinâmica adotada por Silva e Vergara (2000) privilegiou a reflexão conjunta dos participantes, bem como a interpretação dos dados pelos próprios sujeitos da pesquisa.

Outro trabalho que utilizou a técnica de construção de desenhos, durante a realização de *workshops*, foi o de Vince e Broussine (1996). Os autores investigaram os aspectos emocionais que impactam os processos de mudança organizacional para gerentes de nível intermediário e sênior de seis empresas do setor público no Reino Unido.

O trabalho de campo foi dividido em duas fases distintas. Na primeira, os participantes foram separados conforme o nível hierárquico, ou seja, grupos constituídos exclusivamente por gerentes intermediários e outros constituídos exclusivamente por gerentes seniores. Foi solicitado aos participantes que elaborassem, individualmente, um desenho sem texto, que refletisse o sentimento de cada um com relação às mudanças organizacionais. Após a construção dos desenhos, foi sugerido aos participantes que registrassem, no verso da folha, de cinco a 10 palavras ou frases que poderiam ser associadas ao próprio desenho. Em seguida, o grupo foi reunido para a discussão acerca do significado dos desenhos.

Na segunda fase da pesquisa, os grupos foram reunidos, sem distinção de nível hierárquico, para a discussão dos resultados registrados na primeira fase. Vince e Broussine (1996) privilegiaram a reflexão individual dos participantes, durante o momento da construção dos desenhos. Entretanto, a interpretação dos dados pelos próprios participantes se deu no âmbito coletivo.

Zuboff (1988), por seu turno, investigou as transformações provocadas pela informatização em oito grandes organizações, incluindo indústrias e empresas prestadoras de serviços. A seleção das organizações baseou-se, sobretudo, no desejo da autora em explorar locais onde os profissionais estivessem experimentando uma reorganização significativa em suas tarefas diárias como resultado da informatização, além de estarem confrontando essas novas condições de trabalho pela primeira vez.

Participaram da pesquisa profissionais de diversos níveis hierárquicos: membros da alta direção, gerentes, empregados de escritório, entre outros. O foco da pesquisa foi direcionado para a experiência humana, ou seja, o que os indivíduos sentiam e faziam no trabalho.

Os dados da pesquisa de campo foram coletados por meio de entrevistas, discussões em grupo, observação participante, bem como da técnica de construção de desenhos. A autora relatou a experiência da utilização da construção de desenhos, como técnica de coleta de dados, ao discorrer sobre o trabalho de campo em dois escritórios. Constatou, durante as entrevistas, que os indivíduos, muitas vezes, tinham dificuldade para encontrar palavras que refletissem seus sentimentos com relação ao trabalho, antes e depois da introdução de novas tecnologias. Nesse sentido, sugeriu a construção de desenhos. As figuras 1 e 2 permitem visualizar a percepção de um dos profissionais com relação às mudanças.

Figura 1
Percepção do profissional X antes das mudanças no ambiente de trabalho

Fonte: Zuboff, 1988.

Figura 2
Percepção do profissional X depois das mudanças no ambiente de trabalho

Fonte: Zuboff, 1988.

Os desenhos foram construídos individualmente, em sessões privativas, mas revelaram sentimentos similares, destacados em duas categorias. A primeira refere-se às alterações físicas provocadas pelas mudanças, tendo o corpo dos trabalhadores como alvo. Desenhos como indivíduos acorrentados às suas mesas, cercados por frascos de aspirina, vigiados pelos supervisores ou cercados por paredes, ilustram essas alterações.

Figura 3
Percepção do supervisor X antes das mudanças no ambiente de trabalho

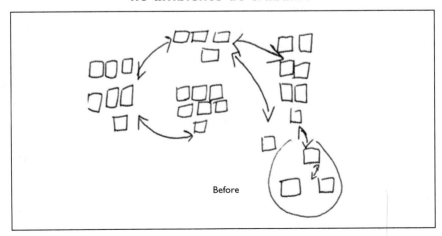

Fonte: Zuboff, 1988.

A segunda categoria diz respeito tanto ao isolamento do indivíduo no ambiente de trabalho quanto à distância que se estabeleceu entre os empregados e seus supervisores. As figuras 3 e 4 ilustram essas alterações, na visão de um dos supervisores.

Figura 4
Percepção do supervisor X depois das mudanças no ambiente de trabalho

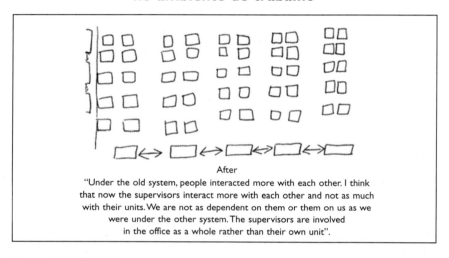

After
"Under the old system, people interacted more with each other. I think that now the supervisors interact more with each other and not as much with their units. We are not as dependent on them or them on us as we were under the other system. The supervisors are involved in the office as a whole rather than their own unit".

Fonte: Zuboff, 1988.

O processo de interpretação e explicação dos desenhos serviu como um estímulo para os indivíduos, permitindo que encontrassem palavras para a descrição de suas experiências. Nesse sentido, o trabalho de Zuboff (1988) explorou alternativas diversas para a coleta de dados, trazendo à tona aspectos subjetivos, muitas vezes não considerados na vida organizacional.

Outro exemplo da utilização da construção de desenhos como técnica de coleta de dados é a pesquisa realizada por Caldas e Tonelli (2001) sobre o tipo de representação que os processos de fusão e aquisição constituem para os indivíduos "sobreviventes".

Os autores utilizaram, na pesquisa de campo, um questionário constituído por 58 questões, tanto abertas quanto fechadas, a fim de identificar a percepção dos indivíduos acerca do processo de integração ocorrido. Uma das questões referia-se a uma proposta para que o sujeito representasse, por meio de um desenho, como viu o processo de integração.

Os desenhos elaborados foram classificados em três níveis: representações sobre indivíduos, sobre grupos e sobre a organização. Os autores optaram por focalizar a análise sobre o nível do grupo, num total de 95 desenhos. Sublinharam a importância de se buscar entender, no contexto dos processos de integração, o campo grupal, constituído por uma oscilação entre os objetivos da tarefa e uma dinâmica cujos aspectos emocionais predominam.

A análise dos desenhos foi baseada em três pressupostos básicos das dinâmicas dos grupos: a luta-fuga, a dependência e o acasalamento. A luta-fuga foi identificada em desenhos, como o de uma empresa engolindo a outra, um indivíduo mais forte agredindo um mais fraco, pessoas escalando uma montanha, mostrando que nem todas chegarão ao pico. Essas representações sugerem sentimentos de perda, medo, a sensação de exclusão do processo. A dependência, embora tenha sido manifestada com menor freqüência, ficou caracterizada por desenhos como o de um líder conduzindo o grupo de modo adequado ou da representação do símbolo de energia. Desenhos como o de uma mulher grávida, pensando no bebê que vai nascer ou a figura *yin-yang*, caracterizaram o pressuposto básico do acasalamento. São representações que revelam uma expectativa positiva: a esperança no futuro.

Na interpretação dos autores, os grupos envolvidos em processos de fusão e aquisição não estavam voltados para a tarefa, mas abraçados por um clima de intensa emoção. Grande parte dos indivíduos estava impregnada por sentimentos de frustração, dor e medo. Entretanto, havia, também, os sonhadores, aqueles que esperavam inconscientemente que as dificuldades fossem resolvidas. O trabalho de Caldas e Tonelli (2001) destaca a possibilidade de reflexão individual dos sujeitos, bem como a da interpretação dos desenhos pelos pesquisadores.

Os exemplos apresentados, embora tenham privilegiado procedimentos diferentes para a obtenção dos desenhos, tinham o mesmo propósito: estimular a manifestação de idéias, crenças e sentimentos, de forma mais espontânea. Nesse sentido, se compreender a subjetividade dos indivíduos for importante, os desenhos podem dizer o que as palavras nem sempre conseguem revelar.

Discutindo as limitações da técnica

O êxito de uma investigação depende, inicialmente, da formulação adequada do problema de pesquisa. É com base nesse questionamento que deve ser definido o método, bem como as técnicas a serem utilizadas para a coleta dos dados. Como todo método de pesquisa, qualitativo ou quantitativo, apresenta limitações (Vergara, 2003), cabe ao pesquisador selecionar o que, ainda assim, é adequado aos propósitos da investigação. As restrições podem estar relacionadas com o próprio método ou, especificamente, com o tratamento dos dados ou com a coleta. A técnica de construção de desenhos não foge à regra.

Uma de suas limitações refere-se à dificuldade para a generalização dos resultados da pesquisa, dependendo dos contextos cultural, político e econômico em que os indivíduos estão inseridos. Essa é uma limitação inerente aos métodos e às técnicas de pesquisa dita qualitativa, pois não se prendem a amostras probabilísticas; antes, selecionam os sujeitos com base em critérios intencionais, como fez Zuboff (1988) ao concentrar o foco da pesquisa nas pessoas cujo trabalho foi afetado diretamente pela introdução de novas tecnologias.

Uma segunda limitação diz respeito à interpretação dos resultados. Nos casos em que o sujeito fornece os dados, mas não os interpreta, como na inserção da proposta de construção de desenhos em questionários, cabe ao pesquisador interpretar e explicar os desenhos, o que exige dele conhecimentos de psicologia e alta sensibilidade.

Há, ainda, limitações relacionadas com a prática de ações coletivas de construção de desenhos. A divisão dos sujeitos em grupos para que, durante a realização de *workshops*, reflitam e elaborem conjuntamente um desenho por grupo, permite a influência de determinados membros do grupo sobre outros, restringindo a manifestação de opiniões contrárias à opinião média grupal. Essa limitação, contudo, não é exclusiva da construção conjunta de desenhos, mas inerente a trabalhos e discussões em grupo. Há de considerar-se ainda que, por outro lado, a manifestação de aspectos emocionais, de modo coletivo, contribui para liberar os indivíduos de um excessivo senso de autocrítica que poderia restringir a exposição de suas idéias e percepções diante do grupo (Silva e Vergara, 2000).

Finalmente, vale mencionar que o grau de envolvimento do pesquisador ao conduzir as discussões acerca do significado dos desenhos, durante a realização de *workshops*, pode ser tanto uma possibilidade, agindo como um moderador, elencando as conclusões dos participantes e apresentando-as para a validação pelo grupo, quanto uma limitação, podendo influenciar os participantes, provocando vieses na pesquisa.

Outras limitações poderão surgir no dia-a-dia da pesquisa de campo. Trabalhar para minimizá-las é tarefa do pesquisador.

Considerações finais

Este capítulo buscou apresentar e propor a utilização da construção de desenhos como técnica de coleta de dados visuais na área de administração. Inicialmente, abordou a utilização de outras técnicas, como as fotografias, os diagramas e os esquemas de computador. Em seguida, apresentou a construção de desenhos, oferecendo exemplos de pesquisas já realizadas. Por fim, discutiu as limitações dessa técnica.

Sugerir a utilização de técnicas de coleta de dados visuais, mais precisamente, da construção de desenhos, pode parecer um desafio, na medida em que estudos apontam para a preferência de pesquisadores por abordagens positivistas ou funcionalistas (Bertero, Caldas e Wood Jr., 1998; Cabral, 1998). E, ainda, registram o preconceito sofrido por estudos qualitativos, por parte das lentes positivistas (Patrício et al, 1999).

Entretanto, volta-se a afirmar que apenas números ou palavras não são suficientes para desvendar e explicar a complexidade da vida organizacional. E, como as organizações são construídas por pessoas e pessoas agem de acordo com a razão, com suas experiências de vida e com a emoção, por que não considerar todos esses aspectos? Essa provocação à reflexão é oferecida ao leitor.

Referências bibliográficas

BERTERO, Carlos O.; CALDAS, Miguel P.; WOOD JR., Thomaz. Produção científica em administração de empresas: provocações, insinuações e contribuições para um debate local. In: ENANPAD, 22., Foz do Iguaçu, 1998. Anais... Foz do Iguaçu: Anpad, 1998.

BRITO, Ana Paula M. P.; BASTOS, Antonio V. B. Schemas cognitivos e gestão: um estudo sobre comprometimento no trabalho entre gestores de uma empresa petroquímica. In: ENCONTRO NACIONAL DE ESTUDOS ORGANIZACIONAIS, 2. 2002, Recife. Anais... Recife: Anpad, 2002.

CABRAL, Augusto Cézar de Aquino. Reflexões sobre a pesquisa nos estudos organizacionais: em busca da superação da supremacia dos enfoques positivistas. In: ENANPAD, 22. 1998, Foz do Iguaçu. Anais... Foz do Iguaçu: Anpad, 1998.

CALDAS, Miguel Pinto; TONELLI, Maria José. Casamento, estupro ou dormindo com o inimigo? Interpretando imagens e representações dos sobreviventes de fusões e aquisições. In: ENANPAD, 25. 2001, Campinas. Anais... Campinas: Anpad, 2001.

CARVALHO, José Luis Felício dos Santos de; VERGARA, Sylvia Constant. A fenomenologia e a pesquisa dos espaços de serviços. *Revista de Administração de Empresas*, São Paulo: FGV, v. 42, n. 3, p. 78-91, jul./set. 2002.

DAVEL, Eduardo; VERGARA, Sylvia Constant. Gestão com pessoas, subjetividade e objetividade nas organizações. In: _____. (Orgs.). *Gestão com pessoas e subjetividade*. São Paulo: Atlas, 2001.

FLICK, Uwe. *An introduction to qualitative research*. 2. ed. London: Sage, 2002.

GOULD, Laurence J.; EBERS, Robert; CLINCHY, Ross McVicker. The systems psychodynamics of a joint venture: anxiety, social defenses, and the management of mutual dependence. *Human Relations*, v. 52, n. 6, 1999.

LOIZOS, Peter. Vídeo, filme e fotografias como documentos de pesquisa. In: BAUER, Martin W.; GASKELL, George (Eds.). *Pesquisa qualitativa com texto, imagem e som: um manual prático*. Petrópolis: Vozes, 2002.

MENEGON, Vera M. Por que jogar conversa fora? Pesquisando no cotidiano. In: SPINK, Mary Jane (Org.). *Práticas discursivas e produção de sentidos no cotidiano: aproximações teóricas e metodológicas*. 2. ed. São Paulo: Cortez, 2000.

MEYER, Alan D. Visual date in organizational research. *Organization Science*, v. 2, n. 2, May 1991.

_____. Management and strategy: the case of the voluntary hospital. In: MILES, Raymond E.; SNOW, Charles C. *Organizational strategy, structure, and process*. New York: McGraw-Hill, 1978.

MOREIRA, Daniel Augusto. Pesquisa em administração: origens, usos e variantes do método fenomenológico. In: ENANPAD, 26. 2002, Salvador. *Anais*... Salvador: Anpad, 2002.

PATRÍCIO, Zuleica et al. Aplicação dos métodos qualitativos na produção de conhecimento: uma realidade particular e desafios coletivos para compreensão do ser humano nas organizações. In: ENANPAD, 23. 1999, Foz do Iguaçu. *Anais*... Foz do Iguaçu: Anpad, 1999.

SILVA, José Roberto Gomes da. Utilização de desenhos na pesquisa sobre a criação do sentido da mudança organizacional: uma análise comparativa. In: ENANPAD, 25. 2001, Campinas. *Anais*... Campinas: Anpad, 2001.

SILVA, José Roberto Gomes da; VERGARA, Sylvia Constant. O significado da mudança: as percepções dos funcionários de uma empresa brasileira diante da expectativa de privatização. *Revista de Administração Pública*, Rio de Janeiro: FGV, v. 34, n. 1, p. 79-99, jan./fev. 2000.

TURA, Luiz Fernando Rangel. Aids e estudantes: a estrutura das representações sociais. In: JODELET, Denise; MADEIRA, Margot (Orgs.). *Aids e representações sociais: à busca de sentidos*. Natal: Eduf/RN, 1998.

VERGARA, Sylvia Constant. *Projetos e relatórios de pesquisa em administração*. 4. ed. São Paulo: Atlas, 2003.

VINCE, Russ; BROUSSINE, Michael. Paradox, defense and attachment: accessing and working with emotions and relations underlying organizational change. *Organization Studies*, v. 1, n. 17, 1996.

ZUBOFF, Shoshana. *In the age of the smart machine*. New York: Basic Books, 1988.

Capítulo 9

Uma introdução ao uso de métodos qualitativos de pesquisa em comportamento do consumidor

Eduardo A. T. Ayrosa*
João Felipe Rammelt Sauerbronn**

Introdução

Profissionais e acadêmicos de marketing têm o privilégio — e ao mesmo tempo o ônus — de observar algo que fazem todos os dias: comprar. Livros de comportamento do consumidor, atualmente em rápida proliferação no mercado brasileiro, listam várias teorias úteis para o observador. O uso dessas teorias, no entanto, pode ser confuso devido ao próprio treinamento metodológico dos profissionais, sejam eles praticantes ou acadêmicos.

É relativamente raro encontrar um executivo que elabore confortavelmente sobre problemas metodológicos de pesquisa de mercado. Não obstante, o uso de pesquisa qualitativa em marketing é aparentemente mais intenso entre praticantes do que entre acadêmicos. Praticantes sentem-se atraídos pela amplitude de conceitos que podem ser explorados de forma relativamente rápida. Talvez por

---

* PhD em administração pela London Business School e professor adjunto da Ebape/FGV. E-mail: ayrosa@fgv.br.

** Mestre em administração pública e doutorando em administração pela Ebape/FGV. E-mail: sauerbronn@fgv.br.

isso mesmo, o típico relatório final de uma investigação qualitativa seja aparentemente fácil de ser lido e compreendido, uma vez que raramente envolve procedimentos estatísticos e amostrais obscuros. No entanto, essa aparente simplicidade esconde uma enorme complexidade: o relatório muitas vezes mostra fundamentalmente a forma como o pesquisador interpreta o fenômeno social observado. Ler um relatório de pesquisa qualitativa, dessa forma, exige confiança no pesquisador acima de tudo. Em caso de fracasso, não há violações de normalidade, erros amostrais, falhas no questionário (que, afinal, foi aprovado pelo cliente), não há muito a quem culpar além do próprio pesquisador como observador de um fato social.

Por outro lado, observando-se a formação de pesquisadores em cursos de doutorado, vê-se que a pressão para a conclusão do curso em quatro anos freqüentemente força o candidato a optar por uma tradição epistemológica específica em detrimento de uma formação mais ampla. O caminho escolhido muitas vezes é o mais fácil para o candidato — e não o mais adequado para o problema. Alguns escolhem o caminho do paradigma dominante, o que naturalmente aumenta a possibilidade de publicação do trabalho. Outros optam por seguir o caminho mais próximo de suas habilidades pessoais. Assim, quem detesta números acaba optando por fazer um trabalho qualitativo na ilusão de que assim se afastará do que odeia. Comete dois erros: em primeiro lugar, porque não adota obrigatoriamente a metodologia mais apropriada ao objeto a ser trabalhado, mas sim a mais apropriada para as suas limitações imediatas como pesquisador; em segundo lugar, porque julga que números estão ausentes dos métodos qualitativos.

Nosso objetivo neste texto é oferecer uma orientação genérica inicial a quem deseja usar pesquisa qualitativa em marketing. Primeiramente, discutiremos o papel da pesquisa como forma de produzir conhecimento. Em seguida, apresentaremos alguns exemplos de como métodos qualitativos têm sido usados na pesquisa acadêmica em comportamento do consumidor.

A natureza do conhecimento e as formas de conhecer

Life has a crazy pattern
And fortune comes to few
I'd like to take the pattern
And fashion it for you
Though there may be a meanwhile
Darling, in the meanwhile...
(*Baby, what else can I do*, Hirsch/Marks)

A vida do pesquisador em comportamento do consumidor definitivamente seria muito mais fácil se o mundo de fato tivesse um padrão identificável e válido. Alguns pesquisadores realmente acreditam que tal padrão existe; mas, mesmo eles, admitem que pode ser demorado captá-lo (*There may be a meanwhile...*). Por outro lado, outros pesquisadores negam a existência desse padrão. Como veremos nesta seção, posições aparentemente extremas definem formas bastante diferentes de pesquisar.

Os objetos de pesquisa em comportamento do consumidor individual estão espalhados na vida cotidiana de cada um de nós. Aspectos como sensibilidade do sujeito a atributos selecionados de produtos, efeitos de variáveis externas ao indivíduo (cultura, grupos sociais, líderes de opinião) sobre suas decisões, relações entre atitude e comportamento, ou o processo de decisão de compra em si são problemas freqüentemente abordados por pesquisadores. A forma de abordagem evidentemente depende do objeto pesquisado e do objetivo da pesquisa. Abordagens qualitativas são particularmente indicadas quando o objetivo é *interpretar* fenômenos de consumo. No entanto, o termo *interpretar* tem um sentido bastante peculiar para os pesquisadores. A noção de *paradigma* ajuda a compreender por que o termo "interpretar" tem um sentido especial. Um paradigma é um conjunto de crenças, conceitos ou regras aceitos por uma comunidade — no nosso caso, a científica — e útil para resolver os problemas imediatos da comunidade. É interessante notar que, ao mesmo tempo que serve como estoque-padrão de conhecimento, os paradigmas também servem para definir quem pertence a uma determinada comunidade científica. Em marketing, visões paradigmáticas espalham-se entre duas formas extremas de identificar a realidade e de captá-la. Se de um lado encontramos uma visão do mundo em que se reconhece a existência de uma realidade objetiva, do outro lado temos uma visão de mundo que o entende como socialmente ou mentalmente construído, negando dessa forma a existência de uma realidade objetiva.

Vamos referir-nos aqui aos que acreditam numa realidade objetiva como *realistas*. Lincoln e Guba (2000) associam essa ontologia ao positivismo ou póspositivismo. Como a realidade é objetiva e observável, é possível compreendê-la e mesmo manipulá-la. Imperam métodos dedutivos de investigação: a observação da realidade gera um estoque de conhecimento que deve ser usado para compreender outros aspectos ainda desconhecidos da mesma realidade, ou mesmo fatos sociais inexplorados. A análise do conhecimento antigo é usada para prever o comportamento dos agentes sociais no fato novo que investigamos. Essa análise culmina com a formulação de hipóteses que são confirmadas ou não pelos dados coletados. A teoria precede os dados, que são recolhidos com o único intuito de testar o que a teoria prevê. Daí chamarmos essa abordagem de hipotético-dedutiva. Em marketing, tal abordagem é extremamente útil para investigar aspectos "duros" da realidade, aspectos que podem ser claramente descritos, classificados e até medidos como, por exemplo, prever como uma mudança no preço ou no orçamento de comunicação de um produto afeta vendas ou parcela de mercado. Em comportamento do consumidor, esse é o procedimento mais usual; por exemplo: entre pesquisadores que usam psicologia social ou cognitiva como quadro referencial teórico.

Correndo o risco de supersimplificar a terminologia na área, chamaremos de *relativistas* àqueles que rejeitam a existência de uma realidade objetiva. Para eles, a realidade não pode ser reduzida a um conjunto único de normas ou teorias, uma vez que acreditam existir inúmeras formas de explicá-la. A realidade não teria, pois, uma existência objetiva: ela é fruto da interação entre o homem e o ambiente que o cerca e o provê de estímulos sensíveis. Lincoln e Guba (2000) associam essa posição ontológica aos construcionistas, que vêem a realidade como uma construção social. Como a realidade está presente apenas na mente dos que a percebem, só poderia ser captada pela observação, sistemática ou não, dos atores sociais. No entanto, como o pesquisador é um indivíduo que percebe de uma determinada forma a realidade, o seu relato é naturalmente subjetivo. É uma das formas de *interpretar* o mundo, mas não a única. Como o objetivo aqui é interpretar a realidade, não faz sentido basear o conhecimento novo em outras interpretações existentes. Tal conhecimento surge por meio de indução, isto é, pela observação dos dados e procura de regularidades neles mesmos; portanto, os dados precedem a construção da teoria. Poderíamos chamar essa abordagem de indutivo-interpretativa. Em marketing, ela é extremamente útil para investigar fenômenos pouco estruturados, pouco conhecidos, ou de difícil classificação ou mensuração. Por exemplo, uma abordagem etnográfica — metodologia interpretativa — poderia ser útil para compreender como membros de um grupo social usam a moda para fins de integração ou diferenciação social. O mesmo tema poderia ser investigado também com o uso de hermenêutica ou semiótica.[1]

Como já foi de alguma forma mencionado no primeiro capítulo deste livro, a associação entre métodos qualitativos e abordagens indutivo-interpretativas e métodos quantitativos e abordagens hipotético-dedutivas é não apenas extremamente freqüente como errônea. Métodos quantitativos de fato encaminham o pesquisador às suas conclusões por meio dos números, mas isso não significa que os pesquisadores sempre procurem confirmar suas hipóteses. Um exemplo interessante é o uso de dados de *scanner* para observar regularidades no comportamento dos consumi-

---

[1] São muitos métodos, e a seleção depende não apenas, como foi dito, das características do problema a ser observado, mas também das convicções filosóficas do pesquisador. Uma boa introdução à discussão desse aspecto pode ser encontrada em Lincoln e Guba (2000) e Schwandt (2000).

dores e relações entre estas regularidades e as características sociodemográficas dos compradores. Diversos métodos — análise de *clusters*, análise fatorial exploratória, mapeamento perceptual, multidimensional *scaling* — podem ser usados para explorar relações, sem obrigatoriamente confirmar expectativas baseadas em teoria (hipóteses).

De forma análoga, um investigador pode usar métodos qualitativos, como análise de discurso ou conversação, para confirmar expectativas estabelecidas por análise de teoria. O pesquisador não formulará hipóteses porque sabe que testes de significância estatística não fazem sentido algum em métodos qualitativos. No entanto, as conclusões são fundamentalmente, em uma leitura do corpo de dados coletados *vis-à-vis*, as expectativas levantadas por análise da literatura na área. Exemplos dessa abordagem são os trabalhos de Sauerbronn e Ayrosa (2002) e Carvalho, Hemais e Motta (2001).

Sobre os métodos de investigação qualitativa

É possível que a maioria dos pesquisadores interessados e comprometidos com investigação qualitativa tenham-se sentido, um dia, impotentes diante da diversidade de métodos de coleta e análise de dados. Talvez aqueles treinados originalmente em ciências naturais sintam uma ponta de inveja de seus parceiros dedicadamente positivistas, pois eles parecem ter mais certeza sobre o melhor caminho metodológico para este ou aquele problema. No entanto, diferentemente do mundo natural, o mundo social não é "intrinsecamente significante" (Schwandt, 2000). Como já falamos antes, agentes sociais interpretam o mundo e, em geral, comportam-se de forma consistente com a interpretação, seja lá qual for. A tarefa do pesquisador é eleger a forma mais adequada de ler o fato social e dele extrair sentido. Como uma introdução preparada para o pesquisador em comportamento do consumidor, comentaremos, nas próximas páginas deste texto, algumas metodologias alternativas de coleta e análise de dados.

É fácil perceber que, ao menos entre acadêmicos, estudos de caráter interpretativo abordam temas que podem parecer, para o leitor mais afinado com o positivismo hipotético-dedutivo, óbvios ou auto-explicativos (a vida de mulheres casadas e seus filhos), exóticos (a subcultura de motociclistas aficionados de Harley-Davidson), nefelibatas (a experiência do *rafting*), de validade duvidosa (as netnografias), ou simplesmente literários (estilo de vida *Out of Africa*). De fato, e principalmente depois da orientação pós-moderna[2] que muitos investigadores têm adotado, a pes-

---

[2] Brown (1995) é um guia bastante abrangente para quem quiser saber mais sobre pós-modernidade em marketing.

quisa qualitativa é um meio de investigar problemas que existem, mas talvez não tivessem sido de fato "problematizados" devido aos instrumentos de investigação disponíveis há 30 anos.

Os instrumentos que discutiremos a seguir prestam-se à investigação de problemas com diferentes níveis de organização (ou desorganização). No entanto, como dissemos anteriormente, mais do que as características do problema a ser examinado, a seleção do método é feita a partir da forma como o próprio pesquisador vê o mundo. Enquanto a etnografia e alguns sabores da *grounded theory* são construcionistas, outros métodos como a fenomenologia existencial são próximos do idealismo.

Utilizando a fenomenologia

A fenomenologia é a parte da tradição humanista que enfatiza a experiência comum de todos os seres humanos e a habilidade em se relacionar com os sentimentos de outros (Bernard, 2000). De acordo com Holbrook e Hirschman (1992), a fenomenologia é uma filosofia que vê a realidade como individualmente construída e, dessa forma, é diferente de outras, como o construcionismo social, que vê a realidade como socialmente construída.

Goulding (1999) levanta a discussão sobre o uso da fenomenologia no estudo do comportamento do consumidor. Ela chama a atenção para o fato de que a fenomenologia não é apenas um conjunto de técnicas para coleta, análise e interpretação de dados, mas é uma filosofia cujos fundamentos intelectuais necessitam ser entendidos para que sua utilização seja correta.

Na perspectiva fenomenológica, podemos observar a inclinação dos estudiosos de comportamento do consumo para maior dedicação ao método desenvolvido por Heidegger: a fenomenologia existencial ou fenomenologia hermenêutica (interpretativa). Thompson, Pollio e Locander levantaram a bandeira da fenomenologia no estudo do mercado em 1989. No artigo "Putting consumer experience back into consumer research: the philosophy and method of existential-phenomenology", os autores apresentam a fenomenologia existencial como um paradigma alternativo para o estudo da experiência de consumo, uma diferente "visão de mundo". A sua análise epistemológica revela que a fenomenologia existencial pode prover uma rigorosa compreensão do fenômeno de consumo com base empírica e rigor metodológico. No ano seguinte, os autores demonstraram, na prática, como utilizar a fenomenologia existencial: realizaram uma descrição do dia-a-dia de mulheres casadas e com filhos. No trabalho, descrevem profundamente o fenômeno e discutem a utilização desse caso (*experiential gestalt*) para outros contextos de vida e de mundo.

Como dissemos, alguns dos temas abordados por interpretativistas são exóticos. Elisabeth Hirschman utiliza a abordagem fenomenológica em seu texto "Consumer and their animal companions" de 1994. A proposta da autora nesse artigo é compreender o relacionamento entre consumidores e seus animais de companhia (você já pensou sobre o que o seu animal de estimação vê você fazer?). Para tanto, e admitindo ser difícil para os entrevistados aceitar que animais podem desempenhar papéis humanos, Hirschman realiza entrevistas fenomenológicas (não-diretivas e não-julgamentais). Com essa abordagem, Hirschman explora papéis de animais de estimação como amigos, membros da família, e o próprio "id" dos entrevistados. Na conclusão, a autora faz uma série de sugestões sobre como abordagens etnográficas e semiológicas poderiam ser úteis para observar o tema investigado.

Semiótica, retórica, hermenêutica: em busca de significados

Hirschman e Holbrook (1992) classificam a hermenêutica e a semiótica entre as metodologias que vêem a realidade como lingüisticamente construída, ou seja, o pesquisador, ao mesmo tempo, lê a realidade e a constrói em seu texto, num movimento multivocal de duas vias. Hermenêutica e semiótica são semelhantes enquanto partilham do mesmo material genérico em suas análises: a forma de expressão dos atores sociais.

A hermenêutica dedica-se ao texto como forma de expressão e usa ferramentas bastante estruturadas, como o círculo hermenêutico (Schleiermacher, 1978) — uma sistemática extremamente organizada na qual as expectativas do investigador estão presentes.

A utilização da fenomenologia no estudo do marketing está amplamente ligada ao processo hermenêutico de análise dos dados recolhidos, conforme já foi apontado por Goulding (1997 e 1999). O termo hermenêutica vem do estudo detalhado da Bíblia. Na hermenêutica tradicional é assumido que a Bíblia contém verdades, e que os seres humanos podem extrair as verdades do estudo detalhado do texto. A hermenêutica tradicional veio para as ciências sociais pelo estudo detalhado e cuidadoso de textos livres (*free-flowing texts*). A preocupação é perceber o que está por trás do que está escrito e, mais contemporaneamente, o que está sendo falado (a partir do uso de gravadores e filmadoras).

Em seu artigo de 1997, Thompson e Haytko utilizam 20 textos extraídos de entrevistas fenomenológicas. Em um processo hermenêutico, os autores consideram especificamente os aspectos relativos aos gêneros quando da análise dos significados. Thompson aponta, mais uma vez, a importância do *Interpretative case method* — modo de análise em que o caso particular representa um exemplo cultural de nível macro.

A análise de um caso particular pode trazer *insights* da operação de maiores processos sociais. Experiências pessoais específicas, práticas sociais ou textos culturais são interpretados como espaços em que as tradições culturais de significados e os sistemas de valores sociais são encenados, negociados e transformados.

Stern (1995), por sua vez, utiliza a análise dos significados extraídos de histórias contadas por consumidores e de textos de propagandas para produtos próprios do feriado de ação de graças nos Estados Unidos para relacionar mitos, valores de consumo e propaganda. A autora utiliza a taxonomia Mithoi de Nothrop Frye, que envolve estações da natureza e ciclos de vida humana (comédia/primavera — nascimento; romance/verão — crescimento e gestação; tragédia/outono — maturidade; ironia/inverno — morte) como guia de sua análise estrutural de mitos em textos de consumo.

Um artigo que discute de forma definitiva (e, digamos assim, teórica) a interpretação de significados no estudo do comportamento do consumidor é "Hermeneutics and consumer research", de Stephen Arnould e Eillen Fischer (1994). Esse artigo busca apresentar a natureza da hermenêutica e as premissas e características gerais da interpretação textual consistente com essa perspectiva. Arnould e Fischer (1994) prestam uma imensa colaboração na medida em que caracterizam e tipificam a abordagem hermenêutica no estudo do comportamento do consumidor, construindo sua validade científica.

Por outro lado, a semiótica examina não apenas textos como qualquer forma de expressão. Aqui, por exemplo, as relações entre o código e seus significados são analisadas, seja pela oposição entre significante e significado proposta por Saussure, seja pelas relações triangulares entre significante, significado e referente como propostas por Pierce (1977). A teoria semiótica sustenta que os significados são formados por meio de distinções e contrastes entre conceitos correlatos e importam a pesquisadores em comportamento do consumidor na medida em que focalizam o papel de signos de qualquer tipo ou natureza na formação do sentido em nossas vidas (Mick, 1986). O valor simbólico de produtos pode ser, portanto, investigado por uma perspectiva semiótica. Na verdade, não podemos deixar de registrar que, desde 1983, Michael Solomon já propunha uma teoria do consumo simbólico. Em seu texto "The role of products as social stimuli: a symbolic interactionism perspective", discute a relação que se constrói entre consumidor e produto, enfatizando o aspecto da interação simbólica.

Para McCracken (1981), os sentidos culturais da sociedade se movem do mundo constituído culturalmente para os bens de consumo e depois para o consumidor individual. O consumo passa a ser uma forma de aquisição de significados culturais. Dessa forma, o significado do produto reside na sua capacidade de carregar e comunicar um sentido cultural. Quando consumimos, estamos manifestando a nossa habilidade em perceber sentidos culturais com os quais nos identificamos. A interpretação dos significados passa a ser fundamental para a compreensão do comportamento do consumidor.

Nessa perspectiva de consumo simbólico, Holbrook e Grayson (1986) propõem a utilização da arte como forma de compreender os atos de consumo. Enquanto os gestores de marketing defenderiam a utilização do consumo para entender a obra de arte, Holbrook e Grayson (1986) utilizam o filme *Entre dois amores* (originalmente *Out of Africa*) para apresentar claros exemplos de como o comportamento de consumo simbólico pode ser entendido por meio da arte. Para os autores, os trabalhos artísticos representam a vida humana e, portanto, reproduzem manifestações simbólicas dos homens. Surge daí a percepção de que as expressões artísticas contêm símbolos que permitem a compreensão do comportamento de consumo.

Etnografia: observação realmente participativa

Entre todos os métodos qualitativos, talvez o mais imediatamente lembrado seja a etnografia. De acordo com a conceptualização de Hirschman e Holbrook (1982), a etnometodologia vê a realidade como socialmente construída. A investigação de um fenômeno social exigiria observação direta e participante dos atores sociais. O método etnográfico, dessa forma, envolve um longo período de estudo e vivência em uma comunidade definida, empregando uma ampla gama de técnicas de observação. Tais técnicas incluem longos contatos face a face com membros do grupo, participação direta em algumas atividades do grupo e uso intensivo de informantes/respondentes (Van Maanen, 1983). Esse método tem sido de grande apelo para os praticantes em marketing, uma vez que, a partir da observação etnográfica, é possível captar, por exemplo, como uma comunidade se apropria de artefatos ou símbolos que podem ser produtos ou marcas. A aplicação do método de forma integral, no entanto, é de extrema dificuldade.

Um bom exemplo de aplicação de etnografia em pesquisa acadêmica na área de comportamento do consumidor é Schouten e McAlexander (1995). Eles penetraram no mundo dos motoqueiros americanos para investigá-los como uma subcultura e, assim, compreender o modo como esse grupo se apropria da simbologia relacionada com as motos Harley-Davidson. Esse trabalho é fundamental porque defende, com rigor acadêmico, a etnografia como forma de entender comportamentos de consumo, além de mostrar a importância da compreensão das subculturas como fonte de conhecimento sobre o comportamento do consumidor.

Kates (2002) realizou estudo de conteúdo metodológico semelhante. Durante um ano e meio, o autor freqüentou ou, como ele próprio descreve, imergiu na comunidade *gay* de uma cidade canadense e lá conduziu um estudo sobre os significados de consumo daquela subcultura. O resultado do estudo trouxe mais consistência ao uso da etnografia como forma de perceber algumas expressões dos limites das subculturas, demarcados por bens de consumo.

Sobre as relações entre etnografia e *grounded theory*, Pettigrew (2000) considera que a combinação das duas abordagens tem o potencial de oferecer uma compreensão detalhada do consumo como experiência dos consumidores. Sendo os dois métodos advindos da visão relativista (naturalista, interpretativista) do mundo, a compatibilidade entre eles não chega a ser surpreendente. Na verdade, a similaridade entre essas metodologias indica que a etnografia oferece uma forma de coleta de dados que é compatível com o método indutivo de construção de teorias, conforme proposto por Glaser e Strauss (1967).

Arnould e Wallendorf (1994) são responsáveis pelo artigo seminal sobre utilização da etnografia em pesquisa de comportamento de consumo. Os autores cunharam o termo "etnografia orientada para o mercado" (*market-oriented etnography*) e o distinguiram da "etnografia de mercado". Enquanto esta volta-se para o estudo das formas com que pessoas desenvolvem suas atividades de marketing nas organizações (planejamento, desenvolvimento de produtos e execução de estratégias), aquela se dedica ao comportamento das pessoas que constituem o mercado de produtos e serviços: as interpretações do fenômeno do mercado emergem da análise sistemática dos dados coletados a partir de observações.

Uma metodologia recentemente introduzida na literatura de comportamento do consumidor é a netnografia, que é um método interpretativo desenhado especificamente para investigar o comportamento de consumo de culturas e comunidades presentes na internet. Kozinets (1997; 1998) percebeu que poderia ampliar a capacidade de ação da etnografia a partir de uma técnica de pesquisa online e propôs a utilização da netnografia. Tendo em vista o crescimento da importância do ambiente cibernético e da profusão da utilização da internet não só como meio de comunicação, mas também como meio de expressão do ser (suas preferências, rejeições e angústias) a netnografia surge como resposta às dúvidas de como capturar tais impressões, "vivências" e "realidades". A internet pode ser vista como um ambiente de construção de identidades bastante rico, o que pode ser facilmente verificado navegando entre *blogs* e *flogs*.[3] Um exemplo de utilização acadêmica da netnografia está em Brown, Sherry Jr. e Kozinets (2003) que analisam as percepções de consumidores sobre novos produtos que trazem marcas antigas (*New Beetle* e *Star wars — episode one*). Os relatos capturados em grupos de discussão na internet têm o valor (e o frescor) semelhante ao de uma observação etnográfica, com a sutil diferença: ninguém estava fisicamente lá!

---

[3] *Blogs* são diários publicados na internet. Ver exemplos em www.blogspot.com ou www.theblog.com.br. *Flogs* são álbuns fotográficos virtuais; ver em www.fotolog.net.

Grounded theory: construindo teoria

Inicialmente desenvolvida em medicina e enfermagem com o objetivo de analisar a forma como pacientes lidam com doenças crônicas, a *grounded theory* é uma metodologia voltada ao desenvolvimento de teorias fundamentadas[4] em dados sistematicamente coletados e analisados (Taylor e Bogdan, 1984). O seu princípio básico é o de que a teoria deve ser gerada a partir de dados observados pelo pesquisador (Alveson e Skölberg, 2000). Diferente da prática comum a outros métodos, na *grounded theory* o fenômeno não é abordado tendo-se um quadro teórico como referência e orientação; parte-se do princípio de que, por meio de procedimentos sistematizados com os dados coletados, a teoria surgirá de forma indutiva (Taylor e Bogdan, 1984).

Segundo Glaser e Strauss (1967), a estrutura conceitual da *grounded theory* tem por origem os dados em vez de estudos anteriores, mesmo que estes venham a influenciar a escolha do assunto. Glaser e Strauss (1967) propõem ainda que o pesquisador deve se ater a descobrir o processo dominante na relação social, em vez de apenas descrever a questão em estudo. Como a fonte de conhecimento é a ação do indivíduo na sociedade, uma descrição rica do comportamento é necessária para que o pesquisador possa "desenterrar" a lógica do comportamento. Para tal, é preciso um procedimento complexo de leitura, categorização e encadeamento de depoimentos. O processo leva à teorização pouco a pouco, de forma que duas entrevistas nunca têm o mesmo objetivo. O quadro teórico vai surgindo entre as diversas entrevistas, de forma que o pesquisador vai continuamente coletando e analisando dados. Este procedimento não é simples. De acordo com Goulding (1999), mesmo Strauss e Glaser, apesar de partilharem a obra que primeiro expõe o método em detalhe (Glaser e Strauss, 1967), acabaram por seguir caminhos distintos. Enquanto Glaser concentrou-se na natureza interpretativa do método, Strauss dedicou-se a sistematizar o processo de codificação e categorização. A divisão foi tal que estudos precisam indicar claramente qual variedade — a de Strauss ou a de Glaser — foi utilizada em seu trabalho.

Conclusão

Após tantos anos de pesquisa de orientação pós-moderna, o uso de métodos qualitativos em comportamento do consumidor não representa mais uma evolução, como dizia Hirschman em 1986. Esses métodos são aceitos em vários periódicos

---

[4] Uma boa tradução para *grounded theory* é *teoria fundamentada*. No entanto, como o termo em inglês é mais preciso no Brasil, optamos por usá-lo em vez de propor uma tradução.

internacionais como uma forma válida de investigar assuntos que não podem de forma alguma ser observados a partir de métodos quantitativos. É verdade que os usuários de métodos qualitativos podem ser vistos como um grupo, mas os modelistas, por exemplo, também são um grupo. Ver um artigo assinado por Barbara Stern no *Marketing Science* causa tanto estranhamento quanto ver Frank Bass publicando no *Journal of Consumer Research*, embora seja necessário admitir que a segunda hipótese é menos improvável que a primeira.

O processo de socialização de novos pesquisadores não parece facilitar a vida de recém-doutores que se dedicam a métodos qualitativos ou interpretativos em geral. A tendência a seguir o paradigma dominante é forte. Há um comentário muito sugestivo de Kuhn (2000, originalmente 1962:30) sobre a natureza dos paradigmas:

> O estudo dos paradigmas (...) é o que prepara basicamente o estudante para ser membro de uma comunidade científica determinada na qual atuará mais tarde. Uma vez ali, o estudante reúne-se a homens que aprenderam as bases de seu campo de estudo a partir dos mesmos modelos concretos; sua prática subseqüente raramente irá provocar desacordo declarado sobre pontos fundamentais.

A noção de paradigmas está no cerne da socialização de novos pesquisadores. Desafiar o paradigma vigente pode trazer considerável desconforto ao noviço no *métier*. Embora as observações de Kuhn focalizem as ciências naturais, em comportamento do consumidor não é diferente. Morris Holbrook (2002), em um trabalho de tom francamente pessoal, lista seis maneiras de divertir-se com pesquisa qualitativa. Essas seis formas partem de "evitar tornar uma investigação interpretativa em um pesadelo neopositivista", passam por "não ter medo da introspecção", e vão até "explore a terceira dimensão". No fim, como um sétimo conselho, Holbrook sugere que os leitores esqueçam os seis conselhos anteriores até que não tenham de provar mais nada a seus empregadores, ou seja, até conseguir uma *tenure*. Vários outros pesquisadores têm mencionado a predominância do positivismo hipotético-dedutivo na área de marketing. Hirschman (1986:237), por exemplo, menciona claramente o compromisso da academia de marketing com "a metafísica e o método da ciência positivista". O império, naturalmente, contra-ataca. Hunt (2002:75-76) argumenta ser falsa a premissa da existência de um paradigma dominante em marketing, ou que esse paradigma dominante seja o positivismo. Nesta batalha, é mais seguro admitirmos que a abordagem interpretativo-indutiva não é pior nem melhor que a hipotético-dedutiva, ou mesmo que abordagens qualitativas não são nem melhores nem piores que quantitativas. São apenas diferentes! *Vive la différence!* O importante é saber quando usar qual.

Referências bibliográficas

ALVESON, M.; SKÖLBERG, K. *Reflexive methodology: new vistas for qualitative research*. London: Sage, 2000.

ARNOULD, E. J.; WALLENDORF, M. Market-oriented ethnography: interpretation building and marketing strategy formulation. *Journal of Marketing Research*, v. 31, p. 484-504, 1994.

ARNOULD, S.; FISCHER, E. Hermeneutics and consumer research. *Journal of Consumer Research*, v. 21, p. 55-70, 1994.

BERNARD, H. R. *Social research methods: qualitative and quantitative approaches*. Thousand Oaks: Sage, 2000.

BROWN, S. Marketing as multiplex: screening postmodernism. *European Journal of Marketing*, v. 28, n. 8/9, p. 27-51, 1994.

_____; SHERRY JR., J. F.; KOZINETS, R. V. Teaching old brands new tricks: retro branding and the revival of brand meaning. *Journal of Marketing*, v. 67, n. 3, p. 19-24, 2003.

CARVALHO, J. L. F. S.; HEMAIS, M. W.; MOTTA, P. C. Do zen ao techno: as tribos de consumidores e a música nos cenários de serviços. In: ENANPAD, 25. 2001, Campinas. *Anais...* Campinas: Anpad, 2001.

DENZIN, N. K.; LINCOLN, Y. S. *Handbook of qualitative research*. 2. ed. Thousand Oaks: Sage, 2000.

GLASER, B.; STRAUSS, A. *The discovery of "grounded theory": strategies for qualitative research*. New York: Aldine de Gruyter, 1967.

GOULDING, C. Consumer research, interpretive paradigms and methodological ambiguities. *European Journal of Marketing*, v. 33, n. 9/10, p. 859-873, 1999.

_____. Grounded theory methodology and consumer behaviour, procedures, practice and pitfalls. *Advances in Consumer Research*, v. 27, p. 261-266, 2000.

HIRSCHMAN, E. C. Humanistic inquiry in marketing research: philosophy, method, and criteria. *Journal of Marketing Research*, v. 23, p. 237-249, 1986.

HOLBROOK, M. B. *Having fun with qualitative methods or interpretative approaches in marketing and consumer research*. 2002. Disponível em: <http://www.acrweb.org/acrnews/FALL-02/WISD.html>. Acesso em: 3 nov. 2003.

_____; HIRSCHMAN, E. C. The experiential aspects of consumption, feelings, and fun. *Journal of Consumer Research*, v. 9, p.132-140, 1982.

_____; GRAYSON, M. W. The semiology of cinematic consumption: symbolic consumer behaviour in Out of Africa. *Journal of Marketing Research*, v. 13, p. 374-381, 1986.

HUDSON, L. A.; OZANNE, J. Alternative ways seeking knowledge in consumer research. *Journal of Consumer Research*, v. 14, p. 508-521, 1988.

HUNT, S. D. *Foundations of marketing theory*. New York: M. E. Sharpe, 2002.

KATES, S. M. The protean quality of subcultural consumption: an ethnographic account of gay consumers. *Journal of Consumer Research*, v. 29, p. 383-399, 2002.

KOZINETS, R. V. I want to believe: a *netnography* of x-piles subculture of consumption. *Advances in Consumer Research*, v. 24, p. 470-476, 1997.

_____. On *netnography*: initial reflections on consumer research investigations of cyberculture. *Advances in Consumer Research*, v. 25, p. 366-372, 1998.

_____. The field behind the screen: using netnography for marketing research in online communities. *Journal of Marketing Research*, v. 39, p. 61-72, 2002.

KUHN, T. S. *A estrutura das revoluções científicas*. São Paulo: Perspectiva, 2000.

LINCOLN, Y. S.; GUBA, E. Paradigmatic controversies, contradictions and emerging confluences. In: DENZIN, N. K.; LINCOLN, Y. S. *Handbook of qualitative research*. 2. ed. Thousand Oaks: Sage, 2000.

McCRACKEN, G. Culture and consumption: a theoretical account of the structure and movement of the cultural meaning of consumer goods. *Journal of Consumer Research*, v. 13, p. 71-84, 1981.

MICK, D. G. Consumer research and semiotics: exploring the morphology of signs, symbols and significance. *Journal of Consumer Research*, v. 13, p. 196-213, 1986.

PIERCE, C. S. *Semiótica*. São Paulo: Perspectiva, 1977.

PETTIGREW, S. F. Etnography and grounded theory: a happy marriage? *Advances in Consumer Research*, v. 27, p. 256-260, 2000.

SAUERBRONN, J. F. R.; AYROSA E. A. T. Sonhos olímpicos de uma noite de verão: uma investigação sobre valores de consumo no esporte. In: ENANPAD, 26. 2002, Salvador. *Anais...* Campinas: Anpad, 2002.

SCHLEIERMACHER, F. D. E. The hermeneutics: outline of the 1819 lectures. *New Literary History*, v. 10, n. 1, p. 1-16, 1978.

SCHOUTEN, J. W.; McALEXANDER, J. H. Subcultures of consumption: an etnography of the new bikers. *Journal of Consumer Research*, v. 22, p. 43-61, 1995.

SCHWANDT, T. A. Three epistemological stances for qualitative inquiry: interpretivism, hermeneutics and social constructionism. In: DENZIN, Norman K.; LINCOLN, Yvonna S. *Handbook of qualitative research*. 2. ed. Thousand Oaks: Sage, 2000.

SOLOMON, M. R. The role of products as social stimuli: a symbolic interacionism perspective. *Journal of Consumer Research*, v. 10, p. 319-329, 1983.

SPIGGLE, S. Analysis and interpretation of qualitative data in consumer research. *Journal of Consumer Research*, v. 21, p. 491-503, 1994.

STERN, B. Consumer myths: Frye's taxonomy and the structural analysis of consumption text. *Journal of Consumer Research*, v. 22, p. 165-185, 1995.

TAYLOR, S. J.; BOGDAN, R. *Introduction to qualitative research methods: the search of meanings.* New York: Wiley Interscience Publication, 1984.

THOMPSON, C. J. Interpreting consumers: a hermeneutical framework for deriving marketing insights from the texts of consumption stories. *Journal of Marketing Research*, v. 34, p. 438- 455, 1997.

_____; HAYTKO, D. L. Speaking of fashion: Consumers' uses of fashion discourses and the appropriation of fashion discourses and the appropriation of countervailing cultural meanings. *Journal of Consumer Research*, v. 24, p. 15-432, 1997.

_____; LOCANDER, W. B.; POLLIO, H. R. Putting consumer experience back into consumer research: the philosophy and method of existential-phenomenology. *Journal of Consumer Research*, v. 16, p. 133-146, 1989.

VAN MAANEN, J. *Qualitative methodology.*Thousand Oaks: Sage, 1983.

WELLS, W. D. Discovery-oriented consumer research. *Journal of Consumer Research*, v. 19, p. 489-504, 1993.

Capítulo 10

Pesquisa empírica sobre aprendizagem tecnológica e inovação industrial: alguns aspectos práticos de desenho e implementação

Paulo N. Figueiredo *

Introdução

Neste capítulo relato alguns dos aspectos referentes ao desenho e à implementação de pesquisa empírica sobre aprendizagem tecnológica e inovação industrial no contexto de economias emergentes. Mais especificamente, descrevo maneiras de combinar certos elementos de desenho e métodos de pesquisa empírica, isto é, questões, estratégias, fontes e tipos de informação, e procedimentos de análise, voltados para a obtenção de evidências empíricas e explicações sobre a realidade da inovação industrial no contexto de uma economia emergente — ou de industrialização recente — como a do Brasil. Este texto deriva de minha experiência de pesquisa ao longo dos últimos anos, no campo da capacitação tecnológica em empresas, particularmente no âmbito do Programa de Pesquisa em Aprendizagem Tecnológica e Inovação Industrial no Brasil, da Ebape/FGV.

---

* PhD em gestão da tecnologia e da inovação pelo SPRU — Science and Technology Policy Research, University of Sussex, Reino Unido, pesquisador do CNPq e professor adjunto da Ebape/FGV, onde dirige o Programa de Pesquisa em Aprendizagem Tecnológica e Inovação Industrial no Brasil. E-mail: pnf@fgv.br.

O foco deste capítulo são algumas das questões práticas subjacentes ao desenho e à implementação de projetos de pesquisa. Por isso, os aspectos epistemológicos e conceituais de projetos de pesquisa estão fora do escopo desta parte do trabalho e são tratados em outras. Longe de tentar escrever um "manual de pesquisa", o meu intuito é contribuir para iluminar algumas das decisões dos envolvidos em pesquisa qualitativa na área de gestão e, mais especificamente, em áreas correlatas à gestão da aprendizagem tecnológica e inovação industrial.

O propósito da pesquisa qualitativa não é fornecer dados que são estatisticamente representativos; mas visa a descrever, clarificar e explicar. As diversas técnicas usadas na pesquisa qualitativa são particularmente voltadas para captar as atitudes, os comportamentos, e as estratégias a fim de explicar como e por que certos fenômenos acontecem, por exemplo, na economia e nas organizações (Patton, 1990; Easterby-Smith, 1991; Leonard-Barton, 1995). Mais especificamente, no âmbito da gestão da aprendizagem tecnológica e da inovação, a pesquisa qualitativa visa a captar evidências empíricas que permitam clarificar e explicar diferenças entre empresas, setores industriais, regiões ou países quanto à maneira e velocidade de aprimoramento da performance inovadora, técnica e econômica (Figueiredo, 1997, 2001).[1]

Aprendizagem tecnológica e inovação industrial: contexto da pesquisa

Nesta seção comentarei brevemente algumas das questões relativas ao campo de estudo no qual tenho realizado pesquisas. Algumas definições são importantes, pois trazem implicações para a maneira como as pesquisas aqui mencionadas têm sido implementadas. Além disso, mostrarei brevemente como têm evoluído as principais características das estratégias de pesquisa sobre este tema.

Economias emergentes — "em desenvolvimento" ou "em industrialização" — são aquelas que iniciaram o processo de industrialização tardiamente. Empresas de países em industrialização entram num ramo de negócios com base na tecnologia que adquiriram de outras empresas em outros países. Portanto, em seu estágio inicial, faltam-lhes até as competências tecnológicas básicas. Para tornarem-se competitivas e alcançarem as empresas de tecnologia de ponta, elas primeiro têm de adquirir conhecimento para criar e acumular suas próprias competências inovadoras. Para isso precisam engajar-se num processo de "aprendizagem" tecnológica.

O termo "aprendizagem" tecnológica é, em geral, compreendido em dois sentidos alternativos. O primeiro refere-se à trajetória (ou ao caminho) ao longo da qual

---
[1] O texto deste capítulo é uma expansão e aprofundamento de Figueiredo (1997).

segue a acumulação de competências tecnológicas. A trajetória pode variar com o tempo: competências tecnológicas podem ser acumuladas em direções e velocidades diferentes. O segundo sentido refere-se aos vários processos e mecanismos por meio dos quais as competências técnicas e organizacionais são construídas, acumuladas, sustentadas, renovadas e aprofundadas. Abordamos a "aprendizagem" no segundo dos dois sentidos citados acima. Daí em diante, "aprendizagem" será compreendida como um *processo* que permite à empresa acumular suas próprias competências tecnológicas. É pela acumulação das próprias competências tecnológicas que empresas podem aprimorar a performance técnica e econômica.

Os primeiros estudos sobre processos de aprendizagem e acumulação de competências tecnológicas apareceram nos anos 1970 (vários desses estudos pioneiros estão sumariados em Katz, 1987). Tais estudos mostraram não apenas a incidência de atividades inovadoras em empresas localizadas em países em industrialização, mas também a importância de certos mecanismos de aprendizagem para o desenvolvimento de competências tecnológicas. Porém muitos desses estudos limitaram-se a descrever a trajetória de acumulação de competências em empresas, sem examinar sistematicamente o papel dos vários processos de aprendizagem na acumulação tecnológica. Os estudos empíricos eram fortemente desenhados com base em apenas uma questão de pesquisa e implementados à base de caso de estudo individual. Em outras palavras, as implicações dos processos e mecanismos de aprendizagem para a acumulação de competências tecnológicas não eram examinadas de modo abrangente e à luz de modelos analíticos adequados.

Nos anos 1980, verificou-se uma enorme escassez de estudos sobre acumulação de competências tecnológicas e processos de aprendizagem. Somente a partir de meados da década de 1990 é que emergiram novos estudos empíricos na literatura internacional que examinaram a relação entre os processos de aprendizagem e a acumulação de competências tecnológicas de modo compreensivo, isto é, considerando as suas dimensões técnicas e organizacionais e implementados à luz de modelos analíticos robustos (ver, por exemplo, Kim, 1997, 1998; Dutrénit, 2000; Figueiredo, 2001, 2003). Houve também avanço significativo quanto aos modelos analíticos que permitem identificar e explicar como os processos e mecanismos de aprendizagem influenciam diferenças entre empresas do mesmo setor industrial relativamente à velocidade de acumulação de competências tecnológicas e ao aprimoramento de indicadores de performance técnica e econômica (Ariffin, 2000; Figueiredo, 2001, 2002).

- À luz das bases analíticas e empíricas desses estudos recentes e no intuito de gerar novas evidências empíricas e explicações sobre o processo de desenvolvimento de competências tecnológicas em segmentos estratégicos da indústria no Brasil, foi criado, em outubro de 1999, na Ebape/FGV, o Programa de Pesquisa

em Aprendizagem Tecnológica e Inovação Industrial no Brasil. O programa possui duas grandes linhas de pesquisa — aprendizagem tecnológica no âmbito de empresas e política tecnológica governamental — e seus objetivos são:
- gerar novas evidências empíricas e explicações sobre as implicações do desenvolvimento de competências inovadoras para o aprimoramento da performance técnica e econômica de empresas industriais que operam em economias emergentes, particularmente no Brasil;
- gerar recomendações práticas para o aprimoramento de estratégias empresariais e políticas tecnológicas relativas ao aumento da competitividade internacional da indústria no Brasil.

Em seus quatro anos de existência, esse programa de pesquisa possui um conjunto de estudos já implementados e em implementação em alguns dos setores estratégicos da economia brasileira, conforme brevemente descritos no quadro 1. Todos os estudos indicados nesse quadro baseiam-se em trabalho de campo original e detalhado. Nas seções seguintes, relato algumas das minhas experiências relativas ao desenho e à implementação desses estudos. Os relatos estão organizados com base nos principais elementos de desenho e de estratégias de pesquisa, na operacionalização da estratégia de pesquisa e na análise do material do trabalho de campo. Por fim, apresento as conclusões deste texto.

Quadro I
**Breve descrição de pesquisas implementadas
e em implementação no âmbito do Programa de Pesquisa
em Aprendizagem Tecnológica e Inovação Industrial no Brasil,
da Ebape/FGV**

Setores industriais/áreas das pesquisas	Número de empresas pesquisadas	Duração aproximada do estudo	Estratégias para coleta de evidências empíricas primárias
Eletroeletrônico	29	2 anos	Entrevistas (76), encontros casuais e observação direta
Eletroeletrônico (comparação entre *clusters*): Malásia e Brasil	82	I ano	Entrevistas (157), encontros casuais e observação direta
Metal-mecânico — automotivo	34	I ano e 6 meses	Entrevistas (43), encontros casuais e observações diretas

continua

Setores industriais/áreas das pesquisas	Número de empresas pesquisadas	Duração aproximada do estudo	Estratégias para coleta de evidências empíricas primárias
Aço	2	1 ano	Entrevistas (110), encontros casuais e observação direta
Aço [a]	8	1 ano	Entrevistas (20)
Motocicletas e bicicletas, eletroeletrônico e cadeia de fornecedores [b]	46	1 ano e 3 meses	Entrevistas (98), encontros casuais e observação direta
Celulose e papel [c]	14	3 anos	Entrevistas (43), encontros casuais e observações diretas
Bens de capital [d]	14	3 anos	Entrevistas (76), encontros casuais e observação direta
Infra-estruturas de tecnologia e inovação (universidades, institutos de pesquisa, empresas de consultoria) e as indústrias eletrônica e de motocicletas e bicicletas [e]	31	1 ano e 3 meses	Entrevistas (93), encontros casuais e observação direta
Infra-estruturas de tecnologia e inovação e as indústrias de telecomunicações, eletrônica e informática — Etapa 1: Institutos de pesquisa e desenvolvimento [f]	12	4 meses	Entrevistas (16), encontros casuais e observações diretas

Obs.: [a] Trata-se em grande parte de aprofundamento da base teórica e do tratamento empírico dos dados a partir de pesquisa realizada anteriormente que envolveu seis grandes empresas de aço no Brasil. [a-f] Estudos em implementação.

Principais elementos do desenho e das estratégias de pesquisa

Questões da pesquisa

Trata-se de um elemento-chave no desenho da pesquisa. Um requisito crucial é que a questão (ou problema) de pesquisa esteja claramente posicionada em relação a estudos anteriores. O problema/questão deve ser escrito de maneira precisa e não apenas para indicar a área de investigação. A nossa experiência tem mostrado que é muito pouco prático examinar mais do que duas ou três questões de pesquisa. Pode-se, no entanto, complementar as questões de pesquisa com algumas poucas questões subsidiárias. É freqüentemente útil, mas não essencial, afirmar essas questões na forma "positiva" de hipóteses ou proposições. Tanto na forma de pergunta como na forma de hipóteses, a questão/problema deve conter (e focalizar) os conceitos-chave variáveis e relacionamentos que são a essência da pesquisa.

É a partir das questões da pesquisa que outras decisões, tais como tipos e fontes de informação e métodos e estratégias da pesquisa, são tomadas. Por isso, nos projetos de pesquisa que tenho conduzido, procuro dedicar um tempo substancial, com outros componentes das equipes, para a elaboração das questões que norteiam os projetos de pesquisa. Trata-se de uma decisão tão importante que alguns pesquisadores comentam informalmente que questões de pesquisa bem elaboradas significam 50% da pesquisa feita. Além disso, boas questões de pesquisa têm natureza explicativa.

Para implementar os projetos de pesquisa mencionados no quadro 1, as questões de pesquisa têm sido assim caracterizadas:

- cobertura de longo prazo das empresas a serem estudadas, pois evita o desenho de estudos centrados num ponto, ou seja, estáticos (*snapshot studies*);
- diferenças entre empresas e setores industriais;
- adequado nível de detalhe para análise intra-empresarial e intra-setorial;
- identificação de tipos e níveis de capacidade tecnológica.

Fontes de evidências empíricas

Os estudos realizados até o momento, indicados no quadro 1, têm sido baseados em fontes múltiplas de evidências empíricas. O uso proposital de fontes múltiplas é aconselhável não apenas pela razão de se obter uma maior variedade de evidências; o maior benefício é o aumento da confiabilidade das informações obtidas e o maior grau de credibilidade para a pesquisa. Além disso, o uso de fontes variadas permite solucionar certas discrepâncias encontradas no processo de coleta de dados. O quadro 2 apresenta alguns exemplos de variadas fontes de informação que têm sido usadas em nossos estudos.

Quadro 2
Principais fontes de evidências empíricas em empresas

Fontes de evidências empíricas	Detalhes
Entrevistas abertas. Os entrevistados são organizados em três grupos:	*Grupo 1.* Gerentes-gerais, gerentes, superintendentes, engenheiros, técnicos, supervisores e operadores. Gerentes, engenheiros, pesquisadores e técnicos das unidades de pesquisa e desenvolvimento (P&D) e laboratórios, bem como das unidades de engenharia e manutenção.

continua

Fontes de evidências empíricas	Detalhes
	Grupo 2. Diretores industriais e de desenvolvimento. Diretores-presidentes e vice-presidentes. Gerentes (e analistas) das áreas de recursos humanos, planejamento empresarial e comercialização. Conselheiros dos diretores.
	Grupo 3. Ex-membros da empresa: presidentes, gerentes corporativos e de planta.
Observação direta no local	Consiste na observação das pessoas no trabalho (por exemplo, engenheiros, operadores), em reuniões e palestras proferidas nos eventos das organizações pesquisadas.
Encontros informais	Encontros relativamente casuais com as pessoas participantes da pesquisa no local de trabalho.
Arquivos e documentos da empresa	Trata-se de relatórios anuais, boletins e periódicos internos, organogramas, CD-ROMs e vídeos institucionais, publicações comemorativas e históricas, trabalhos técnicos publicados por membros da empresa e cópias de transparências utilizadas em suas palestras dentro ou fora da empresa.

Combinando elementos qualitativos e quantitativos

Nas pesquisas que temos realizado, combinam-se evidências qualitativas com quantitativas. Na verdade, os elementos quantitativos e qualitativos não são mutuamente excludentes; podem-se coletar no mesmo estudo tanto os dados qualitativos quanto os quantitativos (Patton, 1990). E também podem ser complementares. Por exemplo: num dos estudos que fizemos sobre desenvolvimento tecnológico na indústria de aço, algumas das evidências empíricas qualitativas foram usadas para interpretar mudanças num conjunto de indicadores de performance técnico-econômica (dados quantitativos). Os elementos qualitativos permitem abordar certas questões como, por exemplo, as relativas às trajetórias e aos processos de aprendizagem através da história das empresas. O uso de elementos quantitativos visa a tornar mais consistente a análise dessas questões e, em particular, das diferenças entre as empresas no tocante à evolução de certos indicadores de performance técnica e econômica e certas associações entre variáveis, como os níveis de automação e tipos e níveis de capacidade tecnológica encontrados nas empresas.

Decisões sobre a estratégia para pesquisa

A decisão relativa à estratégia (ou método) de pesquisa é decorrente das questões/problemas de pesquisa, conforme mencionei anteriormente. Uma estratégia puramente histórica ou retrospectiva dá prioridade aos eventos e às fontes do passado, o que não permite equacionar o problema relacionado aos eventos distantes e recentes. Além disso, em nossos projetos de pesquisa, interessa-nos examinar o *processo* de desenvolvimento tecnológico e de inovação em empresas, regiões e setores industriais. Interessa-nos saber como se dá o processo ao longo do tempo e não meramente a incidência ou freqüência, num determinado período, de algumas das variáveis relacionadas com o tema. Por isso, uma estratégia do tipo "levantamento" (*survey*) também não é considerada apropriada. Enquanto os resultados de certos tipos de "levantamento" são generalizados tendo em vista populações — generalizações estatísticas —, os resultados de estudos intra-organizacionais, como aqueles mencionados no quadro 1, são interessantes para examinar certos fenômenos em organizações e/ou setores industriais em diferentes épocas, isto é, fases inicial, intermediária e atual. No âmbito do nosso programa de pesquisa, temos procurado combinar estratégias que envolvem estudos intra-organizacionais e comparativos com outras que envolvem exame de certo setor industrial. Isso possibilita a obtenção de evidências e explicações com adequado nível de detalhe. Além disso, como os estudos normalmente são de longo prazo, é possível captarmos as mudanças nas principais variáveis no decorrer do tempo.

Alguns critérios para a seleção da amostra

A compreensão de um fenômeno crítico pode depender de uma boa seleção dos casos (Patton, 1990; Yin, 1994). Diferentemente da amostragem probabilística, a lógica e a eficácia da amostragem intencional é selecionar casos ricos em informação para um estudo detalhado (Patton, 1990). "Os casos ricos em informação são aqueles com que podemos aprender bastante a respeito das questões que mais interessam aos propósitos da pesquisa" (Patton, 1990:69).

A seleção inicial da amostra normalmente acontece durante o processo de desenho da pesquisa. Em seguida, a seleção pode ser testada pela implementação de um estudo exploratório. O principal objetivo do trabalho exploratório é auxiliar em algumas decisões, como a escolha do tipo de indústria a ser estudada e o balanceamento inicial da amostra. Isso é feito travando contato com pesquisadores e analistas em associações industriais e instituições relacionadas com a indústria que se pretende estudar. A partir dos resultados do estudo exploratório, é recomendável implementar o estudo-piloto que traz uma série de vantagens para o pesquisador ao contribuir para assegurar a alta qualidade do projeto de pesquisa.

Normalmente as fases iniciais do estudo-piloto consistem em entrevistar especialistas nas instituições do ramo, os quais fornecem uma visão geral das atividades tecnológicas nas principais empresas selecionadas para a amostra. A principal contribuição do estudo-piloto é confirmar a viabilidade de implementação da pesquisa, não apenas em termos de ratificação da importância do relacionamento entre certas variáveis no estudo, mas também a praticabilidade de implementação do estudo:

acesso às evidências empíricas, às pessoas, e às organizações (ou parte delas). Em outras palavras, o estudo-piloto abre caminho para o trabalho de campo definitivo. Consiste, sobretudo, em algumas entrevistas e encontros informais realizados numa pequena amostra inicial de organizações selecionadas.

O processo de seleção da amostra também pode, em alguns casos, continuar, mesmo durante a implementação do trabalho de campo definitivo. Por exemplo, num dos estudos mencionados no quadro 1, a partir do estudo-piloto foram selecionadas quatro grandes empresas. Isso visava a ilustrar a variedade de trajetórias de acumulação de competência tecnológica associada a diferentes mecanismos de aprendizagem e desempenhos operacionais. Contudo, à medida que prosseguíamos com o trabalho de campo, percebíamos que era bem grande a quantidade de dados colhidos sobre as três primeiras empresas e que estas satisfaziam ao requisito de riqueza e variedade de informação. Assim, decidimos descartar a quarta empresa. Num outro estudo, a amostra foi aumentada de 24 para 28 empresas porque, durante o trabalho de campo definitivo, descobrimos que quatro pequenas empresas tinham sido originadas de algumas das empresas que estavam sendo pesquisadas (*spin-off*). Por isso, foi necessário aumentar a amostra para entender como esse processo tinha ocorrido.

Uso de taxonomias ou tipologias em projetos de pesquisa

As taxonomias e/ou tipologias são importantes componentes do desenho e da estratégia de pesquisa. São normalmente parte do modelo ou da estrutura (ou referencial) de análise. É à luz do modelo analítico que o pesquisador é capaz de planejar adequadamente o seu trabalho de campo, de organizar a coleta de dados e, principalmente, de analisar e interpretar as evidências empíricas primárias e secundárias coletadas por meio do trabalho de campo. Por exemplo: uma das taxonomias usadas em vários dos estudos mencionados no quadro 1 refere-se àquela desenvolvida em Figueiredo (2001), que é utilizada para identificar e medir tipos e níveis de competências tecnológicas em empresas de economias emergentes (quadro 3). Há outras taxonomias que têm sido usadas em nossos estudos, porém não são mostradas aqui:

- as implicações dos processos e mecanismos de aprendizagem subjacentes ao desenvolvimento de competências tecnológicas;
- os vínculos tecnológicos interorganizacionais para medir a qualidade dos fluxos de conhecimento entre empresas da mesma corporação e/ou entre subsidiárias e matrizes de empresas transnacionais;
- para examinar a qualidade das ligações entre os componentes da infra-estrutura de tecnologia e inovação (universidades, institutos de pesquisa, e centros de educação e treinamento) e as empresas de setores industriais específicos, regional ou nacionalmente.

Quadro 3
Taxonomia para identificar e medir tipos e níveis de competências tecnológicas em empresas de economias emergentes

Níveis de competências tecnológicas	Funções tecnológicas e atividades relacionadas					
	Investimentos			Rotina		
	Decisão e controle sobre a planta	Engenharia de projetos	Processos e organização da produção	Produtos	Equipamentos	
(1) Básico	Decisão sobre localização da planta. Termos de referência.	Preparação inicial de projeto. Sincronização de trabalhos de construção civil e instalações.	Coordenação de rotina na planta. Absorção da capacidade da planta. PCP e CQ básicos.	Replicação de aços seguindo especificações amplamente aceitas. CQ de rotina. Fornecimento a mercados de exportação.	Reposicionamento de rotina de componentes de equipamento. Participação em instalações e testes de performance.	
(2) Renovado	Monitoramento ativo de rotina de unidades existentes na planta.	Serviços rotineiros de engenharia na planta nova e/ou existente.	Estabilidade do AF e aciaria. Coordenação aprimorada da planta. Obtenção de certificação (ex.: ISO 9002, QS 9000)	Replicação aprimorada de especificações de aços dados ou próprias. Obtenção de certificação internacional para CQ de rotina.	Manufatura e reposicionamento de componentes (ex.: cilindros) sob certificação internacional (ISO 9002)	
				Inovadoras		
(3) Extrabásico	Envolvimento ativo em fontes de financiamento de tecnologia.	Planejamento de projeto. Estudos de viabilidade tecnicamente assistidos, para grandes expansões.	Pequenas adaptações e intermitentes em processos, eliminação de gargalos, e alongamento de capacidade.	Pequenas adaptações em especificações dadas. Criação de especificações próprias para aços (dimensão, forma, propriedades mecânicas).	Adaptações pequenas em equipamentos para ajustá-los a matérias-primas locais. Manutenção *breakdown*.	

continua

(4) Pré-intermediário	Monitoramento parcial e controle de: estudos de viabilidade de expansão, busca, avaliação, e seleção de tecnologia e fornecedores.	Engenharia de instalações. Expansões tecnicamente assistidas. Engenharia de detalhamento.	Alongamentos sistemáticos de capacidade. Manipulação de parâmetros-chave de processo. Novas técnicas organizacionais (TQC/M, ZD, JIT).	Aprimoramentos sistemáticos em especificações dadas. 'Engenharia reversa' sistemática. Desenho e desenvolvimento de aços tecnicamente assistidos. Desenvolvimento de especificações próprias.	Reforma de grandes equipamentos (ex.: AF) sem assistência técnica. Engenharia reversa de detalhe e básica. Manufatura de grandes equipamentos.
(5) Intermediário	Monitoramento completo, controle e execução de: estudos de viabilidade, busca, avaliação, e seleção, e atividades de financiamento.	Engenharia básica de plantas individuais. Expansão da planta sem assistência técnica. Provisão intermitente de assistência técnica.	Aprimoramento contínuo de processo. Desenho de sistemas automatizados estáticos. Integração de sistemas automatizados de processo e PCP. Alongamento rotinizado de capacidade.	Aprimoramento contínuo em especificações próprias. Desenho, desenvolvimento, manufatura e comercialização de aços complexos e de alto valor sem assistência técnica. Certificação para desenvolvimento de produto (ex.: ISO 9001).	Contínua engenharia básica e de detalhe e manufatura de plantas individuais (ex.: AF, Sinter). Manutenção preventiva.
(6) Intermediário superior	Elaboração e execução próprias de projetos. Provisão de assistência técnica em decisões de investimentos.	Engenharia básica da planta inteira. Provisão sistemática de assistência técnica em: estudos de viabilidade, engenharia de aquisição, de detalhe, básica, e partida da planta.	Integração entre sistemas operacionais e sistemas corporativos. Engajamento em processos de inovação baseados em pesquisa e engenharia.	Adição de valor a aços desenvolvidos internamente. Desenho e desenvolvimento de aços extracomplexos e de alto valor agregado. Engajamento em projetos de desenho e desenvolvimento com usuários.	Contínua E básica e de detalhe de equipamento para planta inteira de aço e/ou componentes para outras indústrias. Assistência técnica (ex.: reforma de AF) para outras empresas.
(7) Avançado	Gestão de projetos de classe mundial. Desenvolvimento de novos sistemas de produção via P&D.	Engenharia de classe mundial. Novos desenhos de processos e P&D relacionado.	Produção de classe mundial. Desenhos e desenvolvimento de novos processos baseados em E e P&D.	Desenho e desenvolvimento de produtos em classe mundial. Desenho original via E, P&D.	Desenho e manufatura de equipamentos de classe mundial. P&D para novos equipamentos e componentes.

Fonte: Figueiredo (2001).
Obs.: E = Engenharia; PCP = Planejamento e controle da produção; CQ = Controle de qualidade; AF = Alto-forno.

Farei, a seguir, alguns breves comentários sobre a taxonomia relativa ao exame de competências tecnológicas (quadro 3). O intuito é mostrar alguns aspectos da aplicação de uma taxonomia como essa em diferentes estágios de uma pesquisa empírica. No que concerne à taxonomia para identificar e medir tipos e níveis de capacidade tecnológica de empresas ou setores industriais, é importante não apenas identificarmos se existe ou não, mas qual a natureza e em que nível. Com base nesse modelo, é possível fazermos uma refinada distinção entre: "competências de rotina", isto é, capacitação para *usar* ou *operar* certa tecnologia, e "competências inovadoras", isto é, capacitações para adaptar e/ou desenvolver novos processos de produção, sistemas organizacionais, produtos, equipamentos e projetos de engenharia; em outras palavras, capacitações para gerar e gerenciar a inovação tecnológica. As colunas mostram as competências tecnológicas por função; as linhas, por nível de dificuldade. Elas são medidas pelo tipo de atividade que expressa os níveis de competência tecnológica ou, em outras palavras, *o tipo de atividade que a empresa é capaz de realizar por si mesma em diferentes intervalos de tempo*.

Embora a primeira aplicação empírica do modelo do quadro 3 tenha sido feita, na literatura internacional, na indústria do aço (Figueiredo, 2001), o modelo já tem sido adaptado para estudos de desenvolvimento tecnológico em outros setores industriais.[2] Com relação ao processo de adaptação e validação do modelo do quadro 3, o modelo original foi primeiramente apresentado às pessoas entrevistadas nas empresas e instituições siderúrgicas nas fases iniciais do estudo-piloto. Uma vez confirmada a viabilidade de sua adaptação, a ela procedeu-se durante o estudo-piloto. Tal tarefa, porém, revelou-se mais complicada do que se esperava. Durante as entrevistas, colheu-se informação sobre vários tipos e níveis de atividades tecnológicas, a qual supostamente se enquadraria com a lógica do modelo original. Mas essa informação foi prestada de modo um tanto disperso. O maior desafio foi agrupar e classificar, correta e coerentemente, tais atividades.

Pensou-se inicialmente em desagregar o modelo nas diferentes seções de uma siderúrgica integrada (por exemplo: redução, refino do aço, laminação). Todavia, após consulta a duas pessoas entrevistadas em diferentes empresas, tal idéia foi descartada. Embora a desagregação fosse viável, seria extremamente complicado

---

[2] Ver, por exemplo, a adaptação em Ariffin (2000) e Ariffin e Figueiredo (2003) para a indústria eletrônica, e em Tacla e Figueiredo (2003) para a indústria de bens de capital fornecedora de sistemas de produção para a indústria de celulose e papel. Para a adaptação para a indústria de motocicletas e bicicletas, ver Vedovello e Figueiredo (2003). No âmbito do Programa de Pesquisa em Aprendizagem Tecnológica e Inovação Industrial no Brasil, da Ebape/FGV, outras adaptações têm sido feitas para estudos de desenvolvimento tecnológico nos setores metal-mecânico, de geladeiras, máquinas de lavar e ares-condicionados (linha branca), e de telefonia celular e fixa.

examinar a capacitação tecnológica numa grande empresa e proceder a uma análise comparativa das empresas. Assim, decidiu-se construir o modelo em bases globais, seguindo a lógica do modelo original. Após o estudo-piloto, construiu-se um novo modelo reunindo diferentes aspectos das atividades de uma companhia siderúrgica. As competências tecnológicas "rotineiras" foram desagregadas em dois níveis, e as competências "inovadoras", em cinco níveis. Usou-se então esse modelo para analisar os dados empíricos do estudo-piloto. Embora tenha funcionado bem, o modelo precisava ser aprimorado.

Nas fases iniciais do trabalho de campo, o modelo adaptado foi novamente submetido aos entrevistados nas empresas. Levando em consideração os seus comentários, o processo de modelagem prosseguiu durante as entrevistas. Findo o trabalho de campo, o modelo foi aprimorado com base na nova informação coletada. O resultado foi então submetido à validação de três entrevistados. Seis meses após o trabalho de campo, fez-se uma nova validação durante uma reunião de quatro horas numa das empresas estudadas. Nessa reunião, procedeu-se a uma revisão detalhada e interativa do modelo adaptado.

Operacionalizando a estratégia da pesquisa

Preparativos das atividades de campo

Os preparativos para iniciar o estudo-piloto consistem normalmente no envio de cartas de apresentação às organizações selecionadas, com algumas semanas de antecedência. Em paralelo, inicia-se a elaboração do plano financeiro e operacional. Nessa etapa também é gerado um roteiro preliminar de entrevistas. Durante o estudo-piloto, as pessoas entrevistadas são inteiradas de que serão novamente ouvidas dentro de seis meses.

Os preparativos para o trabalho de campo começam normalmente com certa antecedência — aproximadamente dois meses. Como parte do planejamento logístico, enviam-se cartas às empresas prestando informações sobre datas, duração prevista da estada, teor das entrevistas, áreas a serem visitadas, pessoas a serem entrevistadas e plano financeiro e operacional. As principais atividades consistem na definição das "categorias intermediárias da pesquisa" que são denominadas "intermediárias" porque seu nível de desagregação está entre as questões pertinentes à pesquisa e as questões das entrevistas. Estabelecem-se tais categorias a fim de precisar os "tipos de informação" necessários ao esclarecimento das questões levantadas na pesquisa. A figura contém um exemplo dessas "categorias intermediárias" que foram usadas para um dos estudos já finalizados do quadro 1.

Exemplo de categorias intermediárias (abreviado)

As questões da pesquisa

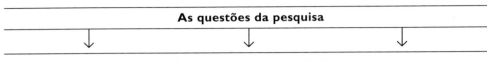

As categorias intermediárias

1. Para reconstruir as trajetórias de acumulação de competências tecnológicas:
   - Duas categorias-chave: competências "rotineiras" e "inovadoras".
   - Tipos de atividades que expressam essas competências: processo e organização da produção; produtos; decisão e controle sobre a planta (unidade); preparação e implementação de projetos; e equipamentos.
   - Estratégia-chave para a obtenção de evidências sobre acumulação tecnológica: histórico técnico-organizacional das atividades tecnológicas da empresa.
   - Pontos-chave no roteiro de entrevista: quando essas atividades começaram, por quê, como foram feitas, quem as fez?
   - Natureza das trajetórias tecnológicas em diferentes pontos no tempo das empresas: durante a fase inicial; durante a fase intermediária; e hoje.

2. Para associar a natureza das trajetórias tecnológicas com os processos e mecanismos de aprendizagem:
   - Diferentes tipos de processos e mecanismos de aprendizagem usados pelas empresas ao longo do tempo.
   - As suas características-chave ao longo do tempo: quais mecanismos foram criados nas diferentes fases da vida da empresa, como e por que foram criados e a maneira como tais processos e mecanismos mudaram ao longo do tempo entre as empresas da amostra.

3. Para associar a acumulação tecnológica ao aprimoramento da performance técnica e econômica das empresas:
   - Evolução dos principais indicadores de performance técnica e econômica das empresas.
   - Como certos indicadores mudaram (ou não) a partir da acumulação (ou não) de certos tipos e níveis de competência tecnológica?

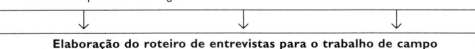

Elaboração do roteiro de entrevistas para o trabalho de campo

A definição dessas categorias consiste em desdobrar os componentes das questões da pesquisa em vocabulários mais simples e mais compreensíveis. Somente quando tais categorias estão bem definidas é que se passa à elaboração do roteiro de entrevistas. As questões do roteiro podem ser agrupadas em dois níveis: genérico e específico. O nível genérico é normalmente desagregado em tipos de informação a serem coletados.

No campo: operacionalizando a estratégia da pesquisa

Realização das entrevistas

▶ Estratégia das entrevistas. No estudo-piloto, a estratégia consiste em conduzir as entrevistas tão livremente quanto possível. Em princípio, ao começar uma entrevista, gastam-se cerca de três minutos expondo o tema da pesquisa. Com isso pretende-se: despertar interesse na pesquisa; gerar confiança na pesquisa expressando o compromisso do pesquisador com resultados de alta qualidade; tornar o entrevistado mais envolvido com a pesquisa e ciente do tipo de informação requerido. Com base no roteiro de entrevistas, pede-se às pessoas que contem histórias sobre certas atividades tecnológicas.

É prática comum em nossas pesquisas não gravarmos as entrevistas. Seguindo essa estratégia, temos procurado conduzir cada entrevista como uma "conversação estruturada", de modo a criar um clima tão informal e descontraído quanto possível. Assim, utilizamos cartões de 20x12cm para fazer apontamentos. No começo de cada entrevista, anotam-se no cartão o nome e a função do entrevistado, bem como a hora em que teve início a entrevista; numeram-se os cartões à medida que prosseguem as entrevistas, registrando-se também a hora em que elas terminam. Saber quanto tempo dura cada entrevista é importante para planejar e controlar as entrevistas subseqüentes. Obviamente que isso varia entre os pesquisadores de nossas equipes de projetos. Mas trata-se de uma prática com a qual tenho obtido êxito.

Essa estratégia das entrevistas revela-se eficaz; porém, extremamente exaustiva. Enquanto os entrevistados contam suas histórias, o conteúdo tem de ser rapidamente assimilado e registrado. Paralelamente, o pesquisador precisa manter sob controle a entrevista para fazer intervenções, pedir esclarecimentos e, sobretudo, manter o foco da entrevista. Tal experiência mostra como é difícil conduzir a entrevista de acordo com a seqüência estabelecida no roteiro. Às vezes o entrevistado costuma tocar em assuntos relacionados com uma etapa mais adiantada do roteiro. Nesse tipo de situação, é necessário saltar várias partes para não perder a oportunidade de examinar um determinado assunto. O pesquisador tem, pois, de estar bastante familiarizado com o roteiro de entrevistas. Outro procedimento que normalmente uso para encerrar cada entrevista é a pergunta: "podia ter sido melhor?". Essa pergunta mostra-se bastante eficaz para obter informação sobre as restrições (e estímulos) às atividades tecnológicas nas áreas de trabalho dos entrevistados. Às vezes, isso permite formular questões mais detalhadas.

Apontamentos

À medida que as entrevistas avançam, e principalmente na etapa inicial de cada projeto, percebe-se que é necessário melhorar os apontamentos. Isso significa, em certos casos, ser mais ativo durante as entrevistas. Costumo adotar um procedimento no qual se utilizam os cartões e duas canetas (vermelha e azul). A caneta azul serve para os apontamentos normais, usando palavras-chave ou citações literais do entrevistado. A caneta vermelha serve para anotar quaisquer pontos críticos levantados durante a conversa: diferenças e semelhanças entre as empresas, trechos contraditórios ou complementares de histórias narradas em entrevistas anteriores e idéias a respeito de como usar certa informação no estudo. Depois de cada entrevista, anota-se aquilo que não foi possível escrever durante a conversa e amplia-se o texto a partir das palavras-chave anotadas.

Modificação do roteiro de entrevistas

Isso tende a ocorrer durante a metade do trabalho de campo. À medida que prosseguem as entrevistas, obtêm-se mais detalhes sobre o problema, tornando-se assim necessário aprofundar o nível das evidências empíricas. As modificações no roteiro podem envolver perguntas a respeito de algum projeto ou evento realizado em certa área. As novas perguntas também visam a confirmar a exatidão de uma determinada história relatada, a fim de complementar ou descartar histórias contraditórias.

Efeito "bola-de-neve"

Alguns entrevistados costumam sugerir outras pessoas para serem também entrevistadas. No caso da necessidade de mais informação, procura-se marcar a entrevista sugerida. Outras vezes, costumamos pedir ao próprio entrevistado que indique outra pessoa, quando fica evidente a necessidade de mais informações. Esse efeito "bola-de-neve" é extremamente útil para obter novas entrevistas importantes. Contudo, estar constantemente modificando a programação de entrevistas é algo que consome muito tempo: pelas impossibilidades de alterar entrevistas que foram programadas com antecedência e pela dificuldade de conciliar os horários e datas das novas entrevistas com as agendas, normalmente apertadas, do pesquisador e dos novos entrevistados.

Entrevistas fora da empresa

Trata-se de entrevistas com pessoas que já deixaram a organização e que são identificadas graças ao efeito "bola-de-neve". Realizam normalmente na casa ou no atual local de trabalho do entrevistado, à noite ou nos fins de semana. Em um dos estudos que conduzimos, havia pessoas que exerceram, durante muitos anos, funções importantes nas empresas, como seis ex-funcionários, dois dos quais ex-presidentes. As informações por eles prestadas foram de grande valia para a pesquisa.

Entrevistas coletivas

É comum ocorrerem oportunidades nas quais três ou quatro pessoas são entrevistadas ao mesmo tempo. Em um dos projetos implementados, uma das entrevistas coletivas foi durante o estudo-piloto, mas o resultado deixou a desejar. As outras duas, realizadas durante o trabalho de campo, foram bem-sucedidas. Na primeira — numa unidade de automação —, seguiu-se todo o roteiro sem necessidade de obter mais informação: cada entrevistado ajudando a complementar o caso relatado. Na segunda — numa unidade de produção —, também seguiu-se o roteiro, mas foi preciso obter informação adicional. Assim, solicitou-se a um dos engenheiros outra entrevista, pois ele tinha mais a contar a respeito das atividades de desenvolvimento de produtos na empresa.

SOLICITAÇÃO DOS PAPÉIS DAS ENTREVISTAS

Em várias ocasiões, enquanto os entrevistados falam, vários deles costumam escrever ou fazer desenhos numa folha de papel (por exemplo, explicando mudanças nos processos ou equipamentos, nos organogramas e fluxogramas). Normalmente esses desenhos vêm acompanhados de anotações qualitativas e quantitativas. Ao final de cada entrevista, costumo pedir às pessoas que entreguem essas anotações, que geralmente parecem um tanto confusas. Ato contínuo, elas são "decifradas", de modo a fazer algum sentido, e anexadas aos respectivos cartões das entrevistas. Esse material serve como fonte de informação adicional e é particularmente útil durante a análise do trabalho de campo e a redação dos estudos de caso.

Questionários

Nas pesquisas que temos conduzido, evitamos a estratégia de coleta de dados baseada exclusivamente em questionários fechados. Entendo que não é apropriada ao tipo de informação necessária ao esclarecimento das questões levantadas pela pesquisa que realizamos. Talvez pelo nosso estilo de pesquisa, que se baseia fortemente em trabalho de campo original, essa estratégia tenha sido adotada apenas em alguns projetos e de maneira apenas complementar. Não obstante, essa estratégia é útil para obter informações que podem ser sistematizadas e agregadas àquelas obtidas por outras fontes de informação para tabulação e sistematização durante o processo de análise.

Encontros informais

Conversas informais servem para complementar as histórias relatadas, verificar-lhes a exatidão e mesmo eliminar versões discrepantes. Por vezes, elas acabam resultando em novas entrevistas ou revelando a existência de projetos ou eventos que demandavam esclarecimento. Tais conversas normalmente ocorrem durante o almoço ou à noite e, às vezes, durante um giro pela empresa. Algumas não são exatamente "informais", visto que deliberadamente podem ser provocadas pelo pesquisador. Os encontros informais servem também para aprender-se mais a respeito da tecnologia com a qual a empresa opera e sobre as particularidades da indústria na qual a empresa pesquisada se insere. Nas visitas às fábricas, laboratórios e outras instalações, é possível interagir com operadores e supervisores que falam a respeito do funcionamento de suas unidades. Assim, fica-se conhecendo melhor certas mudanças nos processos e na organização da produção que já haviam sido mencionadas nas entrevistas. Tais momentos propiciam verdadeiras aulas sobre a tecnologia relativa à empresa ou o processo de funcionamento da organização pesquisada.

Observação direta no local

As observações servem para colher informação sobre a fase atual da empresa como, por exemplo, sobre o funcionamento dos mecanismos de aprendizagem (palestras para os grupos de sistemas de qualidade) e o papel das lideranças. Algumas dessas observações confirmam a informação obtida nas entrevistas, mas outras podem revelar discrepâncias.

Finalização do trabalho de campo

A decisão sobre quando encerrar o processo de coleta de evidências empíricas, por meio do trabalho de campo, é tomada quando as seguintes condições são atendidas:

- ter pesquisado as organizações-chave de certa amostra industrial;
- ter entrevistado os principais dirigentes das organizações pesquisadas e consultado e/ou copiado os documentos essenciais;
- ter interrogado, sobre os mesmos assuntos, diferentes pessoas e organizações;
- ter comprovado e esclarecido as relações existentes entre as variáveis examinadas, ou seja, ter obtido prova suficiente da validade interna da pesquisa;
- ter constatado que as entrevistas e encontros informais não mais acrescentam informação nova, ou seja, quando as atividades de trabalho de campo começam dar sinais de retorno decrescentes.

Atender a todas essas condições muitas vezes pode implicar atraso no término do trabalho de campo. Porém, satisfazer essas condições é fundamental para a eficácia do trabalho de campo e, conseqüentemente, da pesquisa como um todo.

Análise do material do trabalho de campo

Nos projetos mencionados no quadro 1, o processo de análise dos dados coletados normalmente tem início durante o trabalho de campo. Costumamos usar um memento onde se fazem "apontamentos para análise" com base nos cartões das entrevistas do dia, especialmente as "anotações em vermelho", bem como apontamentos sobre conversas informais e observações no local (por exemplo, diferenças entre as empresas, correlações entre as entrevistas, implicações de certos resultados para as questões pesquisadas, algumas idéias para as conclusões dos estudos; recomendações práticas para política governamental e tecnológica). A primeira atividade após o trabalho de campo é a de organizar o material coletado. A análise preliminar desse material envolve normalmente as atividades/fases descritas a seguir.

- Quando o projeto envolve dois ou mais pesquisadores, a primeira atividade é a de transcrição e homogeneização dos dados, pontos de vista e conclusões dos pesquisadores. É feita por meio de encontros freqüentes (formais e informais) em que são confrontados os dados, pontos de vista e conclusões derivados de cada pesquisador.
- Construção de um conjunto de tabelas analíticas tomando por base dados empíricos organizados (Miles e Huberman, 1984). Cada tabela focaliza um tópico da pesquisa e abrange as organizações pesquisadas ao longo do tempo. Além disso, as notas analíticas feitas no campo também são organizadas no documento "reflexões a partir do trabalho de campo". A construção dessas tabelas tem gerado os seguintes benefícios: a seleção inicial de dados empíricos dispersos e sua distinção e aglutinação sistemáticas em categorias organizadas (tipos de atividades tecnológicas, mecanismos de aprendizagem, ligações entre universidades e empresas); e uma visão geral das diferentes tendências seguidas pelas empresas. Porém, nesse estágio, a informação contida nas tabelas ainda é muito condensada, e algumas das variáveis requerem maior refinamento.
- Construção de um novo conjunto de tabelas com maior grau de detalhamento e desagregação das variáveis. Conseqüentemente, as tabelas se tornam maiores e mais numerosas. Nelas, normalmente os estudos de caso das empresas são mostrados nas linhas, e as variáveis, nas colunas ao longo do tempo. O intuito aqui é averiguar *se*, e *como*, cada variável difere entre as organizações pesquisadas. Para enriquecer a análise, sugiro a elaboração, para cada tabela, de um texto analítico com cerca de duas a três páginas. Tal exercício é importante para: identificar em cada organização uma diferente evolução das variáveis; estabelecer com maior precisão as relações entre as variáveis; identificar a influência de certas variáveis intervenientes; e fazer interpretações plausíveis e extrair conclusões dos dados empíricos. A nossa experiência tem mostrado que essa fase é mais efetiva do que a anterior; mas sempre há algumas discrepâncias na terminologia empregada nas tabelas e nos textos analíticos, fazendo-se pois necessária uma nova homogeneização.
- Antes de construir um novo conjunto de tabelas, aprimoram-se os modelos descritivos e/ou analíticos (como aquele do quadro 3). O próprio processo de análise pode estimular a criação de estruturas para facilitar a análise comparativa

entre as organizações pesquisadas. Por exemplo: num estudo em que eu comparava três empresas de um mesmo setor industrial, de idades diferentes, foi necessária a construção de um esquema de fases comuns para melhorar a comparação entre elas (Figueiredo, 2003). Isso permitiu homogeneizar a terminologia no novo conjunto de tabelas e textos analíticos; articular melhor os dados empíricos com o modelo conceitual; obter não só uma interpretação ainda mais segura das diferenças entre as empresas, mas também relações mais precisas entre as variáveis.

- Em paralelo à construção de tabelas analíticas, outra atividade importante é a inserção das evidências coletadas numa base de dados Access, permitindo, assim, a entrada dos dados qualitativos das entrevistas como dados em formato "memo" e texto. Para proceder com mais eficiência à análise estatística, a maioria dos dados qualitativos em formato "memo" e texto é convertida em dados quantitativos com base no programa estatístico SPSS. Os dados qualitativos, por exemplo, sobre competências tecnológicas, processos de aprendizagem e ligações interorganizacionais, podem ser analisados com base em matrizes de dados à luz dos modelos analíticos dos estudos.
- Somente quando estão consolidadas as tabelas analíticas é que se passa à redação dos relatórios de pesquisa. As tabelas finais normalmente servem como uma espécie de guia ao trabalho de redação. Para lidar com os períodos longos e a grande quantidade de evidências analisadas — o que é uma das desvantagens da pesquisa qualitativa —, é interessante redigir um esboço para cada questão da pesquisa, relativo a períodos relativamente curtos de tempo. A partir desses esboços, os autores podem ir desenvolvendo e expandindo gradualmente o trabalho de redação de partes do relatório final.

Conclusão

Neste texto, procurei discutir alguns dos aspectos de desenho, implementação e maneiras de lidar com alguns dos problemas práticos inerentes à pesquisa empírica qualitativa no campo da aprendizagem tecnológica e inovação industrial, no contexto de economias emergentes. A partir do relato de algumas das experiências de implementação de pesquisa, principalmente no âmbito do Programa de Pesquisa em Aprendizagem Tecnológica e Inovação Industrial no Brasil, da Ebape/FGV, o meu intuito foi o de contribuir para iluminar algumas das decisões dos envolvidos em pesquisa qualitativa na área de gestão e, mais especificamente, em áreas correlatas à gestão da aprendizagem tecnológica e inovação industrial.

Creio que vários temas aqui mencionados são de fundamental importância para o êxito de qualquer projeto de pesquisa. Porém, raramente são explicitados nos documentos publicados de pesquisa: relatórios, artigos ou livros. Por isso, a idéia foi trazer à tona algumas das atividades principais que estão subjacentes (e muitas vezes ocultas) a certos projetos de pesquisa.

Com relação a nossa experiência no desenho e na implementação de pesquisa empírica qualitativa no campo da aprendizagem tecnológica e inovação industrial, concluímos que:

- a combinação de estratégias de pesquisa (intra-organizacional no âmbito setorial ou regional) tem-se mostrado extremamente valiosa para examinar o processo de desenvolvimento de competências tecnológicas e inovação, com adequado nível de detalhe e profundidade em setores estratégicos da indústria no Brasil;
- os produtos gerados dos vários procedimentos de pesquisa relatados têm sido materializados em novas evidências empíricas e novas explicações que servem para argumentarmos contra certas generalizações comuns sobre o desenvolvimento tecnológico na indústria de economias emergentes, mais particularmente em relação a certos segmentos da indústria no Brasil;
- outro produto importante tem sido a geração de recomendações práticas para o aprimoramento de práticas empresariais e políticas governamentais relativas ao desenvolvimento tecnológico da indústria no Brasil.

A despeito dos valiosos produtos de pesquisa gerados para a literatura, indústria, e governo, a implementação de pesquisas empíricas, fortemente baseadas em trabalho de campo original, é um processo árduo. Embora a maneira como relatamos as nossas práticas, nas seções anteriores, possa sugerir a imagem da pesquisa empírica como uma atividade ordenada e previsível, na verdade, trata-se de um processo — como toda pesquisa — que, além de árduo, é caótico, exaustivo e, em vários momentos, exige grande paciência e muita persistência por parte do pesquisador.

Não obstante, à medida que lidamos com os vários problemas práticos que emergem durante o processo da pesquisa e aprendemos a superá-los para lograr uma produtiva execução dos projetos, a experiência torna-se muito instrutiva para o pesquisador. Em outras palavras, fazer pesquisa é envolver-se num aprendizado contínuo. Cada novo projeto de pesquisa traz novos desafios. Cabe ao pesquisador aprimorar as suas habilidades para enfrentá-los de maneira a obter novas evidências que permitam gerar explicações originais, substanciadas e convincente sobre relacionamento entre as variáveis que está examinando. Por isso, é importante que os pesquisadores estejam prontos para aprender a partir da experiência com os projetos de pesquisa e aproveitar os inesquecíveis momentos que a implementação da pesquisa empírica oferece.

Referências bibliográficas

ARIFFIN, N. *The internationalisation of innovative capabilities: the malaysian electronics industry.* 2000. Thesis (D. Phil.) — SPRU, University of Sussex, Brighton, UK.

_____; FIGUEIREDO, P. N. *Internacionalização de competências tecnológicas: implicações para estratégias governamentais e empresariais de inovação e competitividade da indústria eletrônica no Brasil.* Rio de Janeiro: FGV, 2003.

DUTRÉNIT, G. *Learning and knowledge management in the firm: from knowledge accumulation to strategic capabilities.* Cheltenham, UK, and Northampton, MA: Edward Elgar, 2000.

EASTERBY-SMITH, M; THORPE, R; LOWE, A. *Management research: an introduction.* London: Sage, 1991.

FIGUEIREDO, Paulo N. Does technological learning pay off? Implications for inter-firm differences in operational performance improvement. *Research Policy*, v. 31, p. 73-94, 2002.

_____. *Firm-level empirical research: coping with practical problems.* In: SPRU D.PHIL. DAY CONFERENCE. Brighton: University of Sussex, 1997. ms.

_____. Learning, capability accumulation and firms differences: evidence from latecomer steel. *Industrial and Corporate Change*, v. 3, n. 12, p. 607-643, 2003.

_____. *Technological learning and competitive performance.* Cheltenham, UK; Northampton, MA: Edward Elgar, 2001.

LEONARD-BARTON, Dorothy. A methodology for case studies: synergistic use of a longitudinal single site with replicated multiple sites. In: HUBER, G. P.; VEM, A. van de (Orgs.). *Longitudinal field research methods: studying processes of organizational change.* London: Sage, 1995.

KATZ, J. (Ed.). *Technology generation in latin american manufacturing industries.* New York: St. Martin, 1987.

KIM, L. *Imitation to innovation: the dynamics of Korea's technological learning.* Boston, MA: Harvard Business School Press, 1997.

_____. Crisis construction and organisational learning: capability building in catching-up at Hyundai Motor. *Organization Science*, v. 4, n. 9, p. 506-521, 1998.

MILES, M. B.; HUBERMAN, M. A. *Qualitative data analysis: a source of new methods.* London: Sage, 1984.

PATTON, M. Q. *Qualitative evaluation and research methods.* 2. ed. Newbury Park, California: Sage, 1990.

TACLA, C. L.; FIGUEIREDO, P. N. Processos de aprendizagem e acumulação de competências tecnológicas: evidências de uma empresa de bens de capital no Brasil. *Revista de Administração Contemporânea*, v. 7, n. 3, p. 101-126, 2003.

VEDOVELLO, C. A; FIGUEIREDO, P. N. *Implicações de infra-estruturas de inovação para a capacitação tecnológica da indústria eletroeletrônica e de duas rodas*: construção de base de competitividade no pólo industrial de Manaus — perspectiva 2020. In: PROGRAMA DE PESQUISA EM APRENDIZAGEM TECNOLÓGICA E INOVAÇÃO INDUSTRIAL NO BRASIL. Relatório final. Rio de Janeiro: FGV/Ebape, 2003. ms.

YIN, R. K. *Case study research: design and methods*. London: Sage, 1994.

Esta obra foi produzida nas
oficinas da Imos Gráfica e Editora na
cidade do Rio de Janeiro